BASTEI
LÜBBE
TASCHENBUCH

Weitere Titel der Autorin:

Baustelle Mann (auch als Lübbe Audio)
Baustelle Body (auch als Lübbe Audio)

Sonya Kraus
Mit Christiane Stella Bongertz

Wenn das Leben
dir eine Zitrone gibt, frag
nach Salz und Tequila

BASTEI
LÜBBE
TASCHENBUCH

BASTEI LÜBBE TASCHENBUCH
Band 66439

1. + 2. Auflage: Februar 2011

Die Ratschläge und Tipps in diesem Buch wurden von
der Autorin und Co-Autorin sorgfältig geprüft und recherchiert,
dennoch kann keine Garantie übernommen werden.
Ausprobieren auf eigene Gefahr!

Bastei Lübbe Taschenbuch und Gustav Lübbe Verlag
in der Bastei Lübbe GmbH & Co. KG

Originalausgabe

Copyright © 2011 by Bastei Lübbe GmbH & Co. KG, Köln
Textredaktion: Monika Hofko, Scripta Literatur-Studio München
Titelbild: © Stefan Pick, Köln
Umschlaggestaltung: Manuela Städele / Kristin Osenau
Satz: Bosbach Kommunikation & Design GmbH, Köln
Gesetzt aus der Officina Serif
Druck und Verarbeitung: CPI – Ebner & Spiegel, Ulm
Printed in Germany
ISBN 978-3-404-66439-9

Sie finden uns im Internet unter
www. luebbe.de
Bitte beachten Sie auch: www.lesejury.de

Der Preis dieses Bandes versteht sich einschließlich
der gesetzlichen Mehrwertsteuer.

Inhaltsverzeichnis

Mein Anti-Kater-Rezept: Nichts bereuen!

Meine Lieben!

Hand aufs Herz: Sie haben sich gefragt, warum ausgerechnet die Fernseh-Tussi Sonya Kraus Ihnen als neues Werk ein Buch über Glück, Erfolg und Spaß im Leben präsentiert, richtig? Und, ehrlich gesagt, wenn mir das vor fünf Jahren jemand prophezeit hätte – ich hätte ihm oder ihr 'nen Vogel gezeigt.

Die Idee für das Buch, das Sie in Händen halten, hat sich auch ein bisschen hintenrum angeschlichen – und es ist sehr persönlich geworden. Es geht hier ans Eingemachte, um nichts Geringeres als das Leben selbst! Doch stopp! Bevor ich Ihnen das genauer erläutere, folgen Sie mir doch bitte zu einer kleinen Begebenheit, die sich vor einer Weile zugetragen hat. Damals traf ich mich mit der Reporterin eines großen deutschen Magazins zum Interview. Ich war zu diesem Zeitpunkt hochschwanger. Das hieß, ich war – hormonell bedingt – ein bisschen unkonzentriert (Frauen, die schon mal schwanger waren, wissen, wovon ich rede). Darum kann ich nicht mehr mit hundertprozentiger Sicherheit sagen, ob sich alles ganz genau so zugetragen hat, wie ich es in Erinnerung habe. Bitte verzeihen Sie mir darum etwaige Ungenauigkeiten. Aber ungefähr wie folgt muss es gewesen sein:

SACHERTORTEN-SEX MIT JOHNNY –
ODER: WAS HATTEN SIE NOCH GLEICH GESAGT?

Puh! Ich hatte in der letzten halben Stunde gefühlte drei Millionen Fragen zum Themenfeld »Baby« und außerdem noch etwas zum Bereich »Baby« beziehungsweise »Baby« beantwortet. Meine Konzentration hatte dabei deutlich nachgelassen. Plötzlich interessierte sich die ganze Welt nur noch für so brisante Aspekte meines Daseins wie »Junge oder Mädchen?«, »Stillen – ja oder nein«, »Job und Familie« oder »Was ist Ihre liebste Umstandsmode«? Wo waren die sonst so beliebten Fragen nach geplanten oder bereits durchgeführten Schönheits-OPs, Botox, meinen rattenscharfen »talk talk talk«-Outfits, der Echtheit meiner Haarfarbe und nicht zu vergessen: meinem Sexleben? Es war noch nicht einmal so weit, und schon wurde ich als Mutti der Nation wahrgenommen.

Egal! Ich grübelte sowieso schon seit etwa zwanzig Minuten über viel wichtigere Angelegenheiten. Etwa der, wo sich hier das nächste Klo befand und wo ich so schnell wie möglich ein Stückchen Sachertorte nebst einem Häppchen eingelegtem Hering herbekam.

Endlich beugte sich die Reporterin verschwörerisch über ihr MP3-Aufnahmegerät in meine Richtung und sagte: »Frau Kraus, noch eine letzte Frage – die stelle ich in allen meinen Interviews am Schluss. Also, ich möchte wissen ...«

Ich atmete innerlich auf. Gott sei Dank! Eine Frage, die schaffte ich jetzt auch noch. Genau in diesem Moment entdeckte ich glücklich hinten rechts in der Ecke des Lokals meine Rettung: das WC-Schild, und war für eine Sekunde abgelenkt.

»... nicht mehr lange zu leben ...?«

Vor lauter Schreck hätte ich mich fast an meinem koffeinfreien Kräutertee verschluckt: »Wie? Was? Wer hat nicht mehr lange zu leben? Wissen Sie was, was ich nicht weiß?«

Die Reporterin schielte demonstrativ auf meinen Bauch, der sich unter meiner Tunika wölbte wie ein zu prall aufgepumpter Gymnastikball. Ein Gymnastikball, der unbarmherzig fordernd auf meine bis zum Bersten mit Kräutertee gefüllte Blase drückte. Sie lächelte milde, als sei ich eine aus der Klapse entfleuchte Irre.

»Nein, nein, keine Sorge. Das war nur hypothetisch gemeint. Die Frage war: Wenn Sie nur noch ein paar Tage zu leben hätten, gäbe es da irgendwas, was Sie gerne gemacht hätten, aber noch nicht gemacht haben? Eine Weltreise mit dem Mann an Ihrer Seite vielleicht? Oder möchten Sie vielleicht noch einen Film drehen?«

Halleluja! Keine Baby-Frage! Es ging also noch! Doch bevor ich antworten konnte, kam endlich der Kellner, der in der letzten halben Stunde durch Abwesenheit geglänzt hatte, an unserem Tisch vorbei.

»Darf es noch etwas sein?«

»Haben Sie Sachertorte?«

Er zuckte mit den Schultern. »Nein, tut mir leid, aber ich könnte Ihnen kalorienreduzierte Brombeer-Frischkäse-Torte, fettoptimierte Ananas-Quark-Torte, leichte Joghurt-Maracuja-Schnitten oder glutenfreie Südtiroler Buchweizentorte anbieten.«

»Nein danke!«

Saftladen! Wenn man in einem Café nicht mal mehr eine ordentliche klassische Sachertorte bekam, was war das Nächste? Männer ohne Testosteron? Fernseher ohne Bildschirm? Die Welt war dem Untergang geweiht! Ich überlegte kurz, ob ich nach dem Hering fragen sollte, aber irgendwie schien mir das von vornherein zum Scheitern verurteilt. Außerdem fiel mir ein, dass ich zu Hause noch ein ganzes Glas im Kühlschrank hatte.

»Frau Kraus, ich möchte nicht drängeln, ich hab gleich noch einen Termin, nur noch diese eine Frage, bitte...«, meldete sich mitten in meinen Gedanken die Reporterin. Ach richtig, ich hatte hier ja zu tun! Allerdings war mir schon wieder die genaue Frage entfallen – Alzheimer konnte nicht schlimmer sein. Noch mal nachhaken? Peinlich! Was machte das denn für einen Eindruck, ich war doch sonst nicht so unkonzentriert. Ich zwang mich, nachzudenken. Keine Baby-Frage, so viel war sicher, das hatte ich mir gemerkt! In meinen Gehirnwindungen hallten noch deutlich die Worte »Film drehen«, »Mann« und »hypothetisch« wider. Richtig, so musste es sein: Sie wollte wissen, mit welchem Hollywoodstar ich gerne eine Liebesszene drehen würde!

»Also, hmm, ich hätte nichts dagegen, mich als Bond-Girl mit Jude Law an einem Karibikstrand zu rekeln...« Und ich fügte augenzwinkernd hinzu: »... allerdings erst, nachdem er mir ein ordentliches Stück Sachertorte besorgt hat!«

Hmmm, das war wirklich keine üble Vorstellung. Das war auch ein Nebenaspekt der Schwangerschaft, mit dem ich nicht gerechnet hatte: diese plötzlichen Hormonschübe, die mich aus dem Nichts nicht nur an interessante Nahrungsmittelkombinationen, sondern vor allem an das Eine denken ließen – was die Evolution sich dabei wohl gedacht hatte? Sollten die bronzezeitlichen Schwangeren schon mal nach Ersatzpapis Ausschau halten, falls das Original vom Mammut überrannt wurde?

Ich überlegte kurz: »... nein, vielleicht doch besser mit Keanu Reeves!«

Dann hatte ich's plötzlich: »Johnny Depp! Schreiben Sie *Johnny Depp!* Vergessen Sie Jude Law und den anderen... äh...«

Die Journalistin hatte eine Augenbraue hochgezogen und sah mich nachdenklich an. »Wirklich? Das wäre es?«, fragte sie und schabte mit dem Kaffeelöffel die Milchschaumreste aus ihrer Cappuccino-Tasse. Das machte mich ganz nervös. Typisch: Erst fragt sie mich so was, und dann ist sie mit der Antwort nicht zufrieden. Überhaupt, was war das für eine Frage an eine Hochschwangere? Liebesszenen am Strand! Wollte sie einen Keil zwischen meinen Freund und mich treiben, um mich demnächst zum Thema »Das Leben einer Single-Mami« interviewen zu können? Oder mir unterstellen, ich würde mich jedem an den Hals werfen, nur weil er ein Hollywood-Star ist? Und das in meinem Zustand! Und dann wurde mir vermutlich das Wort im Mund umgedreht – morgen las ich bestimmt in der Zeitung:

Sonya Kraus sexbesessen! Selbst im neunten Monat treibt sie es noch in der Karibik.

Ich fügte hinzu: »Das war jetzt wirklich nur ganz theoretisch! Ich will nicht wirklich was von, äh …?«

Für wen hatte ich mich gerade noch entschieden? Egal! Ich deutete vielsagend auf meinen Bauch. Dann hatte ich eine spontane Eingebung. Und die riet mir, auf Nummer sicher zu gehen. Etwas kleinlaut erkundigte ich mich: »Aber vielleicht hab ich ja was missverstanden. Wie lautete die Frage noch mal genau, bitte?«

Die Journalistin seufzte und sagte in einem Tonfall, wie Günther Jauch ihn bei »Wer wird Millionär?« an den Tag legt, wenn ein Kandidat schon bei der Frage: Was ist kein Obst: a) Banane, b) Brokkoli, c) Apfel oder d) Kiwi, den Joker anrufen muss. Sie sagte: »Die Frage war: Wäre dies der letzte Tag Ihres Lebens – würden Sie bereuen, dass Sie irgendeinen Traum nicht verwirklicht haben?«

Das war natürlich etwas ganz anderes! Warum hatte sie das nicht gleich gesagt? Da musste ich nicht lange überlegen. »Nö, da gibt's nix.«

»Gar nichts? Nicht irgendwas, was Sie dringend noch machen wollen?«

Und ich sagte: »Nein, tut mir leid! Alles, was ich *wirklich* machen will, mache ich auch. Und der große Traum, den ich jetzt augenblicklich verwirklichen muss, dreht sich um die nächste Damentoilette. Verzeihung, ich ...« Und schon flog ich in Richtung WC. Als ich zurück zu unserem Tisch kam, war die Reporterin schon weg. Unter dem Salzstreuer lag ein Zettel: »Vielen Dank! Ich schreib dann ›Johnny‹!«

Warum ich Ihnen diese hochnotpeinliche Geschichte erzähle? Nun, als ich obiges Interview gab, war dieses Buch bereits beschlossene Sache. Nicht nur das: Ein Großteil war sogar schon geschrieben. Trotzdem haderte ich immer noch. Wollte die Welt wirklich ausgerechnet von *mir* hören, wie ich es fertigbrachte, in fast jeder Lage noch irgendetwas Positives zu finden? Dass es jede Menge Gründe gibt, zu lachen, zu lächeln und das Leben großartig zu finden und eben – vor allem – nichts zu bereuen? Der Grund für meine Zweifel hatte auch damit zu tun, dass ich eben nun mal nicht Arzt, Psychologe oder sonst ein Experte war, sondern die Quassel-Blondine aus dem Fernsehen, deren Hirn viele Zuschauer in den Hupen vermuten. Aber es war nicht nur das. Ich hielt meine lebensfrohe Haltung einfach für total normal und selbstverständlich. Wollte ich hier nicht Hunden das Bellen beibringen?

Aber nachdem ich meine arme Blase erleichtert, wenig später meine Begierden (nur nach Süßem und Salzigem!) gestillt hatte und meine Birne wieder funktionierte, wurde mir plötzlich etwas klar. Allein die Existenz dieser Frage »Wäre jetzt das Ende Ihres Lebens – was hätten Sie noch gern gemacht?« und dass es offenbar jede Menge Leute gab, die darauf leider etwas zu antworten wussten, war mein ersehntes Aha-Erlebnis. Jawohl, mein Buch hatte seine Berechtigung! Es war eben nicht total normal und selbstverständlich, das Beste aus seinem Leben zu machen – und ich hatte hier eine großartige Chance bekommen. Es war gut, dass ich auf meine Freunde, den Verlag und all die anderen gehört hatte, die mich immer wieder dazu gedrängt hatten, die »Geheimnisse« meines »sonnigen Gemüts« (O-Ton Exchef) und meiner guten Laune zu Papier zu bringen.

Und plötzlich erinnerte ich mich noch an etwas anderes. Nämlich an einen – Verzeihung – esoterischen Klugscheißerspruch, der früher auf unserem Schulklo mit Edding an die Wand gekritzelt war:

Träume nicht dein Leben – lebe deine Träume!

Dieser hochpoetische Erguss, der vermutlich aus der Feder meiner Ökoklassenkameradin Edda-Swantje stammte, nervte mich damals enorm. Jedenfalls dann, wenn ich in der Fünf-Minuten-Pause gerade verzweifelt im Spülkasten nach den dort versteckten Formeln für die laufende Mathearbeit fischte, um mich vor dem sicheren Untergang im Zeichen des Pythagoras zu bewahren. In solchen Momenten hätte ich eher dem Spruch direkt daneben noch ein paar fette Extra-Ausrufezeichen verpasst: *Das Leben ist kein Wunschkonzert!* Doch dazu blieb leider keine Zeit. *Kazong* – Klotür zugeknallt und zurück in die gnadenlose Zahlenschlacht. Ein gelebter Traum? Wenn überhaupt, dann war das gerade ein Albtraum.

Aber auch die schlimmste Schulzeit hat einmal ein Ende, und spätestens dann hat man Gelegenheit, den Wahrheitsgehalt der

Klo-Poesie im wahren Leben zu überprüfen. Heute, fast zwanzig Jahre später, bin ich »altersweise« und habe gelernt: Das Leben ist in der Tat kein Wunschkonzert! Auch kein Ponyhof oder ein Kitschroman von Rosamunde Pilcher. In der Regel kommt eher selten irgendwo ein britischer Adliger in Jude-Law-Optik um die Ecke, der uns in sein malerisch auf den Klippen von Wales gelegenes Anwesen entführt, wo wir fortan mit Herzchen in den Augen nur noch die Blumendeko arrangieren dürfen, sofern wir nicht gerade ausreiten oder golfen.

Nein, die meisten von uns, mich eingeschlossen, müssen selber ihre Rechnungen bezahlen und gucken, wie die Flocken reinkommen. Da kann man nun mal nicht wie in der Bacardi-Reklame im Dauerurlaub auf Barbados in der Sonne brutzeln und den lieben Gott einen guten Mann sein lassen (okay, Surflehrer und Tauchschulbesitzer sind jetzt mal ausdrücklich ausgenommen). Nicht nur das! Immer wieder passieren Sachen, die nicht in unserer Macht liegen. Absolut unerwünscht stehen wir etwa in der Vollsperrung auf der Autobahn, jährlich nervt die unerwünschte Steuererklärung, wir kriegen unerwünschte Pickel, Knöllchen, Zahnschmerzen oder Grippe. Wenn's ganz schlimm kommt (und – jetzt müssen Sie ganz stark sein! – früher oder später tut es das), sterben Menschen, die uns etwas bedeuten. Und das haben wir uns ja ganz sicher nicht gewünscht.

Es kommt sogar noch schlimmer: Irgendwann schlägt auch für uns das letzte Stündlein. Dann ist es aus, finito, vorbei.

Find ich grundsätzlich nicht schlimm. Wenn wir tot sind, merken wir ja nix mehr. Aber in der Minute davor sollte man – verdammt noch mal – nichts bereuen. Etwa, keinen Spaß im Leben gehabt zu haben, als das noch ging. Wenn wir den unerwünschten Ereignissen, Sachzwängen und den Erwartungen der lieben Mitmenschen so viel Macht gegeben haben, dass Sie uns die Laune verhageln konnten.

Auf der Schulklo-Wand gab es noch mehr Edding-Weisheiten. Eine davon stammte von mir:

Wenn dir das Leben eine Zitrone gibt, frag nach Salz und Tequila.

Das Leben hatte mich nämlich schon in recht jungen Jahren mit einem ganzen Zitronenbäumchen bedacht – mehr dazu lesen Sie später –, und ich wollte kein Leben in der Geschmacksrichtung »Bitter Lemon«. Ich hatte den Spruch irgendwo aufgeschnappt, er war damals eigentlich nur ein trotziger Versuch, mir selbst Mut zu machen. Als ich so peu à peu merkte, dass er mehr ist als nur eine reine Teenie-Weisheit, ist daraus mein Lebensmotto geworden. Und jetzt hat er es sogar auf den Titel dieses Buches geschafft.

Das hat nichts damit zu tun, dass ich hier Alkoholkonsum propagieren will – ich verrate Ihnen an dieser Stelle ein Geheimnis: Eigentlich trinke ich gar keinen Tequila. Aber der Spruch ist eine tolle Metapher, und ich bin, ganz gemäß des Credos »Das Leben ist eine Cocktailbar«, überzeugt: Egal welche Zutaten im Kühlschrank und im Regal stehen, daraus lässt sich immer was Leckeres mixen. Eben auch, wenn's so richtig Saures gibt.

Klar, ich bin zwar nicht der unaussprechliche Mihaly Csikszentmihalyi, der die Glücksmomente des »Flow« erforscht hat, und auch nicht Karriereberaterin Barbara Sher, die sich mit der Frage befasst hat, wie man seinen Traumjob findet, oder einer der ganzen anderen Experten, deren Bücher ich für dieses Opus – für Sie! – gewälzt habe. Bei der Recherche habe ich einige Male einen ordentlichen Brummschädel bekommen. Aber ich habe mich durchgekämpft, Studien »ertrüffelt«, viel gelernt, und irgendwann hatte ich dann doch das Manuskript vor mir liegen. Sozusagen die ausgepresste, verständliche, bekömmliche Essenz aus diesen Büchern – garniert mit dem, was mir das Leben im Laufe der Zeit so serviert hat und wie ich das Beste draus gemacht habe.

Meine persönliche Rezeptsammlung für mehr Glück, Erfolg und Spaß im Leben.

Sie können dieses Buch von vorn nach hinten lesen, dann werden Sie sehen, dass es aufeinander aufbaut. Es funktioniert aber auch, wenn Sie sich einzelne Teile rauspicken. Oder auch das letzte Kapitel als Erstes lesen. Oder das fünfte. Vielleicht schnabulieren Sie auch immer mal zwischendurch eine der schmackhaften Cocktailkirschen, die ich überall verteilt habe. Die Hauptsache dabei ist eigentlich nur eins: Sie haben Spaß!

Ihre
Sonya Kraus

Inventur:
Wo sind die Zitronen versteckt?

Ich habe eine super Nachricht für Sie: Wenn Sie diese Zeilen hier lesen, gehe ich mit einiger Sicherheit davon aus, dass Sie noch unter den Lebenden weilen. Hurra! Dazu meinen allerherzlichsten Glückwunsch! Dann haben Sie nämlich alle Möglichkeiten, Ihr Leben in Richtung Optimum zu pimpen und zu bestimmen, woraus der »Cocktail Ihres Lebens« besteht und wie »berauschend« er ist. Doch bevor wir uns so richtig ans Mixen unserer Träume machen und uns an unserem Dasein berauschen können, müssen wir erst mal ein bisschen aufräumen. In manche Ecken unserer kleinen Bar namens »Leben« haben wir vielleicht so lange nicht geschaut, dass sie eine dicke Schicht Staub bedeckt und Spinnweben die Wände zieren. Einiges im Vorratsschrank hat vielleicht das Mindesthaltbarkeits-datum längst überschritten. Aber egal wie unser Leben gerade aussieht: Es gibt jede Menge, was wir tun kön-nen, um ein Leben der Luxusklasse zu führen. Dabei meine ich mit «Luxus» nicht Champagner nonstop und 5-Sterne-Dekadenz, sondern das, was uns persönlich glücklich macht. Denn das ist wahrer Luxus. Aber eins nach dem anderen, jetzt bringen wir uns für die Inventur erst mal ein bisschen in Stimmung …

Think Pink:
Lebe lieber leicht beschwipst*

* Funktioniert mit Think Pink völlig alkoholfrei!

Wenn ich meine Lebenseinstellung in einen Cocktail »übersetzen« sollte, wäre das ganz klar eine klassische »Pink Lady«*: unwiderstehlich fruchtig, erfrischend und vor allem eins: Rosa!

Wieso Rosa? Weil Rosa oder sein knalligerer Kollege Pink nicht nur Farben sind, Pink ist nicht weniger als eine Lebenseinstellung:

,, *Think Pink!!!*

Mit diesen zwei wunderbaren Worten lässt sich nämlich meine grundsätzliche Haltung zum Dasein treffend beschreiben, und ich bin eine glühende Anhängerin dieser Devise. Denn Think Pink macht das Leben schöner, leichter und lustiger – und jeder Tag fühlt sich ein bisschen an wie verliebt zu sein. In wen? Ins Leben persönlich.

Okay, okay, an dieser Stelle eine kurze Unterbrechung der »Werbesendung«, denn ich höre sie schon, die Buh-Rufe:

Ach Gottchen, die Kraus mal wieder! Wie naiv! Muss wohl doch an der Haarfarbe liegen! Oder an der TV-Wunderwelt, in der sie immer herumstöckelt. Aber das Leben ist nun mal kein Fernsehstudio, und draußen ist nicht alles rosarot! Man darf doch die Augen nicht vor der harten Realität verschließen!

Gut, dann mal der Reihe nach. Zunächst: Es stimmt, ich bin blond (aus der Tube). Doch entgegen anders lautenden Gerüchten gibt es immer noch keinen Beweis, dass die Farbe des Haupthaars Einfluss auf den IQ hat – oder umgekehrt. Richtig ist auch: TV-Studios sind sehr spezielle Seifenblasen, und die haben mit der Welt vor der Studiotür tatsächlich nur sehr vage etwas gemein. Das weiß ich zuverlässig, denn auch ich habe – surprise, surprise – ein Leben neben dem Job. Und das besteht nicht immer nur aus Friede, Freude, Eierkuchen.

Aber, hey, wie sagte schon good old Einstein: Alles ist relativ. Die sogenannte »Realität« macht da keine Ausnahme, denn es gibt immer zwei Seiten einer Medaille. Und an Dingen, die man – Achtung! – gerade *nicht* ändern kann, bewusst die positiven Aspekte ins Blickfeld zu rücken ist eine ziemlich clevere Sache. Unter dem Motto Think Pink lassen sich so nämlich die Durststrecken des Daseins überwinden. Außerdem lenkt diese Einstellung den Blick auf die sogenannten »kleinen Dinge«, die man sonst ziemlich gern übersieht.

Optimisten fühlen sich nicht nur grundsätzlich besser, sie werden nach verschiedenen Studien auch seltener krank. Einer Untersuchung des Universitätsklinikums Hamburg-Eppendorf und einer Krankenkasse zufolge empfanden Studenten, die sich selbst als optimistisch einstuften, ihre Examensphase nicht nur als weniger stressig als ihre pessimistischen Kommilitonen, sie bekamen auch viel seltener eine Erkältung! Eine andere Studie unter dem Pflegepersonal in Altenpflegeeinrichtungen förderte zutage, dass Anhänger der Think-Pink-Philosophie besser mit Stress umgehen konnten und im Durchschnitt zwei Tage weniger krankgeschrieben waren als ihre nicht so optimistisch eingestellten Kollegen. Und eine groß angelegte Erhebung der Uni in Pittsburgh unter sage und schreibe 97 253 älteren Damen zwischen 50 und 80 kam zu dem Ergebnis, dass die Think-Pink-Ladys länger lebten, weil sie wesentlich seltener Krebs und Herzerkrankungen entwickelten. Außerdem bekamen die fidelen Golden Girls nicht so oft Übergewicht, Diabetes, Bluthochdruck und litten auch nicht so oft an Depressionen. Aber das sind nur ein paar von den vielen Studien, die alle zeigen, dass Optimisten besser, gesünder und länger leben. Eigentlich logisch, oder?

On top verbreitet Think Pink natürlich noch gute Laune – jemand, der »rosa« denkt, hat nämlich meistens eine solche, und die ist bekanntlich ansteckend. Das ist aber noch längst nicht alles. Think Pink heißt nämlich auch, mit Optimismus die nicht so tollen veränderbaren Dinge anzupacken – und nicht untätig die Hände in den Schoß zu legen, wie das die angeblich »ach so realistischen« Pessimisten so gern tun. Think Pink – andere mögen es »positives Denken« nennen – hat also überhaupt nichts damit zu tun, sich Missstände schönzureden. Ganz im Gegenteil: Nur wer positiv denkt, hat die Energie, die Welt ein bisschen besser zu machen. Seine eigene kleine und auch die große ganze. Wie ich es schaffe, immer den positiven Blickwinkel zu behalten? Ganz einfach:

- Ich folge jeden Tag wie Hänsel und Gretel einer Spur aus rosaroten Glückshäppchen. Das ist wie »Ostereier suchen« als Kind: Erst sieht man kein einziges Schokoei, aber wenn man genau hinguckt, glitzert es plötzlich bunt an allen Ecken und Enden, und man findet immer mehr zum Naschen.

- Und sollte mir das Leben zwischendurch statt der pinkfarbenen Süßigkeiten mal eine quietschgelbe Zitrone präsentieren, dann frage ich – ganz gemäß dem Titel dieses Buches – nach Salz und Tequila.

Nehmen wir zum Beispiel eine Situation wie die folgende: Es ist gut ein Jahr her, ich war mit der Recherche für diesen Opus beschäftigt und deswegen mit meinem Kumpel Julius verabredet, meinem ganz großen Vorbild in Sachen Think Pink. Der Satz

»Das ist unmöglich« existiert in seinem Vokabular nicht. Julius ist mein Zauberer von Oz, er lässt buchstäblich Wunder geschehen. Er überlegt sich genau, was er haben will – und das wird dann auf mysteriöse Weise früher oder später auch Wirklichkeit. (Julius behauptet übrigens immer, da sei das »Gesetz der Anziehung« am Werk – siehe auch S. 117 f.)

 ## Rezept für eine »Pink Lady« (alkoholfrei)

Falls Sie gerade Lust auf die süße Lady bekommen haben, hier ist das Rezept!

1 cl Cassis (schwarzer Johannisbeersirup) ohne Alkohol
2 cl Grenadine
150 ml Grapefruitsaft
50 ml Orange-Maracuja-Guarana-Saft
Etwas zerstoßenes Eis

Alles in ein hübsches Glas füllen. Mit einem Stückchen Ananas und einer Cocktailkirsche garnieren. Dann ein bisschen die Vorfreude genießen und sich schön auf das sanfte Rosa konzentrieren. Immer dran denken: Das Auge trinkt mit. Speziell in diesem Fall! (Warum? Das lesen Sie auf S. 31 ff.) Und dann: Wohl bekomm's!

Julius würde außerdem selbstverständlich niemals einen blutrünstigen Krimi lesen oder einen Horrorfilm anschauen: »Viel zu viel negative Energie«. Er ist überzeugt, dass Negatives Negatives anzieht und Positives Positives. Kurz gesagt: Julius ist *der* Topexperte in Sachen Think Pink. Und genau darum waren wir, wie gesagt, zum kreativen Brainstorming verabredet. Nach unserem morgendlichen Treffen wollte ich dann nach Köln ins Studio sausen. So weit jedenfalls mein Plan. Aber John Lennon hat es schon auf den Punkt gebracht:

> *Leben ist das, was passiert, während du damit beschäftigt bist, andere Pläne zu machen.*

Sie ahnen es: Es kam alles ganz anders …

PINK POWER – MÖGE DIE MACHT MIT MIR SEIN

Ich betätigte die Klingel und wartete. Doch es passierte – gar nichts. Kein Summer öffnete mir die Tür, die Gegensprechanlage blieb stumm. Noch mal: *Dingdong! Dingdong*! Nix! Stille! Na großartig, niemand zu Hause? Hatte Julius unser wichtiges »Date« vergessen? Gerade wollte ich noch etwas energischer vorgehen und dem Begriff »Sturm klingeln« eine Steigerung verpassen, da hielt ich inne. Da war was! Ich hörte es schlurfen. Dann schepperte es, und ein gedämpftes »Aua« drang an mein Ohr. Anschließend setzte das Schlurfen wieder ein und wurde lauter. Schließlich ging die Tür auf, und Julius stand vor mir. Total verpennt blinzelte er ins Tageslicht. In Flipflops und in sexy Boxershorts, die sich verdächtig ausbeulten. Ich musste grinsen, hier hatten wir es mit einer astreinen PRÄ-MO-LA zu tun (kurz für »prächtige Morgenlatte«). Die stand leider, wie der komplette Mann, der Damenwelt nicht zur Verfügung. Wenn ich nicht bestens versorgt gewesen wäre, hätte ich das einmal mehr als ungerecht empfunden. Im Hintergrund sah ich die umgekippte sündhaft teure orientalische Metallvase, die Julius als Schirmständer benutzte. Detective Kraus schloss messerscharf: Hier lag der Grund für das Scheppern!

»Sonya? Was machst du denn hier? Und wieso ist es schon so hell?«

»Wir waren verabredet, mein Süßer!«

Julius kratzte sich verwirrt am Wuschelkopf. »Ääääh, verabredet? Wie? Heute? War das nicht erst ... später? Was für ein Datum haben wir denn?«

Ich kramte mein Blackberry heraus, öffnete die Kalenderfunktion und zeigte ihm meine Notiz zu unserem vereinbarten Treffen. »Da steht's, du Schlafmütze: dreiundzwanzigster März. Brainstorming ›Zitrone‹. Glaubst du mir jetzt?«

Julius gähnte und rieb sich das Kinn.

»Dreiundzwanzigster März? Moment ... Irgendwas war am dreiundzwanzigsten März.«

»Bingo! Vollkommen richtig geraten«, sagte ich. »Unser Treffen nämlich. Lass mich mal durch, ich schmeiß die Kaffeemaschine an, und du hüpfst am besten unter die Dusche. Aber vergiss nicht, kalt abzuduschen. Ist gut fürs Gewebe und macht wach für intellektuelle Höhenflüge!«

Schon hatte ich mir den Weg in Julius' topausgestattete Hightech-Cucina gebahnt und schaufelte Öko-Fair-Trade-Arabica-Espresso (Julius ist der Ansicht, dass bereits jeder Einkauf eine Gelegenheit ist, gutes Karma in die Welt zu bringen) in die glänzende Edelstahlmaschine. Ein Gimmick, das vermutlich so viel kostete wie mein Wagen unten auf der Straße. Julius war nicht nur generös zu allen anderen, sondern auch zu sich selbst. »Nur wenn du dich selbst liebst, kannst du auch andere lieben«, war sein gern und oft zitiertes Credo.

Doch im gleichen Moment, in dem ich das Wasser in den Tank der Espressomaschine kippen wollte, ertönte ein ebenso ohrenbetäubendes wie unzweideutiges »Verdammte Scheiße, Scheiße, Scheiße!« aus der Diele. Das klang ja so gar nicht nach meinem stets gut gelaunten Zen-Zauberer. Wahrscheinlich war er wieder mit der Vase zusammengestoßen. Aber was mein Julius war, der würde sich schon schnell wieder mit irgendwelchen Yoga-Atemübungen beruhigen. Kein Grund zur Aufregung! Ich schnappte mir ein Küchentuch, um die kleine Überschwemmung wegzuwischen, die ich vor lauter Schreck mit dem Kaffeewasser veranstaltet hatte, als Julius auch schon vor mir stand. Gar nicht mehr verschlafen, sondern hellwach – allerdings ausnahmsweise ziemlich blass um die Nasenspitze.

»Sonya, du musst mir helfen. Ich muss nach L.A.«

Jetzt war ich verwirrt.

»Nach L.A.? Wie? Was? Wann?«

»Sofort! Der Check-in schließt in einer Dreiviertelstunde, ich hab mich im Tag vertan, verdammt!« Er wedelte mit einem E-Ticket. Dann fügte er hinzu:

»Das ist ein wahnsinnig wichtiges Meeting, da geht's um was. Los, bitte, Sonya! Dich schickt das Universum, zusammen schaffen wir das!«

Gott sei Dank, da war er wieder, der Julius, der an überirdische gute Energien des »Universums« glaubte, die ihm normalerweise ja auch immer zur Seite standen. Drei Minuten später wirbelte ich wie eine hyperaktive Bibi Blocksberg durch Julius' Schlafzimmer, schmiss Herrensocken, Unterhosen, T-Shirts, Badeklamotten (es ging schließlich nach L.A.; Santa Monica und Venice Beach und andere kalifornische Traumstrände waren nicht weit) und weitere Kleinigkeiten in seine Reisetasche, während er eine Turbodusche nahm und mit der Zahnbürste an der Kauleiste genuschelte Anweisungen dazu gab, was ich einpacken sollte.

Gut fünfzehn Minuten später saßen Julius und ich in meinem Auto, mit dem ich mich nun für den Rekord in der unterschätzten Disziplin »wohldosierte Geschwindigkeitsübertretung, so gerade, ohne geblitzt zu werden« qualifizierte.

Genau 23 Komma 5 Minuten später erreichten wir das Abflug-Terminal am Frankfurter Flughafen. Julius sprintete los, ich schlenderte in das Terminal: Ich hatte ja nun Freizeit, nachdem mein »Business Meeting« flachgefallen war. Mal schauen, ob ich mir ein bisschen neuen Lesestoff besorgen könnte, und dann wollte ich erst mal ein Käffchen, einen Saft und ein Croissant genießen. Ich hatte es mir gerade im Café mit der Zeitung gemütlich gemacht, da piepte mein Handy.

Juhu! Bin drin! Ohne dich hätte ich das nie hinbekommen. Du hast was gut bei mir. Kuss, J.

Gänsehaut – wow, was für eine Aktion! Ich fühlte mich wie Superwoman, die Retterin in der Not! Mein Notizblock mit der Überschrift »Zitrone« war zwar noch gähnend leer, aber was soll's? Mein bester Kumpel war tatsächlich auf dem Weg nach Kalifornien zu seinem wichtigen Meeting, das er ohne mich verpasst hätte. Verrückt! Wieder einmal merkte ich, dass Helfen glücklich macht.

Gut eine Stunde später setzte ich mich wieder hinters Steuer, um den Wagen vom Kurzzeitparkplatz ins Parkhaus zu fahren, bevor ich den Aufzug zum ICE-Gleis unter dem Flughafen nahm. Die Deutsche Bahn sollte mich sicher, bequem und ökologisch korrekt nach Köln zu meinem Meeting bringen. Doch noch bevor ich den Anlasser betätigen konnte, fühlte ich das Kribbeln in der Nase.

Haaaaaaaa...TSCHI!

Beim Wühlen in Julius' »Herrenapartment« waren wohl einige Staubwölkchen aufgewirbelt worden, die hatten offensichtlich meine sonst weitgehend ruhende Hausstaubmilbenallergie aktiviert. Schon nahte der nächste Nieser...

Haaaaaaa...TSCHI!!!

Hoppla, was war das? Wieso war meine Hand rot gesprenkelt? O Gott, Blut! Vermutlich ein Amokläufer am Frankfurter Flughafen, der mich erwischt hatte! Panisch tastete ich meine Brust und meinen Kopf ab. Ich fühlte keine Schmerzen, aber das sollte ja bei so was auch immer etwas später einsetzen. *Tropf! Tropf!* Ich fühlte immer noch nichts. War ich vielleicht schon tot? Wo war das gleißende Licht? Wieso zog mein Leben nicht an mir vorbei? Dann hatte ich den schlauen Einfall, mal nach Einschusslöchern zu gucken, und registrierte, dass die Scheiben meines Autos völlig unversehrt und nicht von Kugeln durchsiebt waren. Wo, zum Teufel, kam dann das Blut her?

Dann kam mir ein Gedanke. Ich war im fünften Monat schwanger, was ich vor der Presse und auch vor fast allen anderen, inklusive Julius, bisher erfolgreich verheimlicht hatte. Ich wollte so lange wie möglich niemanden verrückt machen. Die Schwangerschaft hatte zwei Nebenwirkungen. Die erste: Seit ein paar Wochen waren nicht nur meine Hupen so prall geworden, dass meine »diskreten« Jungs im »talk talk talk«-Studio mit erhobenem Daumen anerkennend genickt und dann gefragt hatten: »Mensch, Sonya, uiuiui!!! Neu?! Die sind aber top geworden! War's teuer?«

Von meinem kleinen, unter Tunikas verborgenen Bäuchlein bekamen sie dagegen nichts mit; klar, ihr Blick hing ja auch weiter oben. Die zweite Nebenwirkung war: Meine Schleimhäute waren nicht nur extrem gut durchblutet, sondern auch extrem empfindlich. So sehr, dass bereits ein durchschnittliches Benjamin-Blümchen-Töröööhhh ins Taschentuch die Nasenschleimhaut in blutige Niagarafälle verwandelte.

Ein kurzer Optik-Check im Rückspiegel ergab: Tatsache! Ich hatte schon wieder Nasenbluten! Und eine einstündige Fahrt im ICE nach Köln vor mir. Na super!

Da konnte ich mir zur Belustigung meiner neugierigen Mitreisenden ja gleich ein paar Tempo-Tampons drehen und sie mir wie die Pommes in »Ein Fisch namens Wanda« in die Nase stopfen, um die Blutung zu stillen. Ich sah schon die heimlich um die Ecke geschobenen Handykameras vor mir und die Twitter-Postings mit den Stichworten: #nase #koks? #kraus.

Meine Idee, den Wagen am Flughafen abzustellen und von hier aus direkt den Zug zu nehmen, schien mir plötzlich nicht mehr ganz so ideal. Was blieb mir also anderes übrig? Richtig: Ich blieb im Auto sitzen und fuhr selbst. Fahrmuffel Kraus machte sich widerwillig bereit für einen Road Trip. Die Staustrecke Frankfurt – Köln mit dem Wagen zu fahren war natürlich normalerweise totaler Schwachsinn und unter Umweltaspekten selbstverständlich suboptimal. Und außerdem hätte ich im Zug noch einiges erledigen können. Zum Beispiel ein bisschen schlafen. Mein Make-up machen. Ein weiteres Käffchen im Zugrestaurant schlürfen ... Hach!

> ,, *Glücklich ist, wer vergisst,*
> *was doch nicht zu ändern ist*
> JOHANN STRAUSS JUNIOR, DIE FLEDERMAUS

Aber nun gut – Zug war jetzt eben nicht. Und wie war noch gleich mein Motto? Think Pink, richtig? Außerdem war ich doch heute

Superwoman, das würde ich auch noch gedeichselt bekommen. Ich warf meinen imaginären Superheldinnenumhang über die Schulter und überlegte. Was hatten wir denn da? Ich saß ja nun schon mal im muckelig warmen Auto. Kein zugiger Bahnsteig mit akuter Blasenentzündungsgefahr, keine Verspätung, kein Umsteigen, keine Selbstmörder auf der Strecke, keine mies gelaunten Taxifahrer ... Klang schon mal nicht übel, das waren ganz klar die ersten fabelhaften Pink Points. Ein schneller Blick ins Handschuhfach enthüllte: Ich hatte die tolle neue Robyn-CD dabei, zu der man wirklich wunderbar mitsingen konnte – in der Bahn aus Rücksicht auf die Mitreisenden völlig undenkbar, im schallgeschützten Raum meines Kraftfahrzeugs dagegen eine kombinierte Atem- und Entspannungsübung. Hervorragend! Pink Point Nummer zwei. Dann fiel mir ein, dass es für so ein Auto ja gar nicht gut war, immer nur kurz im Stadtverkehr bewegt zu werden. Pink Point Nummer drei. Meine Laune stieg zusehends, und ich warf den Motor an. Und natürlich würde ich an der A 3 einen kleinen Pippi-Pit-Stop einlegen und mich irgendwie für meine Heldentaten belohnen. Ich stopfte mir also flugs ein paar zerknüllte Tempo-Bällchen in die Nase, atmete durch den Mund, und los ging's.

Als ich gut eineinhalb Stunden später an der Raststätte in der Warteschlange an der Burger-Theke wartete, war die Blutung gestillt – und meine Stimmung hatte sich auf gewohnter Höhe eingependelt. Was man vom Mädel hinter der Theke kaum behaupten konnte. Sie wirkte in etwa so verschlafen wie Julius heute Morgen – nur noch deutlich muffeliger. Kein Wunder: Nicht eine einzige Person in der Schlange vor mir guckte ihr ins Gesicht. Stattdessen wurde von der Anzeigetafel der Menüwunsch abgelesen und lieblos runtergeleiert. Keine Begrüßung, kein

»Bitte«, kein »Danke«. Es bestand nicht der geringste Zweifel: Vor mir standen ausnahmslos unhöfliche Blödmänner ohne jede Kinderstube. Eigentlich logisch, dass die Servicekraft die Teller so auf die Tabletts knallte, dass die Pommes hüpften und die Cola in kleinen Tsunamis überschwappte.

Aber ich war Superwoman – und zuversichtlich! Mal schauen, ob das auch anders ging, ich machte mich bereit zur Gute-Laune-Bestrahlung. Als ich an der Reihe war, lächelte ich das Mädchen an und sagte freundlich »Guten Tag! Ziemlich viel los heute Vormittag, oder?« Eigentlich keine große Tat, denn im Grunde ist eine Begrüßung ja eine absolute Mindestanforderung an jeden zwischenmenschlichen Kontakt – aber offenbar eine stark in Vergessenheit geratene. Mein Gegenüber zuckte erschrocken zusammen über so viel unerwartete Menschlichkeit, aber dann hellte sich ihr Gesicht auf, und sie lächelte zurück.

»Ach, das ist gerade gar nix, seit sieben ist hier Remmidemmi. Wenn die Kegelclubs mit den Bussen ankommen, ist hier die Hölle los. Ich hab noch keine Pause gehabt.«

Anschließend warf sie für mich neue Pommes in die Friteuse, stellte den Teller mit meinem Tagesgericht sanft wie ein Baby aufs Tablett und den O-Saft betont behutsam daneben. Außerdem bekam ich ein Extralächeln als Nachtisch.

Hey, der Good-Vibrations-»Virus« wirkte! Dass sie mich als »die Frau aus dem Fernsehen« erkannt hatte und ich hier nur den »Promi-Bonus« absahnte, konnte ich ausschließen. Schließlich war ich noch komplett Make-up-frei – das hatte ich ja im Zug erledigen wollen –, und wenn ich Mascara-frei mit meinen Albino-Wimpern klimpere, erkennt mich – ich schwöre! – manchmal selbst meine Mama nur mit Mühe.

So ging's weiter. Ich stellte fest, dass man im Auto nicht

nur singen, sondern wirklich wunderbar ungestört nachdenken konnte – viel besser als im Zug, wo ständig Handys piepen, Omis ihre mitgebrachten Eierbrote inklusive Schwefeldunst auspacken, ständig wechselndes Zugpersonal Fahrkarten kontrolliert und Durchsagen die nächste Station ankündigen. Es hörte einfach nicht auf mit den Vorteilen – und abgesehen von einer kleinen Baustelle vor Köln kam ich auch hervorragend durch – und ganz entspannt im Studio an. Fürs Protokoll, bevor jetzt jemand auf die Idee kommt, ich propagierte hier umweltschädliche Kfz-Benutzung statt umweltfreundliches Bahnreisen: Ich hätte garantiert genauso viele Vorteile gefunden, wäre ich mit dem Zug gefahren! Es kommt eben auf den Blickwinkel an, wie gesagt!

Ganz entspannt sein Ziel erreichte übrigens auch Julius – allerdings ein paar Stündchen später.

Was lernen wir also daraus? Ganz genau: Pink ist unsere Farbe.

Don't worry, be happy – mit Rosa!

Pink ist aber nicht nur im übertragenen Sinne ein unerschöpflicher Quell der Lebensfreude. Die Farbe Rosa hat auch ganz handfeste Wirkungen! Instinktiv habe ich schon immer gewusst, dass Pink mehr kann, als nur schön frisch nach japanischer Kirschblüte auszusehen. Erst kürzlich ist mir ein Artikel in die Hände gefallen, der meine Ahnung bestätigt hat. Der amerikanische Wissenschaftler Alexander G. Schauss vom American Institute für Biosocial Research hatte schon im Jahr 1979 herausgefunden, dass besonders aggressive Häftlinge ihre Lust auf Randale verloren haben, wenn sie nur für eine Viertelstunde in einen pink gestrichenen Raum gesteckt wurden. Auf die Idee war der Forscher gekommen, nachdem ein Kollege von ihm namens John N. Ott Probanden beim Armdrücken auf ein pinkfarbenes Blatt hatte schauen lassen – wodurch sie offenbar einen Teil ihrer Muskelkraft einbüßten und leichter zu schlagen waren. Blau stellte die Kraft wieder her.

Die Forschungsergebnisse von Schauss sind seitdem immer wieder bestätigt und praktisch angewendet worden. In einem Schweizer Gefängnis in Pfäffikon gibt es heute ebenfalls eine Zelle, die komplett pink gestrichen ist. Was passiert, ist erstaunlich: Die Gefangenen werden erst mal noch aggressiver, wenn sie in die ganz in »Cool down Pink« gehaltene Farbtherapiezelle geschickt werden, weil die Farbe ihnen gegen den Strich geht. »Spinnt ihr? Ich bin doch nicht schwul!« Aber das Rosa wirkt trotzdem und löst zuverlässig jede Aggression auf; die Jungs kommen ausnahmslos entspannt wieder raus. Das klingt jetzt vielleicht nach Zauberei, aber der Effekt ist nachgewiesen. Rosa verlangsamt den Herzschlag und senkt so den Blutdruck. Es entspannt, macht friedlich und hebt, nicht zuletzt, die Stimmung. *Aggressionen und schlechte Gefühle lassen sich in Gegenwart von Rosa einfach nicht aufrechterhalten.* Ich habe das Gerücht gehört, dass auch ein amerikanisches Football-Team diesen Anti-Doping-Effekt genutzt haben soll, indem es die Umkleideräume der gegnerischen Gästemannschaft in Babyrosa gestrichen hat – friedliche Lämmchen im Happy-Modus lassen sich nun mal besser besiegen als zähnefletschende Höllenhunde. Ach ja, es gibt noch einen Nebeneffekt: Rosa senkt den Appetit und macht so indirekt schlank! Wenn das kein Argument für die Farbe ist!

 ## Dieses Rosa rockt!

Falls Sie jetzt Lust bekommen haben, den Pink-Effekt mal selbst auszuprobieren und vielleicht sogar einen Raum in der psychologisch »talentierten« Farbe zu streichen. Schauss' Farbton lässt sich ganz einfach mit dem RGB-Farbsystem mixen – RGB steht für die drei Grundfarben Rot, Grün und Blau, aus denen sich alle anderen Farben zusammensetzen. Für »Rockin' Rosa« mischt man einfach die Werte Rot = 255, Grün = 145 und Blau = 175. Wo und wie? Den Farbton kann man sich nach diesen Vorgaben zum Beispiel im Baumarkt exakt als Wandfarbe mischen lassen oder am Computer als Bildschirmhintergrund benutzen. Es soll allerdings auch schon was bringen, sich Rosa einfach nur vorzustellen! *Aber, Achtung, keine große Wirkung ohne Nebenwirkung:* Die »Rosa-Therapie« bitte nicht vor dem Sport »anwenden« – und dazu gehört auch unsere liebste Leibesertüchtigung, die Matratzengymnastik. Denn da wollen wir ja auf keinen Fall zu entspannt sein. Hier empfehle ich stattdessen den Blick auf ein kräftiges Rot. Wirkt nicht nur bei Stieren temperamentsteigernd!

> *Das Leben ist bezaubernd,*
> *man muss es nur durch die richtige Brille sehen.*
> ALEXANDRE DUMAS

So, die Frage der Wandfarbe in unserer kleinen Bar hätten wir also geklärt. (Und das bedeutet nicht zwangsläufig, dass ich das Lokal als Schwuppen-Treff in Köln eröffnen muss, ein bisschen mehr Rosa tut besonders Heteros gut!) Dann können wir ja jetzt die Probe aufs Exempel machen… Blättern Sie bitte weiter!

> *Don't worry, be happy!*
> BOBBY MCFERRIN

Eine kleine Laboranalyse des »Instituts Krausius« – oder: Schmeckt uns unser Leben eigentlich?

> **Was bleibt, ist die Veränderung; was sich verändert, bleibt.**
> UNBEKANNTER AUTOR

Es kommt nicht von ungefähr, dass jedes In-Lokal hin und wieder renoviert, die Einrichtung – den letzten Schrei von vorgestern – auf den Sperrmüll schmeißt oder sich ein neues Konzept überlegt, damit es beim Publikum angesagt bleibt. Allerspätestens dann, wenn die Partystimmung vom Einweihungsevent gähnender Langeweile weicht. Genauso erfindet jeder Top-Bartender ständig neue Kreationen – und er »feilt« natürlich regelmäßig an den Drinks, die in seiner Bar schon auf der Karte stehen: Stimmt der Mix? Ist eine Zutat zu dominant? Ist die Mischung schön belebend – oder zu schwer und einschläfernd?

Denn nur eine Bar mit lauschiger Atmosphäre und guten Drinks hat zufriedene Gäste. Das führt mich zu der Frage:

Wenn Ihr Leben eine Bar wäre – wären Sie gerne Gast bei sich? Fühlen Sie sich wohl im Ambiente? Schmeckt Ihnen Ihr Leben, so wie es ist? Mögen Sie, was Sie täglich vorgesetzt bekommen? Gibt es Verbesserungspotenzial? Oder brauchen Sie zur Abwechslung vielleicht mal 'nen ganz anderen Drink?

Okay, ich höre schon den Aufschrei: Verbessern! Optimieren! Immer diese Leistungsgesellschaft! Muss denn jeder ehrgeizig sein? Kann man nicht einfach mal zufrieden vor sich hinleben, ohne dass einem irgendeine Fernseh-Fuzzine einen vom Pferd erzählt? Kann man nicht einfach so happy sein? Meine Antwort: Kann man absolut. Total in Ordnung. Vorausgesetzt allerdings, das *ist* ziemlich genau die Idealvorstellung, die wir vom Leben haben. Erfolg bedeutet nämlich nach meiner Definition: ein Leben zu leben, das uns so windkanalschnittig passt wie mir meine hautengen »talk talk talk«-Outfits. Das hat überhaupt nichts damit zu tun, ob wir ein sechs- oder nochmehr-stelliges Jahreseinkommen einfahren (okay, ich gebe zu: Das schadet auch nicht) oder ob wir so bekannt sind, dass unser Name in der Google-Suche sechsundfünfzigeinhalb Millionen Ergebnisse erzielt (kommt raus, wenn man Apple-Boss Steve Jobs eingibt). Persönlich erfolgreich sein kann man auch als Hausfrau und Mutter, als Meerschweinchenzüchter, Pornostar oder als Kanutester.

◆ Zum Glück gibt es ein ganz simples Zeichen, ob die aktuelle Lebenssituation – egal wie die aussieht – genau die ist, die zu den eigenen Bedürfnissen und Sehnsüchten passt wie die Limetten in den Caipirinha. Dieses Zeichen ist: Das Leben fühlt sich, so wie es ist, verdammt nach Hauptgewinn an.

Natürlich nicht die ganze Zeit, das wäre ein bisschen viel verlangt. »Shit happens« – zumindest hin und wieder – auch im großartigsten Leben. Was ich meine, ist, dass wir grundsätzlich das gute Gefühl haben: Das hier ist das, was ich will – und nichts anderes. Ist das bei Ihnen der Fall: Großartig, weitermachen! Alles auf Kurs. Bei mir ist das heute auch so. Aber bevor Sie jetzt vor Neid grün anlaufen, darf ich Sie beruhigen. Auch wenn ich mein Dasein auf diesem Planeten die allermeiste Zeit super finde und mir die Sonne aus dem A...llerwertesten scheint, hat mir das Leben schon dreist sowohl große Zitronen als auch kleine Zitronenscheibchen serviert – und mit denen hab ich mich dann auseinandergesetzt. Eins der ultimativen »Gesetze«, an das ich felsenfest glaube, lautet nämlich:

🍋 Schlechtes hat die Tendenz, sich noch zu verschlechtern – *wenn* man es sich selbst überlässt.

Wenn es also etwas gibt, was mich unglücklich macht und ich ändere nichts dran, wird meiner Erfahrung nach nur sehr selten ein Wunder geschehen, das mich »erlöst«. Andersherum: Je früher man merkt, dass eine leichte Kurskorrektur vonnöten ist, und je früher man entsprechend gegensteuert, umso besser. Letzteres war etwa der Fall, als ich beim Neunzigerjahre-TV-Quotenhit »Glücksrad« die Buchstaben umgedreht habe, wie dieses kleine Geschichtchen aus der ach so aufregenden Welt des Showbiz zeigt:

GEDREHT UND NICHT GERÜHRT – MIT DER LIZENZ ZUM LABERN

Die Glücksradgemeinde war ein eingeschworenes, gediegenes Völkchen und liebte keine Veränderungen. Dass nach knapp zehn Jahren eine neue Buchstabendreherin, von den Fans der Show auch liebevoll »Buchstabenfee« genannt, auf der Mattscheibe erschien, war eine delikate und hochpolitische Angelegenheit.

Die neue »Fee« war ich.

Im zarten Alter von 23 Jahren, allerdings dank auftoupierter Lockenwicklerhaarpracht und biederen Oma-Klamotten auf Mitte dreißig getrimmt. Man wollte den geneigten Zuschauer im fortgeschrittenen Rentenalter nicht mit einem flippigen Twen vollkommen verschrecken.

Mir war's wurscht, denn die eigentliche Revolution steckte stolz an meiner Spießerbluse: ein Mikrofon!

Meine Vorgängerin hatte als die ewig Schweigsame Fernsehgeschichte geschrieben. Mit dieser Tradition wollte ich nicht nur aus emanzipatorischen Gründen brechen. Nein, mir war es schlichtweg unmöglich, daran festzuhalten.

45 Minuten schweigen? Die Klappe halten? Nicht quasseln? Mit niemandem kommunizieren? Unmöglich! Das war doch hier Fernsehen und kein Kloster mit Schweigegelübde. Einem Plauderpüppchen wie mir das Reden zu verbieten, das wäre sadistisch, und schon nach wenigen Stunden würde ich an Wortverstopfung tragisch versterben! Mit dieser sachlichen Argumentation hatte ich mir tatsächlich das Mikro erobert.

Der Held am Rad war unser Moderator Frederik Meisner, Mitte vierzig, von mir nur liebevoll Freddy genannt. Den 70+-Ladys im Publikum blieb vor freudiger Erregung regelmäßig der Herzschrittmacher stehen, wenn der charmante Meisner sportiv ins Studio getrabt kam. Es war vorgesehen, dass ich nach seinem Auftritt kurz ein freundliches »Guten Abend!« herausschmetterte, möglichst noch durch devotes Kopfnicken unterstrichen, um mich dann brav an meine Ratewand zu verziehen.

Doch Freddy war so stolz auf das verjüngte Buchstabenumdreh-Modell an seiner Seite, dass er die Sendung immer mit einem »lockeren Plausch« eröffnete, der sich ungefähr folgendermaßen gestaltete:

Freddy: »Sonya, du siehst ja mal wieder fantastisch aus!«
Ich: »Oh, danke, Freddy! Du Charmeur…«

Freddy: »Ist das jetzt die neue Trendfarbe fürs Frühjahr, Sonya?«
Er deutete auf mein schmuckes Kostümchen.
Ich: »Richtig, Freddy, das nennt sich Petrol!«
Freddy: »Schön, Sonya. Dann lass uns doch anfangen...«
Und ab ging's für mich an die Ratewand.

Tags darauf gaben wir dann alles.
Freddy: »Sonya, du siehst ja mal wieder chic aus!«
Ich: »Oh, danke, Freddy! Du aber auch.«
Freddy: »Es ist ja Frühjahr, die Blumen blühen. Was sind denn
deine Lieblingsblumen, Sonya?«
Ich: »Pinke Lilien!«
Freddy: »Schön, Sonya. Dann lass uns doch anfangen...«

Ich hätte auch »Po-Rosette« antworten können, und er hätte es
trotzdem »schön« gefunden und mich auf mein Plätzchen ver-
bannt. Außer bei unserem fulminanten Opening hatte ich noch
exakt fünf Mal die Chance, genau ein Sätzchen abzulassen, da mir
die Ehre zuteilwurde, die sogenannten »Ratekategorien« anzu-
sagen. Das hörte sich dann ungefähr so an: »Ihr könnt es drehen
und wenden, wie ihr wollt, jetzt kommt eine Redewendung!« Ach
ja, ein kurzes »Auf Wiedersehen!«, wahlweise auch ein freches
»Tschüss!« am Ende der Show war auch noch eingeplant.
    Und täglich grüßt das Murmeltier...
    Okay, die ersten Wochen waren noch so was wie spannend.
Die nachfolgenden Monate? Sagen wir es mal diplomatisch: interessant. Die Zeit danach? Nur mit Schmerzensgeld erträglich.
    Ich wurde zunehmend unerträglicher, vor allem für meinen
armen Freddy.
    Das Problem: Wohin nur mit meiner aufgestauten Energie? Ich

versuchte alles, um mich im Studio irgendwie auszutoben: Ich pinnte Briefe an der Rückseite der Kulisse fest, flirtete mit dem Aufnahmeleiter und bestickte während der Sendung sogar Jeans mit Glitzersteinen. War ich gerade im Bild, ließ ich richtig Dampf ab und beklatschte jeden Buchstaben hysterisch. Acht mal ein »E wie Emil«? Applaus, Applaus, Applaus – wie im Irrenhaus! Aber ich konnte mir zumindest mal die Beine vertreten.

Es half nur alles gar nichts, ich stand weiter unter Strom. Genauer gesagt: unter Sprachstrom. Eines Tages hielt ich es einfach nicht mehr aus. Kaum hatte Freddy sein freundliches »Einen wunderschönen guten Abend, sehr verehrte Zuschauer ...« aufgesagt und wagte es, Luft zu holen, grätschte ich in seine Atempause rein: »Ja, wie schön, dass Sie wieder bei uns sind! Denn hier beim Glücksrad warten wieder unglaubliche Preise und ausgefuchste Kandidaten auf Sie. Heute können Sie zum Beispiel diesen wunderbaren Toaster mit raffinierter Hightech-Aufbackautomatik gewinnen und dazu noch ...« Und so weiter. Und so weiter.

Die bislang unausgesprochenen Worte waren wie Hülsenfrüchte. Sie hatten lange in mir gegärt, und nun gab jedes Böhnchen ein Tönchen. Freiwillig hörte ich jedenfalls nicht auf zu reden, sondern nutzte die Zeit, bevor ich wieder ins stumme Exil an die Wand geschickt wurde. Ich sah, wie Frederik, der charmante Meisner, aufgeregt in Gina-Wild-Schnappatmung verfiel. Er wollte mir so gern seinerseits in meinen Redeschwall reinquatschen. Sein Problem war: Ich verkniff mir tunlichst zu atmen und machte einfach keine Pause.

Mehrmals wurde ich daraufhin von ihm, unterstützt von Regisseur und Aufnahmeleitung, galant darauf aufmerksam gemacht, mich doch bitte kurzzufassen. Doch er hatte die Rechnung ohne das Gameshowpublikum gemacht. Die grauhaarige Zuschauer-

Gemeinde hatte Gefallen an dem feschen frechen Früchtchen gefunden, klatschte bei jedem meiner Auftritte frenetisch wie sonst wahrscheinlich nur bei der Landung in Palma – und stellte mir damit die Lizenz zum Labern aus.

So musste der arme Freddy in seiner Garderobe weiterhin eine Sonya-Voodoo-Puppe knebeln, was ihm leider nichts nutzte, denn ich wurde verpflichtet, im Kalaschnikow-Verfahren Satzsalven aus gequirlter Kacke abzufeuern. Gemeinsam harrten wir aus, bis, ja bis die Erlösung für uns beide kam ... Eine Sendung namens »talk talk talk« für mich – und da war der Name Programm!

Nur um Missverständnissen vorzubeugen: All das machte mir Spaß, keine Frage. Der Job beim »Glücksrad« war gut bezahlt, dafür war ich auch irre dankbar, aber schon nach Sendung 250 war der Ablauf eben doch Routine. Und wenn ich nicht bald meinen Extrajob bei »talk talk talk« dazubekommen hätte, wäre ich Gefahr gelaufen, eines Tages vor akuter Unterforderung und lebensbedrohlicher Langeweile vor laufender Kamera schnarchend umzukippen.

Das ist Jammern auf hohem Niveau? Stimmt! Aber dies hier ist ein Appell, auch kleine »Auas« nicht aus Angst oder Bequemlichkeit zu ignorieren. Das ist wie mit dem kleinen Splitter, der im Fingerchen steckt, und man ist zu faul, nach der Pinzette zu suchen, weil es ja doch nicht so schlimm weh tut. Irgendwann fängt der Mist aber an zu eitern, und ehe man sichs versieht, hat man eine Blutvergiftung. Sich auf Dauer in einer Situation einzurichten, die einem irgendwie nicht behagt, ist wie ein Sour auf nüchternen Magen. Es bekommt einem einfach nicht! Im Glücksfall muss man nur kotzen, im Ernstfall gibt's 'ne Magenschleimhautentzündung. Oder Schlimmeres. Doch manchmal ist der Splitter gar nicht so leicht auszumachen ...

◆ Viele von uns sitzen nämlich in der perfiden Falle, dass von
  außen betrachtet alles wunderbar aussieht.

Vielleicht haben wir einen topbezahlten Job, einen Freund, der
aussieht wie aus der Sexiest-man-alive-Liste gesprungen, einen
Satz entzückender Kinder und on top noch einen Hund, der so
schlau und knuffig ist, dass er problemlos für ein Remake von Las-
sie gecastet werden könnte. Ein Leben wie aus der Rama-Reklame.
    Oder wir studieren irgendwas Prestigeträchtiges wie Zahnme-
dizin oder Jura. Eigentlich müssten wir mehr als zufrieden sein.
Finden zumindest Oma, die Nachbarn und der Verkäufer am Kiosk
gegenüber, die uns immer neidisch beobachten. Das Problem: Wir
sind es nun mal nicht. Irgendwo ist da dieser fiese kleine, nörgelige
Piekser, dass das ja nun nicht alles sein kann. Aber man kommt
sich schon undankbar vor, darüber nur nachzudenken – schließlich
sind alle der Meinung, man sei ein Glückspilz. Da ist doch dann
bestimmt auch was dran. Oder? Können alle anderen irren? Jawohl,
sie können – besonders, wenn es um Ihr Leben geht. Die Erfahrung
meiner mittlerweile immerhin 37 Lenze hat mich gelehrt:

◆ Wenn immer wieder das Gefühl auftaucht, dass irgendwas
  nicht stimmt, ist das mit ziemlicher Sicherheit auch so.
  Mädels und Jungs, Ihr müsst jetzt ganz stark sein: Es ist
  an der Zeit, etwas zu ändern.

Keine Panik! Ich plädiere keinesfalls dafür, alles Hals über Kopf über
den Haufen zu werfen, dem Chef die Kündigung zu präsentieren, den
Lover abzusägen und nach Timbuktu auszuwandern. Okay, zugegeben, in einigen besonderen Härtefällen mögen radikale Maßnahmen
angebracht sein – besonders, wenn man die eigenen Bedürfnisse
jahrelang unterdrückt und sozusagen auf Autopilot gelebt hat.

Aber oft genügen schon kleine bis kleinste Veränderungen. Glauben Sie nicht? Kleines Gedankenexperiment: Haben Sie schon mal versucht, mit einem winzigen Stein im Schuh zu wandern? Die reinste Tortur – wir humpeln durch die Gegend wie angeschossen, Blasen sind programmiert. Dabei ist die Lösung simpel: kurz stoppen, Schuh umdrehen, das Corpus Delicti dingfest machen – und das mikroskopisch kleine Folterinstrument entsorgen. Et voilà: Vorher war die Wahrnehmung auf die Pein im Schuh verengt, doch auf einmal sehen wir – um im Bild zu bleiben – das herrliche Bergpanorama, genießen die frische Luft und haben vielleicht sogar noch Energie übrig, den nächsten Berg zu erklimmen. *Jawohl, es lohnt sich, die Steinchen in den Latschen des Lebens ausfindig zu machen! Weil alles mit allem zusammenhängt, setzt oft schon eine Minikorrektur eine positive Kettenreaktion in Gang, die das ganze Leben plötzlich wieder viel rosaroter aussehen lässt.*

Vielleicht brauchen Sie bloß mehr Freizeit, ein Hobby, eine neue Wohnung, die nicht nur im Juni für eine Woche direktes Sonnenlicht bekommt, einen Check-up beim Hormonspezialisten, mehr Bewegung, einen Nebenjob, einen Hund, eine Badewanne, drei Kilo weniger im Hüftbereich oder eine andere Farbe an der Wand im Wohnzimmer – und schon ist alles paletti. Ich brauchte damals zum Beispiel einfach eine weitere Sendung, in der ich den Mund aufmachen durfte und nicht nur atmende Studiodeko war. Ja, es kann wirklich so einfach sein!

>> **Wenn man alle Regeln befolgt, verpasst man den ganzen Spaß.**
KATHARINE HEPBURN

Unsere Aufgabe ist es, herauszufinden, wo genau der Schuh drückt. Darum fängt jede Veränderung ganz vorsichtig damit an, dass wir ein bisschen über unser Leben nachdenken. Es ist genauso wichtig, herauszufinden, was uns stinkt, wie dem auf die Spur zu kommen, was wir uns insgeheim wünschen (zu Letzterem später mehr, erst mal schön aufräumen). Sich über Sachen bewusst zu werden ist schon der erste Schritt zur Verbesserung. Die Bremsklötze unseres Glücks sind allerdings oft unter Alltagsgeröll verschüttet, und wir müssen detektivisch zu Werke gehen. Da gibt es mehrere Möglichkeiten.

🔸 Eine super Strategie zum Entlarven der alltäglichen Stimmungskiller: ein ehrliches Gespräch mit der besten Freundin oder dem besten Freund!

Unsere engsten Vertrauten wissen nämlich oft erstaunlich gut Bescheid, wo bei uns der Hund begraben ist – schließlich kennen sie uns schon ein paar Jährchen. Fast immer sehen sie auch das spezielle Monsterproblem in unserem Leben, vor dem wir in Vogel-Strauß-Manier immer schön den Kopf in den Sand stecken. Lieber nicht so genau hingucken.

Unsere Lieben rücken oft nur nicht mit der Sprache raus, weil sie befürchten, sie könnten uns verletzen. Und das kann in der Tat passieren, wenn wir vor den Latz geknallt bekommen: »Wenn du mich so fragst, sag ich dir ganz ehrlich: Ich finde, du musst von Peter weg/kündigen/endlich wieder Musik machen/das Land verlassen.«

Fragen Sie sich selbstkritisch: Sie sind ein Mimöschen, das bei leisester Kritik sofort die Freundschaft kündigt? Dann sollten Sie lieber eine andere Form der Recherche wählen. Eine Freundin von mir führt zum Beispiel eine Art »Top und Flop«-Tagebuch und schreibt jeden Tag auf, was sie heute happy gemacht hat – und was sie ändern möchte, weil es ihr gegen den Strich geht. So behält sie immer den Überblick und merkt sofort, wenn irgendwas aus dem Ruder läuft. Das ist ein bisschen so, als würde man in der eigenen

Wohnung immer direkt alles wieder aufräumen, wenn man es nicht mehr braucht – bevor sich das große Chaos einstellt. Macht fast niemand, würde aber jede Menge Zeit und Nerven sparen.

Ich gebe zu, auch ich wäre zu so einer täglichen »Buchhaltung« zu faul. Sie können sich aber auch einfach ein paar Blatt Papier nehmen, um Ihr Leben von Zeit zu Zeit unter die Lupe zu nehmen. Eben immer dann, wenn Sie das Gefühl haben, dass irgendwas nicht so ganz im grünen Bereich ist. Funktioniert wie folgt:

Unsere persönliche Tequila-Zitronen-Analyse

1. Das erste Blatt ist unsere »Tequila«-Liste. Schreiben Sie alles auf, was Sie in Ihrem Leben großartig finden. Ihr Sprachtalent, mit dem Sie jeden Eurovision Song Contest problemlos moderieren könnten. Ihren niedlichen Fiffi. Ihren Süd-Süd-West-Sonnenbalkon. Ihre sexy Grübchen. Den letzten Sieg Ihrer Volleyballmannschaft. Ihre tollen Freunde. Je mehr Sie auf der rosaroten Superseite stehen haben, umso besser. Sich klarzumachen, was schon alles spitzenmäßig ist, hilft einerseits, immer schön unsere Think-Pink-Perspektive zu behalten, und andererseits, den nicht ganz so töften Rest in der richtigen Relation zu sehen. So eine Liste macht außerdem Spaß, und sie motiviert, die nicht so fluffigen Überbleibsel auch noch in Richtung »top« zu polen. *Warnung: Es ist wichtig, hier ganz ehrlich zu sich selbst zu sein.* Auch wenn zum Beispiel alle Ihre Freunde Sie um Ihren Beruf als Managerin beneiden und Ihre Eltern mit ihrer erfolgreichen Tochter im Bridgeclub angeben: Der Job ist nur dann wirklich großartig für Sie, wenn sich das für Sie auch so *anfühlt*. Das ist etwas anderes, als wenn Ihr Kopf sagt: Eigentlich ist der Job doch großartig. »Eigentlichs« sind fast immer das sichere Anzeichen, dass genau das Gegen-

teil der Fall ist. Wer weiß, vielleicht wären Sie als Pflegerin in einer Seehund-Aufpäppelstation viel glücklicher, obwohl Sie da nur ein Zehntel von Ihrem jetzigen Gehalt verdienen? Womit Sie im Job glücklich sind, hängt ganz allein von Ihren persönlichen Prioritäten ab. Das Gleiche gilt logischerweise für Ihre Partnerschaft – schließlich müssen nicht Ihre Freundinnen, die Wurstverkäuferin oder Ihre Mama mit dem Typen leben, dessen Nachname mit auf Ihrem Klingelschild steht, sondern – riiiichtig!!! – Sie.

2. Auf die »Zitronen«-Liste kommt nun alles, was Sie bescheuert finden oder was Ihnen fehlt. Zum Beispiel, wenn Sie sich gerade wie eine Tonne fühlen, weil Sie an den Weihnachtsfeiertagen reingehauen haben wie nix Gutes. Oder dass Ihr Schatzi gerade mit seinen Kumpels auf Malle in der Sonne brutzelt, während Sie daheim malochen müssen. Dass Ihr Auto gerade kaputt ist. Oder Ihre 77-jährige schwerhörige Nachbarin, die den Häuserblock immer in Stadionlautstärke mit dem »Musikantenstadl« beschallt. Vielleicht ärgert es Sie auch, dass das Geld für die letzte Heizkostennachzahlung für einen Luxusurlaub in der Karibik gereicht hätte. Aber auch dicke Zitrusfrüchte müssen hierhin. Falls aus Ihrer Beziehung in letzter Zeit – so seit zwei, drei, sieben Jahren – komplett die Luft raus ist, etwa. Oder dass Sie sich jeden Tag ins Büro quälen und nachts Albträume von ihrer Kollegin als Cruella de Ville haben: Schreiben Sie's auf!

Ja, Moment, ich sehe, da hinten ist eine Zwischenfrage! Ah, Sie wollen wissen, warum ich als Think-Pink-Fan plötzlich dafür plädiere, den Blick auf, nun ja, »Probleme« zu lenken. Hatte ich nicht eben noch ein Loblied darauf gesungen, man solle sich bemühen, alles positiv zu sehen? Ist das nicht ein Widerspruch? Berechtigte Frage! Trotzdem lautet die Antwort: Nein, das ist kein

Widerspruch. Denn der Unterschied zwischen Optimismus und der schlechten Gewohnheit, vor Schwierigkeiten den Kopf in den Sand zu stecken, ist so groß wie der zwischen Carmen Nebel und Snoop Doggy Dog. Außerdem machen Probleme sogar happy. Wie bitte? Richtig gelesen! Und das geht so:

 ## Hurra, wir haben ein Problem!

Der Hirnforscher Gerald Hübner aus Göttingen sagt: »Bewältigte Probleme machen glücklich!«
Unser Gehirn belohnt uns nämlich mit dem Happy-Hormon Dopamin, wenn wir selbst aktiv werden und die knifflige Situation erfolgreich lösen. Das Zeug ist tatsächlich mit Kokain, Opium, Cannabis und Heroin verwandt, allerdings – juhu! – ganz legal, natürlich und kostenfrei. Ein echter Glücklichmacher, stimmt euphorisch und macht leistungsfähig. Wenn sich das Problem von selbst löst oder wenn jemand anders für uns in die Bresche springt, freuen wir uns zwar auch, allerdings nur ganz kurz. Der Glückskick ist ungleich größer und anhaltender, wenn wir es selbst geschafft haben. Aber nicht erst dann. Schon allein das Brüten über Lösungsmöglichkeiten kurbelt die Ausschüttung angenehmer Stöffchen namens Opioide an. Glückstrick: Falls gerade kein »echtes Problem« zur Hand ist, tun es auch möglichst vertrackte Denksportaufgaben, Zahlenspiele und schwere De-Luxe-Kreuzworträtsel à la »Um die Ecke gedacht«. Klingt verrückt, aber die machen tatsächlich glücklich!

Na, überzeugt?

🍋 Dann lautet unsere Aufgabe jetzt: Die Zitronenliste peu à peu abzubauen.

Untersuchen wir unsere Zitronen also genauer:

🍋 Da haben wir erst einmal die Kategorie dumm gelaufen. Alles, was nicht (mehr) zu ändern ist, gehört hierher. Beispiel Heizkosten: Um die Nachzahlung kommen wir nicht herum. *Der beste Weg, mit solchen Dingen umzugehen: Kurz überlegen, ob und wie man solche Flops in Zukunft vermeiden kann.* Etwa ein neues Thermostat besorgen, die Heizung entlüften, Fenster abdichten oder bei ganz fiesen Temperaturen manche Räume nur bei Bedarf heizen. Oder umziehen. Vielleicht auch einen Finanzplan machen und immer ein bisschen Geld für solche unvorhergesehenen Ausgaben zur Seite legen – ich als Sparfüchsin kann das nur empfehlen. Falls die Kohle hinterher übrig bleibt, steht der Karibikreise jedenfalls nichts im Weg. So was nennt man übrigens auch altmodisch: aus Fehlern lernen. Anschließend: *Haken an die Sache und nicht mehr dran denken.* Hilft ja nix.

🍋 Einiges erledigt sich außerdem früher oder später von selbst – das ist die wunderbare Kategorie Aussitzen. Der Macker auf Malle kommt irgendwann aus Palma zurück ins Körbchen, das Auto ist früher oder später repariert, und auch der nervigste Winter ist irgendwann zu Ende. Alles, was sich allein durch Abwarten von selbst zu unserer Zufriedenheit erledigt, können wir ebenfalls schon mal mit Genuss durchstreichen. Tut gut, oder?

> *Beginne mit dem Unvermeidlichen,*
> *dann mit dem Erreichbaren,*
> *und plötzlich wirst du das Undenkbare tun.*
> QUELLE UNBEKANNT

In unsere Kategorie motivierender Soforterfolg fallen nun alle Punkte, die sich – jippieh! – mit wenig Aufwand im Handumdrehen ändern lassen. Beispiel: Gegen die Dauer-beschallung schenken Sie der Nachbarin Funkkopfhörer. In puncto Hüftgold machen Sie einen Abend Dinner Cancelling. Einmal ohne Abendbrot ins Bett zu gehen löst zumindest bei mir ein vorübergehendes leichtes »Gewichtsproblem« nach Feiertagsvöllerei (eine echte Diät bei massivem Übergewicht erfordert allerdings einen längerfristigen Plan). Und die deprimierende Fleischwurstfarbe, die der Vormieter im Wohn-zimmer hinterlassen hat, ist auch schnell überstrichen.

Herzlichen Glückwunsch! Auf diese Weise haben wir mit Mini-malaufwand wahrscheinlich schon mal den Löwenanteil unserer sauren Liste eliminiert.

Vielleicht fragen Sie sich gerade, warum wir mit dem »Klein-kram« anfangen – und nicht mit dem »wirklich Wichtigen«. Ge-genfrage: Haben Sie schon mal einen Sportler erlebt, der sich nicht aufwärmt? Denn diese Sachen sind nichts anderes als unser psychologisches Warm-up für die etwas größeren Herausforderun-gen. Wie ich das meine? Ganz einfach: Wir haben ja eben gelernt, dass Probleme glücklich machen – und zwar nicht nur die großen. Unser Gehirn schüttet bereits bei jedem Mini-Erfolgserlebnis Dopa-min aus. Das macht nicht nur happy, sondern auch süchtig – nach noch mehr Erfolgserlebnissen. Dieser Mechanismus lässt sich nun wunderbar für unsere Zwecke ausnutzen …

Für den »Happy-Shot« zwischendurch: Instant-Erfolgserlebnisse

Hilft besonders, wenn wir gerade vor einer besonderen Herausforderung stehen oder uns in einer größeren Aufgabe – der Uni-Hausarbeit, der Präsentation etc. – festgebissen haben und den Wald vor lauter Bäumen nicht sehen. Bevor wir uns (wieder) an die »dicken Dinger« machen, suchen wir uns irgendetwas, was wir leicht bewältigen können und was garantiert sofort Erfolg bringt. Besonders gut geeignet ist hier alles, bei dem der Erfolg sofort sichtbar ist. Perfekt sind darum simple Haushaltstätigkeiten wie Fenster putzen, aufräumen oder abwaschen. Die blitzenden Fenster und die aufgeräumte Küche machen sofort stolz und vermitteln das Gefühl, die Zeit höchst sinnvoll genutzt zu haben, und bescheren uns eine natürliche Dröhnung. Ist das erst mal abgehakt, macht es nicht nur Lust, auch die etwas komplizierteren Angelegenheiten anzupacken, um noch mehr Dopamin abzusahnen. Es hat auch noch den super Nebeneffekt, dass uns der bereits erledigte Kleinkram später nicht die Zeit wegfrisst – etwa, wenn die Deadline dräut.

Gut! Sind Sie bereit? Dann können wir ja starten...

Welchen Cocktail hätten'S denn gern?
Oder: Ziele setzen für Anfänger und Fortgeschrittene!

Jetzt haben wir »unsere kleine Bar« schon mal ein bisschen abgestaubt und entrümpelt und die »Ladenhüter« auf der Karte ausgemacht. Das heißt, wir können gründlich motiviert zur Kategorie Eingemachtes schreiten, um den Laden wieder richtig auf Vordermann zu bringen.

Das Eingemachte sind die Sachen auf unserer Liste, die uns am meisten stinken. Aber vor allem sind das die Dinge, die uns auch am meisten bringen, wenn wir es tatsächlich schaffen, sie zu transformieren: mehr Spaß, bessere Gesundheit – mehr Glück! Die müssen wir uns jetzt näher angucken. Ganz getreu dem Motto: Nur wer den Feind genau lokalisiert, kann ihn auch angreifen! Wie wir das machen? Ganz einfach: Wir setzen uns Ziele!

Warum das so wichtig ist? Erinnern Sie sich noch an »Baustelle Mann«? Da ging es um den »Love Interest«. Das ist der Kerl, der gerade im Zentrum unseres Liebesinteresses steht. Das kann – im Idealfall – der eigene Lover sein. Vielleicht auch der fiktive Traummann, den wir erst noch treffen müssen. Oder der Automechaniker, den wir immer anschmachten, wenn er hingebungsvoll unter unserem Kleinwagen liegt, daran herumschraubt und ohne Rücksicht auf Geschmiere unser Öl wechselt.

Die Funktion des Love Interest: unsere Liebesenergie zu bündeln. Uns – ganz genau! – ein Ziel zu geben. Und, vor allem, unseren Hintern vom Sofa loszueisen. Dabei ist es erst mal schnuppe, ob wir »erfolgreich« sind und mit unserem »Love Interest« irgendwann das Klingelschild teilen. Wichtig ist, dass wir überhaupt einen haben. Es ist nämlich so:

🍋 Mutter Natur hat das Navigations-System unserer Psyche
mit einem Ziel-Eingabefeld ausgestattet. Nur wenn
dieses blinkende Feld in unserem Psycho-Navi ausgefüllt ist,
springt unser »Motor« an, und wir werden aktiv.

Dieses Prinzip gilt aber nicht nur für die Liebe, sondern für alle Bereiche unseres Lebens. Also: Legen wir los!

Das Step-by-step-Rezept fürs Zielesetzen

🔸 **Erster Schritt: Das Vorhaben positiv formulieren.** Heißt, aus dem Stinkt-mir-Punkt, dass wir uns so muskelfrei fühlen wie labbriges Toastbrot, wird »Sport machen«, aus »Im letzten Jahr für Tabak den Gegenwert eines Flachbildfernsehers ausgegeben«, wird »Mit dem Rauchen aufhören«. Und so weiter. Das ist allerdings noch nicht alles. *Wir haben es hier nämlich – zunächst – noch nicht mit Zielen, sondern mit reinen Vorsätzen zu tun.* Kennen wir von Silvester: nette Ideen, was man ändern könnte. Problem: Gegen Bequemlichkeit kommen Vorsätze allein selten an. Darum sind die Silvestervorsätze der meisten Leute auch jedes Jahr dieselben – es hat sich nämlich in den letzten zwölf Monaten wenig bis nix geändert. Aber warum kriegen wir unseren Allerwertesten nicht hoch? Obwohl wir insgeheim genau wissen, dass es uns viel besser ginge, wenn wir etwas ändern würden? Das hat sehr oft einen ganz einfachen Grund: *Die Punkte, die wir ändern wollen, sind noch zu allgemein formuliert!* Beispiel: Wenn Sie sich vornehmen »Ich müsste mal mehr Sport machen«, ist das in etwa so, als wollten sie in unserer kleinen Beispiel-Bar einen Drink bestellen und sagten: »Ich müsste mal was Leckeres trinken.«
Was passiert dann? Richtig: Der Barmann zuckt mit den Schultern und weiß nicht, was er Ihnen mixen soll. Stattdessen wird er Ihnen eine Karte in die Hand drücken und sagen: »Suchen Sie sich was aus – lecker ist hier alles.«

🔸 Schritt zwei ist darum: Wir konkretisieren unser Vorhaben – denn erst dann haben wir aus dem schwammigen Vorsatz ein Ziel gemacht, das wir anvisieren können!
Mit »ein bisschen mehr Sport« kann man nämlich nichts

anfangen. Man muss sich erst mal entscheiden, was »das bisschen« genau sein soll. Jogging. Karate-Training. Die Fahrt zur Arbeit mit dem Rad. Ein Tenniskurs. Und so weiter.

> *Wer nicht weiß, welchen Hafen er anlaufen soll, bekommt keinen günstigen Wind.*
> SENECA

Sie haben aber keine Ahnung, was Ihnen Spaß machen würde? Keine Panik! Genau so ging es mir, als ich irgendwann nach meinem dreißigsten Geburtstag merkte, dass mein früherer Turbostoffwechsel leider nicht mehr der alte war. Ich setzte plötzlich nicht nur Speck an, sondern baute obendrein auch noch Muskeln ab. Ich fing an zu schwabbeln! Mein zukünftiger Sport hatte allerdings wegen meines vollgestopften Terminkalenders eine knallharte Bedingung zu erfüllen: Zwei Trainingseinheiten die Woche à fünfzehn Minuten mussten reichen. In so einem Fall gibt es nur eins: *Recherche!* Ich kürze das hier ab, aber mit diesem vagen Phantomprofil meiner Wunschsportart bin ich dann nach intensiver Internet-Durchforstung, Probetrainings und über die Empfehlung von Kollegen bei der Power Plate gelandet, einem vibrierenden Fitnessgerät, das ursprünglich für Astronauten entwickelt wurde.

Was auch immer Sie zunächst nicht so genau spezifizieren können – mit welcher Methode Sie mit dem Rauchen aufhören wollen, wie Sie Ihre zehn Kilo Extraspeck loswerden, in welchem Stadtteil Sie sich eine neue Wohnung wünschen oder welche Sportart zu Ihnen und Ihrem Leben passt: *Spielen Sie Detektiv!* Besorgen Sie sich Infomaterial! Blättern Sie in Sachbüchern! Stöbern Sie im Internet! Sprechen Sie mit Ihrem Friseur, mit Freunden oder mit Ihrem Sitznachbarn im ICE – oft haben andere Leute Superideen, auf die wir selbst nicht gekommen wären. So ziehen Sie den Kreis immer enger – bis Sie wissen, was Sie wollen.

> *Der Anfang ist der wichtigste Part der Arbeit.*
> PLATO

Schritt drei: Wir beginnen, uns auf unser Ziel zuzubewegen –
immer nur einen Schritt auf einmal, aber den ersten SOFORT.
Die Spezies Homo sapiens ist leider ein bisschen schizophren
veranlagt. Sie braucht zwar Ziele, ist dabei aber leider ein
ziemlich träges Völkchen. Ich zumindest kenne mich: Wenn
ich nicht so bald wie möglich anfange, komme ich am Ende
zu nichts – der Tag hat nur 24 Stunden, und es gibt jede
Menge Leute, die Ideen haben, womit ich die verbringen
könnte: Mein Freund würde gern mit mir für den Halbmarathon trainieren, meine Mädels-Gang will mit mir feiern,
mein Sender möchte mit mir neue Projekte besprechen...
Alles verlockend (bis auf den Halbmarathon!). Und ehe ich
michs versehe, mache ich alles Mögliche, nur nicht das, was
ich ursprünglich vorhatte. Dabei kann so ein erster Schritt
so was Simples sein wie ein Anruf im Fitnessstudio, um ein
Probetraining zu vereinbaren.
*Falls das Fernziel unerreichbar scheint, teile ich es auf in
Etappenziele.* Als ich mein Haus renoviert habe, erschien mir
die komplette Aufgabe am Anfang so unüberwindlich wie die
Eiger-Nordwand – vor allem, weil ich die Renovierung neben
dem Job erledigen musste und auf mich allein gestellt war.
Ich war nach dem Kauf meines »renovierungsbedürftigen
Eigenheims« mit zarten 23 vollkommen blank; für Handwer-
ker fehlte mir schlicht die Kohle. Also habe ich einen Plan
gemacht. Woche eins: das Bad. Woche zwei: die Küche. Dann
das Schlafzimmer... Jeder fertiggestellte Raum war eine
Miniparty wert – und war natürlich ein super Erfolgserlebnis.
Und was haben wir gerade gelernt: Erfolgserlebnisse geben
einen Kick und motivieren zum Weitermachen.

Sei wie eine Briefmarke.
Bleib an einer Sache dran, bis du am Ziel bist.
JOSH BILLINGS

Sie finden, das klingt simpel? Ist es auch. Aber wenn wir uns diese Schritte nicht bewusst machen, bleiben wir schlimmstenfalls immer im Vorsatzstadium hängen – und ändern gar nichts. Falls Sie weitere Beweise brauchen: Bei der Recherche für dieses Buches hat mich ein Freund, der in Frankfurt seine Brötchen als Manager einer großen Firma verdient, darauf aufmerksam gemacht, dass meine Methode sogar höchsten Management-Prinzipien entspricht...

DAS S.M.A.R.T.-PRINZIP

Das sogenannte S.M.A.R.T.-Prinzip kommt aus dem Projektmanagement und ist nichts anderes als meine Zieleinkreisungsmethode, noch etwas aufgedröselt. Sie ist darum Kraus-erprobt und für gut befunden. Dabei hat S.M.A.R.T. (»smart« bedeutet auf Deutsch übrigens so viel wie »pfiffig«) nichts mit Schleichwerbung für eine Automarke zu tun; das Wort dient nur als Gedankenstütze, die Anfangsbuchstaben stehen jeweils für einen Handlungsschritt:

S – kurz für »spezifisch«. Heißt: Ich formuliere das Ziel so genau wie möglich. Zum Beispiel: Mein Ziel ist es, ein Buch darüber zu schreiben, wie ich es hinkriege, happy und erfolgreich durchs Leben zu surfen. Um möglichst vielen Leuten zu helfen, ebenfalls die Think-Pink-Brille aufzusetzen. Und natürlich auch, um damit ein paar Taler zu verdienen.

M – Das Ziel soll »messbar« sein. Etwa: Ich nehme mir vor, insgesamt etwa 350 Buchseiten zu schreiben. Meistens ergibt sich die »Messbarkeit« aber einfach daraus, dass wir das Ziel irgendwann erreicht haben. Will sagen: Falls Ihr Ziel »ein neues Büro mit Blick ins Grüne« ist, ist das an nichts anderem messbar als daran, dass sie irgendwann »ein neues Büro mit Blick ins Grüne« haben.

A – steht für »Aktion«. Ich muss zwar noch nicht hundertprozentig genau wissen, *wie* ich mein Fernziel erreiche. Aber ich kann immer *sofort* einen ersten Schritt tun! Ein Buch schreibt man nicht an einem Tag, aber ich kann mich sofort hinsetzen und ein Brainstorming machen – das wäre sozusagen ein erstes Etappenziel. Daraus wird dann ein Konzept – noch ein Etappenziel –, das ich später meinem Verleger präsentiere. Oft kennt man am Anfang noch nicht den genauen Weg, aber alles beginnt mit dem ersten Schritt! Dann kommt erst der nächste. Und der übernächste. Stellen Sie sich vor, Sie haben einen Kompass, der auf Ihr Fernziel ausgerichtet ist. Dazwischen liegen Wald, Wiesen und Orte, die Sie noch nie gesehen haben – aber wenn Sie sich unbeirrt nach dem Kompass richten, kommen Sie trotzdem irgendwann an. Im Buchbeispiel: Wenn ich das Konzept mache, habe ich noch keine Ahnung, was genau auf welche Seite kommt. Das ergibt sich, wenn es so weit ist.

R – Das Ziel sollte *für mich* »realistisch« sein. Das heißt: Zumindest muss ich mir vorstellen können, dass *ich* es tatsächlich erreichen kann. Es ist darum irrelevant, wenn meine beste Freundin sagt: »Ein Buch schreiben? Das würde ich nicht schaffen.« Wenn ich mir das zutraue, reicht das völlig!

T – ist die Abkürzung für »Termin« – im Fall des Buches ist das die Deadline, die ich mit dem Verlag abspreche und bis zu der ich das Manuskript abliefern muss.

Darf ich vorstellen: Ihr erster Miniplan. Trotzdem eine kleine Warnung: Machen Sie sich nicht zum Sklaven dieser Formel. Das Leben ist kein Projekt, das gemanagt wird, und Sie sind kein Unternehmen. Sie müssen also nicht jeden Punkt akribisch abhaken. Wenn Ihnen bei »Messbarkeit« und »Termin« nicht sofort etwas einfällt – no problem! Aber diese fünf Stufen einmal durchzugehen kann eine gute Hilfe sein, wenn wir nicht so genau wissen, wohin die Reise gehen soll – und wie die Teilschritte aussehen.

Gucken wir uns aber noch einmal die verbleibenden Zitronen genauer an. Vielleicht finden Sie hier ja ein paar besonders harte Brocken, gegen die solche Vorhaben wie »mit dem Rauchen aufhören« und »Sport machen« wie lächerliche Peanuts aussehen. Ausgerechnet Ihr Job ist der oberste Punkt? Oha! Was tun? Einfach so kündigen? Wo doch heutzutage eine Wirtschaftskrise die andere jagt? Ganz ruhig. Lesen Sie das Kapitel »Partylaune 9 to 5: unser Job«. Da geht's darum, wie wir einen oder unseren Traumjob (wieder)finden.

Es ist die Liebe, die Ihnen Kummer macht? Sie sind vielleicht Singlefrau, und das ist das, was Ihnen stinkt? Verzeihen Sie die Eigenwerbung, aber dann möchte ich Ihnen – als erste Maßnahme – meinen Love-Guide »Baustelle Mann« ans Herz legen. Dort finden Sie eine Schritt-für-Schritt-Anleitung, wo und wie Sie erfolgreich ein modernes Männchen jagen, fangen und domestizieren. (Übrigens auch für Männer geeignet, die Humor haben und Tacheles vertragen – ich plaudere aus dem unergründlichen Nähkästchen der weiblichen Psyche.)

Okay, ich gebe es zu, in die Kategorie »schwerer Brocken« fallen oft Angelegenheiten, die mit bestehenden Beziehungen zusammenhängen. Besonders, wenn wir uns nicht sicher sind, ob unser »Love Boat« nicht schon gesunken ist. Eine ehrliche Konferenz mit dem Mann oder der Frau an unserer Seite gibt Aufschluss – selten ist nämlich nur einer unzufrieden. Gemeinsam festzustellen, wo es hapert, führt zwar manchmal zum abrupten Break – öfter aber schweißt es paradoxerweise zusammen. In vielen Fällen braucht die Liebe nur ein paar gezielte Wiederbelebungsmaßnahmen. Ziel in diesem Fall: Es kribbeln lassen wie am Anfang! Wie Sie das auch in den komplizierteren Liebschaften durchaus wieder hinkriegen können, darüber lesen Sie im Kapitel »Sex on the beach« – doch bleiben wir noch kurz bei unseren Zielen.

Spaßbremse und Alarmstufe Rot: Wenn die Motivation fehlt!

Wir kennen nun also das (beinahe) patentierte Grundrezept des Ziele(um)setzens. Was aber, wenn wir unser Ziel zwar ganz genau definiert haben und uns trotzdem wie ein paralysiertes Kaninchen fühlen? Die Zielmohrrübe hängt ordentlich platziert vor unserer Nase. Doch wir lassen sie hängen, bis sie anfängt zu schrumpeln. Oder wir tun ganz zögerlich ein paar Minihopser darauf zu, machen aber bei der nächsten Gelegenheit eine Pause – oder hoppeln sogar zurück auf Los. Das bedeutet fast immer:

🍋 Unser Vorhaben ist uns emotional nicht wichtig genug.

Ein ziemlich sicherer Indikator, dass das bei Ihnen so ist: Sie verlieren nicht nur schnell die Lust, Sie benutzen im Zusammenhang mit Ihrem Plan auch sehr oft die zwei verräterischen Wörtchen »eigentlich« und »aber«: »Eigentlich will ich ja abnehmen/mit dem Rauchen aufhören, aber…«; »Ich hatte eigentlich vor, diesen Sommer mit Mountainbiking anzufangen, aber…«; »Eigentlich will ich ja schon lange mit Klaus-Rüdiger Schluss machen, aber…«; »Eigentlich wollte ich mir endlich eine neue Arbeit suchen, aber…« usw.

Bei mir lautete diese Satzkonstruktion vor vielen Jahren einmal: »Eigentlich wollte ich ja den Russischkurs durchziehen, aber…«

KEINE LIEBESGRÜSSE AUS MOSKAU

Seit Dschinghis Khan (ich meine nicht den großen Eroberer, sondern die Lieblingsband meiner Kindheit) sang: »Moskau, Moskau! Wirf die Gläser an die Wand, Russland ist ein schönes Land! Hahahaha! Hey!«, fand ich das ehemalige Zarenreich mysteriös und spannend. Als meine Freundin Alexia, kurz nachdem sie sich in den Weißrussen Yuri verknallt hatte, mit der Idee, einen Russischkurs zu belegen, um die Kreml-Ecke kam, war ich zwar noch skeptisch, aber ihre fundierte Argumentation: »Du, das ist 'ne Weltsprache, so wie Englisch, Spanisch und Chinesisch…«, überzeugte mich vollständig.

Dass ich ebenfalls weder Spanisch noch Chinesisch sprach, irritierte mich null. Leider unterhielten sich dann bei mir im Oberstübchen auch noch zwei blonde Gehirnzellen.

Sagt die eine: »Du, Deutsch – Russisch, da kannste voll was mit anfangen!«

Sagt die andere: »Logo, Russisch ist ja jetzt voll hipp!«

Okay, im Puff vielleicht. Hallo? Sonya? Der eiserne Vorhang war gefallen! Mein Denkapparat hatte schlichtweg nicht überrissen, dass ein Bataillon fleißiger Eleven gerade von der Deutschen Demokratischen Republik freigesetzt worden war, das Russisch in Wort und Schrift perfekt draufhatte. Sollte ich also eine zukünftige Karriere als Agentin 006 beim BND planen, würde mir mein Volkshochschul-Russisch garantiert keine Bravorufe einbringen.

Der Kurs, in dem Alexia und ich landeten, war ein sehr exklusiver kleiner Kreis. Zwölf Leutchen, die auszogen, ein Weltreich zu erobern, jedenfalls sprachlich. »Lenin's Twelve« bestanden aus den Nachkommen russischer Auswandererfamilien auf den Spuren ihrer Ahnen, ewig gestrigen Hardcore-Kommunisten und eben aus der liebenden Alexia und mir. Während der Rest unseres Anfängerkurses schon einige Brocken russischen Smalltalk draufhatte (unsere Antikapitalisten konnten sogar einige kernige Kampfparolen im Originalton schmettern), beschränkte sich mein Wortkapital auf »Nastrovje«, »Glasnost« und »Perestroika«. Alexias Vokabular, das Yuri ihr, öhm … sagen wir mal, »liebevoll antrainiert« hatte, war thematisch begrenzt. Ihre Sprachkenntnisse hatten mit alltagstauglichen Bröckchen leider nichts gemein, man konnte hier eher von Dreckklumpen reden … so schmutzig waren die lustigen Redewendungen. So sehr Alexia sich auch bemühte, ihr Wissen an mich weiterzugeben, mangels eigenem Sparringspartner konnte ich mir die kernigen Ausdrücke leider überhaupt nicht einbläuen. Na herrlich, wenn das schon nicht klappte, konnte der Kurs heiter werden, denn wenn's auf Deutsch um Witze ging, war ich grundsätzlich nur fähig, mir die versauten zu merken. Wie sollte es da mit dem anständigen Zeug auf Russisch klappen? Ich war besorgt. Trotzdem stürzte ich mich voller Eifer ins Studium der kyrillischen Schriftzeichen. Bescheidene vier Wochen später hatte dann sogar ich das vollständige russische Alphabet in Druck- und Schreibschrift memoriert. Alexias Begeisterung manifestierte sich in kyrillisch codierten Liebesbekenntnissen, die sie mit der Inbrunst einer Achtklässlerin kunstvoll in die Deckplatte unseres Tisches ritzte.

Für so was hatte ich keine Zeit. Ich bemühte mich krampfhaft um Anschluss, rein verbal, versteht sich, denn mit Ivan Drago, dem gigantischen Soviet-Hünen aus Rocky, hatte hier im Kurs leider keiner irgendeine Ähnlichkeit. Ein Che-Guevara-T-Shirt war noch das Appetitlichste, was ich bislang hier erspäht hatte.

Nach sechs Monaten parlierten meine Kommilitonen stockend und ackerten sich weiter tapfer durch die Grammatik. Bei mir war unser Kursleiter schon hochzufrieden, wenn ich sinnige Sätze wie: »Я работаю в школе«, was so viel heißt, wie: »Ich arbeite in der Schule«, fehlerfrei aussprach.

Höchste Zeit für ein kurzes Halbjahresresümee. Fakt war: Mein Talent für Russisch war ungefähr so groß wie das für Klingonisch, meine Anwendungsmöglichkeiten waren genauso eingeschränkt. Hey, östlicher als Berlin hatte es mich ja auch noch nicht verschlagen.

Alexia hingegen quasselte, als hätte sie puren Moskovskaya in den Venen. Hoch motiviert paukte sie die Lektionen, für das Intensivlernprogramm war allerdings immer noch Yuri zuständig. Ich war frustriert. Und doof? Vielleicht, denn um ein arbeits- und zeitintensives Langzeitprojekt wie das Erlernen einer Fremdsprache tatsächlich durchzuziehen, brauchte man eine starke Motivation. »Och, ich lern mal eben Russisch...«, reichte da einfach nicht. Alexia war kommunikativ und hatte Sprachtalent, aber auch immer einen sehr guten Grund für ihr Engagement: Sie sprach Griechisch (weil Mama und Papa aus Thessaloniki stammten), trotzdem (oder wie sie meint, »selbstverständlich«) perfektes Deutsch, wunderbares Schul-Spanisch (man musste ja im Urlaub Anschluss finden), durchschnittliches Französisch (sie konnte ihren Franz-Lehrer einfach nicht ausstehen) und ein akzentfreies American English (Resultat einer jahrelangen On/Off-Beziehung mit einem heißen Musiker aus Chicago).

Ihr multikultureller Verkehr lohnte sich für Alexia tatsächlich. Sie wurde Fremdsprachenkorrespondentin, lebt heute im sonnigen Griechenland und ist beim größten Fetakäse-Hersteller zuständig für die Betreuung der Auslandskunden.

Ich knickte mein Russischprojekt und entdeckte meine Leidenschaft für Ungarisch. Die hieß Lazlo und dauerte immerhin fünf Jahre an.

Was lernen wir also daraus? Ganz genau! Egal was wir erreichen wollen: Nur wenn uns etwas wirklich wichtig ist, entwickeln wir auch die Energie, diese Sache volle Kraft voraus zu verfolgen und, ganz wichtig, dabei auch noch Spaß zu haben.

Der Psychologe Gary McPherson hat in einem Experiment herausgefunden, wie wichtig die gehörige Portion Herzblut ist, um ein gesetztes Ziel auch wirklich zu erreichen und nicht auf halbem Weg – oder noch früher – schlappzumachen. Er fragte: Warum lernen manche Kinder ein Musikinstrument so gut – und andere nicht? Er ließ die Kleinen eine bestimmte Frage beantworten, als die mit dem Üben anfingen. Sie sollten sagen, wie lange sie erwarteten, das Instrument wohl zu spielen: »während der Grundschulzeit«, »während der gesamten Schulzeit« oder »mein ganzes Leben«. Anschließend sortierte er die Kinder nach der wöchentlichen Übungsdauer. Und es zeigte sich: Die kleinen Nachwuchsmusiker waren dann am besten, wenn sie das Instrument ihr ganzes Leben lang spielen wollten, und zwar egal, ob sie viel oder verhältnismäßig wenig übten! Was folgern wir also daraus? Exakt:

Enthusiasmus hilft, unsere Pläne in die Tat umzusetzen!

In allen anderen Fällen fangen wir möglicherweise trotzdem an, den einmal gefassten Plan umzusetzen. Aber unser Enthusiasmus hält sich in Grenzen. Ergebnis: Wir werfen bei der ersten Hürde das Handtuch. Es gibt allerdings verschiedene Typen von Motivationsmangel – und die verlangen jeweils einen anderen Umgang. Manche Sachen – wie Russischkurse – kann man ja ohne größere Folgen einfach sein lassen. Bei anderen Dingen ist das erst mal nicht ganz so einfach:

◆ Möglichkeit 1: Der »innere Schweinehund« hält uns in seinen scharfen Klauen!

Angenommen, wir »wollen« ein paar Kilos loswerden, weil der Onkel Doc prophezeit, was an fiesen Krankheiten auf uns zukommt, falls wir nicht abspecken. Unsere Birne sieht das natürlich ein – hey, wer will schon ernsthaft einen Herzinfarkt, einen Schlaganfall und Diabetes riskieren? Außerdem wäre es natürlich wunderbar, endlich wieder in unsere rattenscharfen Fummel zu passen. Problem: Wir sind gleichzeitig echte »Foodies« und lieben leckere Sachen wie Nutella, Chips und Co. Der bloße Gedanke, darauf Wochen und Monate zu verzichten, lässt uns schon in Depressionen verfallen. In diesem Fall grenzt eine Diät an Folter. Jedenfalls dann, wenn wir uns einreden, Salat und anderes Grünzeug zu hassen, und unsere Gedanken die ganze Zeit um Currywurst, Pommes und Schokolade kreisen. Ein ähnliches Problem ist der Kampf der Giganten: (dringend notwendiger) Sport versus (ultrabequemes) Sofa. Allerdings ist unsere Gesundheit eine wichtige Angelegenheit – und darum wäre es ratsam, hier Motivation zu entwickeln. Das Gleiche gilt für alles, was früher oder später sowieso erledigt werden muss: die Steuererklärung, der zu entrümpelnde Dachboden, die bereits angemeldete Doktorarbeit ... (Gerade in solchen Fällen bin ich eine echte Meisterin der Selbstmotivation – wie ich das mache, erkläre ich Ihnen im nächsten Kapitel.)

🔶 **Möglichkeit 2: Wir möchten, dass alle anderen happy sind mit dem, was wir tun.**
Heißt: Wir »wollen« also etwas tun, weil andere der Meinung sind, dass das gut für uns sei. Sagen wir, wir haben ein BWL-Studium begonnen, weil unsere Eltern frohlockten, da wir dann ja den Betrieb übernehmen können. Wir haben uns überzeugen lassen und uns nach der Schule – aus Mangel an alternativen Ideen – brav eingeschrieben. Unsere Hoff-

nung, dass der »Appetit beim Essen« kommt, hat sich aber blöderweise nicht erfüllt. Im Gegenteil: Inzwischen kriegen wir pflaumengroße Panikpickel bei dem Gedanken, dass wir uns ein Leben lang mit der für uns furztrockenen Materie auseinandersetzen und dann auch noch ewig in Pusemuckel in der Firma unserer Eltern knechten müssen. Dabei hatten wir doch irgendwann mal von der großen, weiten Welt geträumt... *Hier ist andauernde fehlende Motivation so etwas wie »Alarmstufe Rot«.* Bedeutet: Diese Sache passt so gut zu mir wie Badelatschen zur Oscar-Verleihung.

Jeden Tag zu leiden und auf den rettenden Feierabend zu schielen bedeutet Lebenszeit zu verplempern. Und das »richtige Leben« bis zur Rente zu verschieben, kann böse ins Auge gehen. Bitte verabschieden Sie sich also so schnell wie möglich von der Haltung, es bei Ihrer Lebensgestaltung allen recht machen zu wollen – das klappt sowieso nicht. Weder bei Ihrer Verwandtschaft noch bei Ihrem Herzblatt. *Denken Sie dran: Sie müssen Ihr Leben leben, niemand anderes. Also muss es auch in erster Linie Ihnen gefallen.*

> *Ich kenne den Schlüssel zum Erfolg nicht, aber der Schlüssel zum Misserfolg ist, es allen recht machen zu wollen!*
> BILL COSBY

Möglichkeit 3: Wir haben unser Höschen voll!

Wir möchten irgendwas – eigentlich, eigentlich – liebend gern in die Tat umsetzen. Wir tun's aber trotzdem nicht. Warum? Weil eine hinterhältige »Tu's lieber nicht«-Emotion die »Tu es«-Emotion schachmatt setzt. Kurz: Wir wissen zwar genau, was wir tun wollen – aber wir haben Angst vor dem Unbekannten. Weil wir fürchten, dass das eventuell unangenehm sein könnte. Also ertragen wir die alte Situation einfach weiter. Die ist zwar erst recht unangenehm, hat aber einen »Vorteil«: Wir kennen sie. Klingt ziemlich bescheuert, ist auch bescheuert – allerdings so menschlich wie die Angst im Dunkeln. Die werden viele auch ein Leben lang nicht los. Jeder kennt das Beispiel der geprügelten Frauen, die rätselhafterweise ihren gewalttätigen Partner nicht verlassen. Ein etwas weniger dramatisches Beispiel gefällig? Okay. Sagen wir, wir haben keinen Führerschein und hätten wirklich gern einen. Es ist schon verdammt uncool, ständig andere Leute fragen zu müssen, ob die uns abholen können, weil wir irgendwo in der Pampa wohnen, wo das öffentliche Verkehrsnetz ungefähr so dicht gewebt ist wie eine grobmaschige Netzstrumpfhose. Aber obwohl wir uns die Fahrstunden leisten könnten und vielleicht sogar schon unseren Traumwagen im Auge haben, zögern wir, uns in der Fahrschule anzumelden. Wir kommen uns nämlich mit Mitte 30 zwischen den ganzen 17-Jährigen blöd vor – und haben außerdem Bammel, die Prüfung zu versemmeln. Wär doch peinlich! Also schielen wir weiter neidisch auf jeden Wagen, der an uns vorbeibraust, wenn wir im strömenden Regen oder bei Minusgraden mit dem Rad zwanzig Kilometer zur Arbeit strampeln. Klar, das spart das Fitnessstudio, ist umweltfreundlich und macht bei schönem Wetter Spaß – aber im Grunde unseres Herzens hätten wir schon gern die Wahl.

Eins haben all diese Situationen gemeinsam: Negative Emotionen blockieren unsere Motivation. Das lähmt nicht nur, und wir treten auf der Stelle, oft sind wir auch komplett verwirrt und wissen überhaupt nicht mehr, was jetzt das Richtige ist. Studieren – oder nicht? Mit dem Freund Schluss machen – oder doch lieber »die Sache durchziehen«? Diät – oder ist der Speck doch »ganz wurst«, und wir wollen lieber lecker essen? Und je mehr wir nachdenken, umso verquerer scheint alles. Das alles sind Fälle für das Bauchorakel...

G.Z.S.Z. GUTE ZIELE, SCHLECHTE ZIELE: WIR BEFRAGEN UNSER BAUCHORAKEL!

Ja, Leute – lange dachte man, es sei eine Erfindung von Esoterikzirkeln und Ökofuzzis, aber es existiert wirklich: das berühmte Bauchhirn! Der Neurologe Michael Gershon aus New York hat es in unserem Verdauungstrakt mit mehr als 100 Millionen Nervenzellen dingfest gemacht. Von dort gehen auch jede Menge Nervenstränge aus, von denen 90 Prozent von unserem Bäuchlein in Richtung Birne funken! Forscher in Hannover wiederum haben festgestellt, dass dieses »zweite Gehirn« eine Art Spiegel des »echten Gehirns« ist und exakt die gleichen Neuronen, Rezeptoren und Botenstoffe benutzt – und damit von frühester Kindheit an Erinnerungen und Erfahrungen speichert. Diese Erinnerungen werden in bestimmten Situationen automatisch aktiviert und an unseren Kopf geschickt – zwecks Auswertung. Das steckt also hinter dem berühmten »Bauchgefühl«, sprich der Intuition. Das Tolle: Diese Weisheit der Eingeweide können wir nutzen. Ganz besonders, wenn wir (noch) nicht wissen, ob eine Entscheidung für uns die richtige ist. So befragen Sie Ihr Bauchorakel:

1. Entspannen Sie sich – mit der Methode, die bei Ihnen erfahrungsgemäß am besten funktioniert. Bei mir wäre das ein langer Spaziergang mit meinen Hunden. Andere Möglichkeiten: Sauna, Joggen, Badewanne, Schwimmen. Falls Sie sie

beherrschen, können Sie natürlich auch »professionellere« Methoden wie autogenes Training, Meditation oder Progressive Muskelentspannung anwenden. Wichtig ist nur, dass Sie ganz relaxt sind und ruhig atmen. Mit ganz entspanntem Körper und ruhiger, fließender Atmung ist es quasi unmöglich, Angst oder Panik zu empfinden. Angst ist nämlich – das wusste schon unsere Omi – ein schlechter Ratgeber. Leider tarnt sie sich in nicht so entspannten Situationen gerne als »Vernunft« und bringt uns dementsprechend durcheinander. Also: Relax, Baby!

2. Werfen Sie das Kopfkino an. Aber – und das ist ganz wichtig – *spulen Sie den Film sofort zur Schlusssequenz vor*! Die dramatischen Szenen, die Hobbydrehbuchautor »Dr. Brain« (Sie wissen schon, der launische Typ, der sein Kreativbüro namens »Worst Case Scenario« zwischen Ihren Ohren hat) so gern entwirft, überspringen Sie. Stellen Sie sich allein das Ziel vor, das Sie anstreben wollen (oder meinen, anstreben zu müssen). Stellen Sie sich vor, Sie haben das BWL-Studium abgeschlossen und sind jetzt – nun ja – Betriebswirt(in) und sitzen im ehemaligen Büro Ihrer Eltern. Wie fühlt sich das im Bauch an? Krampft sich plötzlich alles zusammen? Oder ist es eher ein »Och, so übel ist das ja gar nicht«?
Im Fall einer Diät stellen Sie sich vor, wie Sie sich fühlen, wenn Sie bereits abgenommen haben. Wie ist das? Fühlen Sie sich schön, sexy – und im wahrsten Sinne »erleichtert«? Oder vermissen Sie tatsächlich Ihre Pfunde?
Wenn Sie erwägen, Ihre Beziehung zu beenden: Spulen Sie den Film ein halbes Jahr in die Zukunft vor. Überspringen Sie die fiese, tränenreiche Küchenszene mit Selbstmorddrohungen

und zerdeppertem Geschirr, bei der Sie sonst immer in Panik hängen bleiben. Wie fühlt sich das an, in einem halben Jahr, wenn Sie es tatsächlich getan haben? Unheimlich befreit? Oder eher nach »O Gott, ich liebe ihn/sie doch«?

Ich wette, nach dieser kleinen Übung sind Sie schlauer! Falls sich die Entspannung zu verabschieden droht und Sie zwischendurch Angst- oder Panikattacken bekommen, hilft ein Trick aus der kognitiven Therapie: Halten Sie sich den Mund zu, und atmen Sie nur durch die Nase. Wenn Sie nämlich anfangen, durch den Mund zu atmen, heißt das: Ihr Körper bereitet sich als Reaktion auf die Panik auf Flucht vor. Nach dem Motto: Ich muss wegrennen, also brauche ich schon mal mehr Sauerstoff. Wenn Sie das verhindern, wird dem Hirn signalisiert: keine Gefahr!

Noch eine kleine Warnung zum Schluss: Das Bauchorakel sollte bitte nicht der einzige Weg sein, Beschlüsse zu fassen. Die Mitarbeiter »Gesunder Menschenverstand« und »Vernunft« sollten erst mal auch mit im Gremium sitzen. Trotzdem: Mit der letzten Entscheidung sollten wir uns – auf lange Sicht – wohlfühlen. Und genau dafür ist das Bauchorakel da. Ein »Zünglein an der Waage«, wenn man das Für und Wider einer Sache schon x-mal ohne Ergebnis gegeneinander abgewogen hat. Wenn Sie nach einmaliger Befragung noch unsicher sind: Bei Bedarf alle paar Tage wiederholen; das Bauchgefühl sollte dann nach und nach klarer werden.

(Hierzu noch ein Buchtipp: »Das Geheimnis kluger Entscheidungen« von Maja Storch – bei ihr gibt's kein Bauchorakel, aber viele Tipps für Entscheidungssituationen.)

Nun haben wir also genau zwei Möglichkeiten:

◆ Wir lassen unser Vorhaben fallen. Ratsam, wenn wir selbst trotz intensivster Forschungsarbeit in uns keine Begeisterung entdecken können, die die durchschnittliche Winteraußentemperatur am Südpol übersteigt – und wenn es sich nicht um Unvermeidliches handelt. Im letzten Fall gilt:

◆ Wir verfolgen die Strategie »Think your Ziel pink!«. Heißt, wir schaffen es, uns unser Vorhaben so zu versüßen, dass es sich mit ein bisschen Nachhilfe doch noch das Prädikat »emotional wertvoll« verdient. Erste Wahl, wenn das Fernziel größere Mühen lohnt. Oder wenn die Sache sowieso früher oder später erledigt werden muss, ob wir wollen oder nicht. Mein Lieblingsbeispiel: mein »heiß geliebter« Steuerkram. Denken Sie dran: Der Erfolg wird Sie entschädigen! Wie das funktioniert? Da kommen wir jetzt gleich zu.

Kleiner Aperitif gefällig? Vorfreude zum Bestellen

Vorfreude kann unseren Glückslevel enorm steigern! Das beweisen Studien. Wer regelmäßig etwas plant, auf das er sich ab sofort freuen kann, ist ein cleverer Glücksjäger. Das Tolle: *Der »Trick« funktioniert sogar schon, wenn wir uns »nur« eine CD oder ein Buch bestellen, auf die wir ein paar Tage warten müssen.* Genauso top: eine spannende Versteigerung bei eBay, Verabredungen mit lieben Freunden oder ein kurzfristig anberaumter Wochenendtrip ans Meer. Sogar noch besser funzt nach Untersuchungen von Neuroimmunologen der Loma Linda University in Kalifornien *die Vorfreude auf etwas Lustiges.* Allein die Aussicht, eine Show des Lieblingscomedians zu erleben oder einen lustigen Film anzugucken, killt Stress effektiver als jede Pille! Die Menge der (alt machenden) Stresshormone Adrenalin, Kortisol im Blut sinkt eklatant um bis zu 70 Prozent!!! Gleichzeitig werden Beta-Endorphine ausgeschüttet, die Depressionen lindern können; außerdem bringt unser Gehirn das Wachstumshormon HGH zum Einsatz, das wie ein Jungbrunnen wirkt. Das Beste: Wenn es dann so weit ist, freuen wir uns natürlich gleich noch mal! So wird ein Loriot-Fernsehabend zur Verjüngungskur!

»Pink Passion« – der bewusstseins-erweiternde Cocktail für mehr Spaß – oder: Wer auch die Longdrink-Gläser mit Leidenschaft abwäscht, hat mehr vom Leben!

Es ist ein paar Jahre her, da saß ich mit meinem Sender-Kollegen Thomas Hermanns nach einer gemeinsamen Aufzeichnung für den »Red Nose Day« im Biergarten. Na ja, sitzen stimmt nicht ganz. Ich rutschte von einer Pobacke auf die andere, denn ich hatte am Vormittag das Engagement für eine Rolle im Frankfurter »English Theatre« unterschrieben. Nicht etwa eine kleine Nebenrolle, in der ich einmal von links nach rechts über die Bühne stöckeln sollte und bei der die wesentliche Aufgabe darin bestand, gut auszusehen. Nein, ich hatte sozusagen das große Los gezogen: eine Hauptrolle in dem Zwei-Personen-Stück »A Picasso«, in dem ich eine Nazi-Agentin spielen sollte. Allerdings passt der Vergleich mit dem Los nicht ganz, denn ich war in einem Casting-Workshop gegen andere Kandidatinnen angetreten und hatte – Überraschung! – offenbar überzeugt. Es war mir selbst noch ein kleines Rätsel, aber irgend-was hatte ich wohl richtig gemacht.

Jawoll, Leute! Richtig gelesen! Ich, Sonya Kraus, formerly known as Fernseh-Plaudertasche, würde bald sozusagen unter die »Charakterdarsteller« gehen! Im ersten Moment war ich fast ge-platzt vor Stolz und Vorfreude – aber plötzlich schlich sich dieser Randale-Gedanke »Auweia! Was hab ich mir da bloß eingebrockt?« von hinten an. Je mehr mir klar wurde, was ich da gerade unter-schrieben hatte, desto mehr machte Zorro Zweifel sich in mir breit. Und Gangster Zorro hatte auch gleich noch seine Busenfreundin

Paula Panik mit angeschleppt. Während der Arbeit im Studio war ich abgelenkt gewesen, aber jetzt hing mir auf einmal das Herz nicht mal mehr im Höschen, sondern eher auf Höhe meiner High-Heels-Riemchen.

»Thomas, was soll ich bloß machen?«

Hoppla. Hatte ich das tatsächlich gerade gesagt? Meine Stimme klang in etwa so optimistisch, als hätte man mir eröffnet, dass ich noch maximal drei Tage zu leben habe. Aber so fühlte ich mich nun mal. Die Endorphin-Ekstase war verebbt und hatte einem Adrenalin-Amoklauf Platz gemacht. Meine Synapsen funkten: Wegrennen, Sonya! So schnell es geht! Die bringen dich sonst um! Wer mir nach dem Leben trachtete? Nun ja, in der öffentlichen Wahrnehmung hatte ich schließlich das Image der »talk talk talk«-Barbie mit den hoch getapten Möpsen und dem Gehirn in Spatzenformat. Ich sah schon die seriösen Kritiker von »Zeit«, »FAZ« und »Süddeutscher« wie Geier über mir kreisen, wie sie hämisch grinsend nur darauf warteten, mich mit ihren Klauen zu zerfetzen. Dafür, dass ich es wagte, als tumbe Tussi, die noch nie eine Schauspielschule von innen gesehen hatte, die heiligen Hallen des seriösen Theaters zu betreten und ihren vollbusigen Körper auf die Bretter, die angeblich die Welt bedeuten, zu wuchten. Und dann auch noch in einer englischsprachigen Rolle. Welch Frevel! Wusste doch kein Schwein, dass ich nicht mal selbst auf die Idee gekommen war, sondern der Intendant mich angerufen und zum Casting gebeten hatte. Und selbst wenn, es hätte vermutlich keiner geglaubt. So ein einmal etabliertes öffentliches Image ist hartnäckiger als Blut-, Ei- und Kakaoflecken auf der Tischdecke.

Ja, Leute, die sonst so taffe Sonya lernte hier ein ganz neues Gefühl kennen. Ich hatte Angst! Angst vor meiner eigenen Courage und vor der Herausforderung. Ich hatte zwar Erfahrung mit Ballett, mit dem Modeln, mit Moderation und mit ein bisschen Klamauk vor der Fernsehkamera. Aber richtig Theater spielen?

Das war (von der Theater-AG anno 1826 mal abgesehen) Neuland.

Ganz gegen meine Gewohnheit jammerte ich also noch ein bisschen – und Thomas hörte artig, allerdings seltsam ruhig zu. Als ich fertig war, lehnte er sich über den Tisch, nahm mein Handgelenk und sah mir fest in die Augen. Dann sagte er etwas Denkwürdiges. Thomas sagte: »Sonya-Schätzchen, immer mit der Ruhe. Die Kritiker sind völlig egal. Die schreiben sowieso, was sie wollen. Entscheidend ist, was *du* denkst! Und das Allerwichtigste: Egal was *du* tust, genieße es!«

Ich wollte protestieren, aber mir fiel kein Widerwort ein. Irgendwie wusste ich instinktiv: Thomas hatte verdammt recht. Ich hatte mich nun mal entschieden, diese Sache auszuprobieren. Wozu also zaudern und zagen? Die Jammerei raubte mir Energie. Energie, die ich in der Tat besser nutzen konnte. Zum Beispiel, indem ich mich auf diese neue Herausforderung konzentrierte, akribisch meinen Text lernte, probte und mich ganz einfach vollkommen auf die Sache einließ. Dadurch, dass ich das Engagement am English Theatre unterschrieben hatte, hatte ich *mir* selbst nun mal ein ganz konkretes Ziel gesetzt, niemand anderem. Wichtig war jetzt tatsächlich nicht, was irgendwer sonst darüber dachte. Sondern was *ich* daraus machte. Hey, ich war vielleicht keine Wiener Burgschauspielerin, aber ich war ein Arbeitstier, ich konnte an mir arbeiten – und ich wusste, dass ich verdammt noch mal mein Bestes geben würde. Wenn irgendein Mensch beim »Spiegel« anschließend trotzdem der Ansicht war, dass ich Mist gebaut hatte, falls er sich überhaupt dazu herabließ, über mich zu schreiben – so what? Außerdem: Irgendwann ist schließlich immer das erste Mal. Wenn man immer nur das macht, was man schon aus dem Effeff beherrscht, wie soll man da weiterkommen?

Viele Wochen später plagte mich am Premierenabend dann allerdings dennoch das mir bisher unbekannte Phänomen »Lampenfieber«. Adrenalingebeutelt stand ich im Backstage-Bereich des English Theatre – mit Slipeinlagen unter den Achseln gegen Panikschweiß, damit ich in meiner Arbeitskleidung – einer weißen Bluse – nicht unangenehm auffiel. Doch bevor ich schließlich durch die Tür auf die Bühne trat, schloss ich kurz die Augen und sagte mir noch einmal in beschwörendem Flüsterton: »*Sonya-Schätzchen, genieße es!*«

Und es wirkte! Ich genoss es! Das Publikum samt Kritikern verschwand irgendwo im Orbit, ich dachte gar nicht mehr, ich spielte. Das hier war das, was ich tun wollte! Das, wozu ich mich entschieden hatte! Niemand hatte mich gezwungen. Es war mein frei gewähltes Abenteuer: Schiffbruch oder Schatzinsel – es war völlig egal.

Ich hatte es gewagt! Und ich hatte unendlich viel Spaß auf der Bühne!

Am nächsten Tag geschah dann doch noch etwas Schockierendes: Die Kritiker, sie lobten mich! Das Allerbeste war allerdings – wenn sie mich in der Luft zerrissen hätten, wäre es mir auch egal gewesen. Aber stattdessen passierte das hier:

»*Grandioses Theaterdebüt von TV-Star Sonya Kraus (34): Im ausverkauften English Theatre gab's Standing Ovations für Sonya und ihren Bühnenpartner Tim Hardy im Stück ›A Picasso‹. Sie überzeugte als eiskalte Nazi-Agentin Fräulein Fischer, die im Laufe des Verhörs mit Pablo Picasso immer mehr Gefühl zeigt, bis hin zur totalen Verwundbarkeit.*«
(BILD)

»*Sonya Kraus überzeugt dabei im engen Kostüm à la Marlene als nordisch blonder Langbeiner mit zerrissenem Innenleben, der Picasso heimlich vergöttert.*«
(Frankfurter Neue Presse)

»Die gebürtige Frankfurterin ist zwar bekannt, aber sicher nicht als Schauspielerin – sie stand nie zuvor auf einer Theaterbühne. Dafür und angesichts des umfangreichen Textes in einer Fremdsprache schlug sie sich durchaus wacker ...«
(FAZ)

»... Für viele ist ihre Leistung sicher eine Überraschung ... In den aktiven Passagen begeistert sie durch variantenreichen Einsatz der Emotionsklaviatur, kann biestig laut werden, aber auch verletzlich sein wie ein kleines Mädchen, alles glaubhaft ... Der Applaus des Publikums ist aber auch eine Woche nach der Premiere nicht nur anerkennend, sondern frenetisch.«
(PRINZ)

»... Es tut gut, Sonya Kraus, die man aus dem Fernsehen als hübsche, quirlige Blondine kennt, in der Rolle eines steifen Fräuleins zu sehen. Man fragt sich nun, warum diese Frau nicht schon viel eher ihre Talente auf der Theaterbühne eingesetzt hat. Ihr Theaterdebüt ist ihr vollkommen gelungen, und wir von Musicalzirkel wünschen uns, sie noch öfter auf deutschen Theaterbühnen sehen zu dürfen!«
(Musicalzirkel)

Einige Wochen später war ich schon wieder in einer ähnlichen Angstsituation. Ich stand in der Arena auf Schalke. Unten auf einem kleinen Podest mitten auf der Rennstrecke. Um mich herum ein riesiger Kessel mit unfassbaren 60 000 Menschen. Meine Aufgabe: Ich sollte mal eben für die »TV total Stock Car Crash Challenge« locker-flockig drauflosplaudern. Live. Unter 120 000 Augen, die mich anguckten. Der sonst so beruhigende Gedanke »Zur Not kann man ja schneiden« war heute leider außer Betrieb. Ich sehnte mich nach dem schützenden Mikrokosmos Fernsehstudio. Oder zumindest nach einer lauschigen kleinen Halle, einem »Kaffeekränzchen« mit, sagen wir, drei-, viertausend Leuten. 60 000 Menschen strahlen eine unglaubliche Energie aus, die förmlich in der Luft vibriert. Ich hatte den starken Impuls, mich umzudrehen und wegzurennen (an dieser Stelle Hut ab vor Rockstars und Fußballspielern, für die so eine Menschenmenge zum Arbeitsalltag gehört).

Fassen wir zusammen: Ich hatte Muffensausen. Doch dann tauchte vor meinem geistigen Auge wieder Thomas auf wie der Flaschengeist des Aladin: *Hey, Sonya-Schätzchen! Das ist ein großartiges Abenteuer! Genieße es!* Ich atmete tief durch. Dann dachte ich: Wow! Ich darf das hier erleben! Schnappte mir das Mikro und ließ mich komplett in die Situation fallen. Was soll ich sagen? Es wurde wieder wunderbar.

Thomas' Credo erwies sich als echte Zauberformel. Sie machte mich immun gegen Sorgenattacken und Selbstzweifel – und wurde zu meinem Mantra. Wenn ich seitdem in einer Situation bin, in der sich negative Gefühle anschleichen oder eine leichte Furcht durchs Hintertürchen kriecht, sage ich mir immer wieder diesen einen Satz:

Egal was du tust, genieße es!
Danke Thomas!

Mit diesem Mantra klappt das pinkfarbene Denken auch im Kleinen noch besser: Wenn ich um fünf Uhr morgens in tiefschwarzer, kalter Nacht aufstehen muss, ärgere ich mich nicht darüber, weil ich ja viel lieber noch ein paar Stunden weitergeschlafen hätte. Stattdessen genieße ich diese erhabene Ruhe, bevor alles erwacht. Den Sternenhimmel und den Streifen am Horizont, wenn langsam die Sonne aufgeht. Alle anderen schlafen noch, und ich habe die Gelegenheit, *das* zu sehen!!!

Oder wenn ich das fünfte Wochenende in Folge wegen Job unterwegs bin, statt gemütlich zu Hause zu sein, könnte ich natürlich rumheulen und mies gelaunt bei meinem Job erscheinen. Mach ich aber nicht! Lieber schiebe ich mir mit Filmstargeste meine 20-Euro-Sonnenbrille auf die Nase und denke: Toll! Was für ein großartiges Jetset-Leben! Bin ich zu Hause, freue ich mich darüber, mich in mein Nest zu kuscheln. Es kommt auf die Sicht der Dinge an – und dadurch wird exakt die gleiche Sache plötzlich eine ganz andere.

Aber wie schafft es ein einzelner Satz, uns die Think-Pink-Brille in Sekunden aufzusetzen? Lange tappte ich da im Dunkeln. Ein Freund, Diplom-Pädagoge von Beruf, erklärte mir vor Kurzem, dass ich die »Reframing«-Methode des NLP anwende. Hä? Was? NLP? Nachdem ich erst mal nur Bahnhof verstand, hab ich mich für Sie etwas schlauer gemacht:

◆ **NLP** ist nicht etwa eine Partei mit fragwürdigen politischen Ansichten, sondern bedeutet »Neurolinguistisches Programmieren«. Wobei sich das Programmieren auf unsere Festplatte namens »Gehirn« bezieht. NLP geht davon aus, dass wir erfolgreiche Kommunikation und das Meistern unseres Lebens weitgehend selbst in der Hand haben. Und zwar, indem wir Verhaltens- und Kommunikationsmuster, die uns bisher immer wieder in eine Sackgasse geführt haben, erfolgreich zu konstruktiveren Mustern »umprogrammieren«. Um es mal etwas weniger verschwurbelt auszudrücken: Im Grunde genommen ist NLP nichts anderes als mein gutes altes Think Pink – allerdings gezielt eingesetzt mit nützlichen Techniken und unterfüttert mit wissenschaftlichen Erkenntnissen.

◆ **Reframing** ist eine dieser NLP-Methoden. Grob gesagt bedeutet das, dass eine Situation komplett umgedeutet wird, indem wir uns gezielt einen neuen Rahmen – englisch »frame« – suchen (in Think-Pink-Terminologie heißt so ein blitzender neuer Rahmen übrigens »rosarote Brille«). Beispiel Lampenfieber im English Theatre: Das verschwand, als ich mit Hilfe meiner Zauberformel statt des Rahmens »Ich muss mich beweisen und stehe unter Beobachtung« (allein bei diesem Satz bekomme ich übrigens schon Schweißausbrüche) den Rahmen »großes Abenteuer« gewählt habe.

Im ersten Fall hätte ich mich selbst als die kleine Moderations-maus gesehen, die sich weit aus dem Fenster lehnt, obwohl sie eigentlich bei ihrem Leisten zu bleiben hat.

Ich hätte aus freien Stücken die Perspektive der Kritiker einge-nommen. Kann man mit solcher Selbstsabotage noch irgendet-was genießen? Natürlich nicht! Ich hätte garantiert buchstäb-lich neben mir gestanden und auf jeden Minifehler gelauert. Ich hätte mich vor lauter Aufregung verhaspelt, und die Kritiker hätten tatsächlich Anlass gehabt, mich in Grund und Boden zu stampfen.

Im Rahmen »Abenteuer« war dagegen alles ein kühnes Expe-riment. Etwas, das ich mutig wage, obwohl ich es noch nie gemacht habe. Meine Rolle in diesem Fall ist statt der des Mäus-chens die der unerschrockenen Heldin! Da ist es dann total egal, ob man alles perfekt macht – weil man das, was man tut, aus Spaß macht und nicht, um sich irgendwelche Kritikerlorbeeren zu verdienen.

Reframing für Einsteiger: unser kleiner Ferienjob

Ich bin mir bewusst, dass die wenigsten meiner Leser im Job tagtäglich auf einer Theaterbühne oder in einer 60000-Leute-

Arena rumstehen. Ein durchschnittlicher Bürojob lässt sich vielleicht nicht jeden Tag ohne Weiteres zum kolossalen Abenteuer »umframen« wie meine zugegebenermaßen bunte Palette diverser Tätigkeiten. Aber keine Panik! Ich habe beim NLP-Experten Andreas Winter* einen anderen Reframing-Geheimtipp abgestaubt. Der lautet ganz einfach: *Sehen Sie Ihre Arbeit nicht als lästige Pflicht, sondern als Ferienjob!* Funktioniert so: Wenn Sie abends ins Bett gehen, stellen Sie sich intensiv vor, Sie seien nicht in Ihrer normalen Zwei-Raum-Butze in Köln-Ehrenfeld, Hamburg-Altona, Buxtehude oder wie und wo Sie eben sonst so wohnen. Nein, Sie sind in einer *Ferienwohnung*. Am nächsten Morgen machen Sie sich auf den Weg zu Ihrem *Ferienjob*, erledigen gut gelaunt, was zu tun ist – und danach haben Sie *Freizeit zu Ihrer freien Verfügung*. Hey, es ist schließlich Urlaub, da will man doch jede Sekunde auskosten! Was mit dem Haushalt ist? Dinge wie einkaufen, kochen etc. muss man ja auch in einer Ferienwohnung erledigen, und im Urlaubsrahmen wird so etwas doch gleich viel angenehmer. Gehen Sie woanders einkaufen. Schauen Sie nach exotischen Spezialitäten im Supermarkt. Oder gehen Sie am besten gleich auf den Markt. Probieren Sie neue exotische Rezepte aus in Ihrer Ferienwohnung. Wenn Sie sich drei Tage intensiv in dieses »Urlaubs-Hologramm« fallen lassen, wird sich Ihre Laune deutlich bessern. Sie werden entspannter und nehmen Ihre Freizeit bewusster wahr und – genießen!

* Nach: Andreas Winter, »Zielen – loslassen – erreichen«

Aber alles zu genießen – geht das überhaupt? Was ist mit den echten Zitronen – den gelben »Coverstars« dieses epochalen Werks? Woher bekommen wir denn nun den versprochenen Tequila dazu?

Gut, ich gebe zu, für Nicht-Masochisten ist es vielleicht ein bisschen viel verlangt, ekstatisch zu werden, wenn man auf dem Zahnarztstuhl liegt, während der Doc mit spitzen Gegenständen im Wurzelkanal herumpopelt. Aber sich darüber zu grämen ändert auch nichts. Im Gegenteil: Das macht die Sache noch unangenehmer. »Genießen« in so einer Situation sieht so aus: sich zum Beispiel über die moderne Anästhesie zu freuen. Einfach mal darüber nachdenken, wie sich eine Wurzelentzündung vor hundert Jahren angefühlt hätte – da wäre der Zahn ersatzlos und ohne Betäubung mit der rostigen Zange (aus dem Werkzeugkasten!) gerupft worden. Ein möglicher neuer Rahmen ist also: »Wunder der modernen Medizin«. Je nach Grund des Besuchs bieten sich natürlich auch noch andere Möglichkeiten an: Wer bald statt der Amalgamfüllung eine schicke zahnfarbene Keramikplombe hat, kann auch den Rahmen »Beauty-Behandlung« wählen. So bekommt der Gang zum Zahnarzt plötzlich einen Hauch von Wellness wie der Besuch beim Friseur.

 ## Eine Runde Dankeschön

Etwas in vollen Zügen zu genießen hat übrigens noch einen Nebeneffekt: Bewusster Genuss macht dankbar. Wer genießt, macht sich klar: »Ich darf das erleben.« Mein Kumpel Julius ist davon überzeugt, dass tief empfundene Dankbarkeit ein Schlüssel zu einem Leben im Überfluss ist. Er sagt: »Das, wofür du dankbar bist, wird sich vermehren!« Sicher ist in jedem Fall: Wenn man dankbar ist, setzt man eine Brille auf, die den Überfluss, der schon da ist, sichtbar macht. Und der ist meistens größer, als man denkt.

Und, jawohl, ich schaffe es tatsächlich, auch sauerste Zitronen zu genießen! Zugegeben, wenn ich mir meinen Schuhkarton mit Rechnungen und Quittungen zur Brust nehme, um mich notwendigen buchhalterischen Arbeiten zu widmen, kann es erst mal sein, dass die Laune einer Zicke mit Migräne noch Gold ist gegen die meinige. Glauben Sie mir, lieber putze ich das Klo, bügele Faltenröcke und wienere anschließend noch das Tafelsilber. Sosehr ich sonst eine Sofortanpackerin bin – in puncto Steuerkram und Ablage bin ich eine Aufschieberin par excellence. Für mich ist dieser Quittungsstapel im Schuhkarton kein Hügel und kein Tafelberg, es ist nichts weniger als der Mount Everest. Aber leider bin ich die einzige Bergsteigerin, die sich in diesem unwegsamen Gebirge auskennt – jemand anderes würde niemals durch den Wust an Belegen, Zetteln und Notizen durchsteigen. Delegieren? Ist nicht.

Ich habe also keine andere Wahl, als Reinhold Messner zu spielen. Jetzt könnte ich mich natürlich in meine miese Laune reinsteigern. Damit lässt sich der Mount Everest aber blöderweise auch nicht einfacher abtragen. Ich müsste immer noch tun, was ich tun muss, aber jede Sekunde wäre eine Qual. Suboptimal!

Also besinne ich mich und folge der wunderbaren Devise...

Vom Horrortrip zum Happening: Go with »The Flow«!

Hallo? Ein Happening beim Sortieren von Quittungen? Irgendjemand muss der Kraus halluzinogene Drogen in den Drink gekippt haben? Falsch! Ich führe hier nur ganz bewusst eine Realitätstransformation in Pink durch – im Namen der Happiness!

Im Falle meines Beleggebirges betrachte ich das Ganze erst mal nach dem eben beschriebenen Reframing-Prinzip bewusst durch die Weitwinkelbrille »erfolgreiche Geschäftsfrau«. Anstatt nun über mein ach so ungerechtes Dasein zu jammern, sage ich mir, dass ich mir ja meinen Job, verdammt noch mal, selbst ausgesucht habe. Und ich liebe meinen Job. Ich finde es grundsätzlich super, dass ich mein eigenes Unternehmen bin und niemand mir reinreden kann. Sich um den Buchhaltungskrempel zu kümmern ist zwar auf den ersten Blick nicht besonders »fancy«, aber es ist nun mal ein Aspekt der Geschichte – ein notwendiges Übel. Wenn ich »erfolgreiche Geschäftsfrau« sein will, muss ich auch so professionell sein und mich den im ersten Moment nicht ganz so schillernden Facetten meiner Profession widmen.

Oder anders ausgedrückt: Auch ein Wunschkind ist nun mal nicht ohne vollgeschissene Windeln zu haben, aber deshalb darauf verzichten?

Der schickere Rahmen gibt der Sache einen übergreifenden Sinn – das ist in jedem Fall der erste Schritt zum Genuss, es heißt ja auch nicht umsonst »optimale Rahmen-Bedingungen«.

In unserer kleinen Cocktailbar haben wir es uns jetzt sozusagen in unserer kuschligen Lounge-Ecke gemütlich gemacht, die Kissen zurechtgerückt, die Musik stimmt und der Cocktail – unser Vorhaben – glitzert vor uns im Sonnenlicht. Jetzt müssen wir nur noch trinken und genießen...

Okay, okay, ich gebe es zu, dieses Bild ist auch nicht das erste, das mir bei meinen Quittungen kommt. Darum gibt es genau hier, wie bei den meisten besonders ungeliebten Aufgaben, ein kleines Problem! In vielen Situationen gibt zwar bereits der neue Rahmen den Kickstart, der Spaß an der Sache stellt sich anschließend wie von selbst ein. Bei mir war das im English Theatre oder in der Arena auf Schalke der Fall.

Aber manchmal brauchen wir eben noch ein bisschen mehr »Spaß-Starthilfe«. Hier kommt sie!

Genuss kommt mit dem Fluss!

Das sage nicht (nur) ich, der Ansicht ist der amerikanische Psychologie-Professor mit dem unaussprechlichen (ungarischen) Namen Mihaly Csikszentmihalyi, den ich der Einfachheit halber (und im Hinblick auf Lesungen aus diesem Buch, bei denen ich mir lieber nicht die Zunge verknote) mal M.C. nenne. M.C. ist bekannt geworden als Entdecker des Flow-Phänomens. Das ist so eine Art Glücksrausch, den wir empfinden, wenn wir es hinbekommen, uns vollkommen in eine Tätigkeit fallen zu lassen. Biologisch gesehen synchronisieren sich im Flow-Zustand der Rhythmus unseres Herzens, unsere Atmung und unser Blutdruck. Auch unsere Gehirnwellen verändern sich. Mit anderen Worten: Wir heben ab in eine Art meditatives High. Als wäre das nicht schon super genug, geht unser Körper außerdem auf den Bio-Trip und produziert eigene Happy-Stöffchen, die Endorphine. Klingt gut, oder?

Die Natur macht nichts vergeblich.
ARISTOTELES

Da Mütterchen Natur, sprich: die Evolution, selten etwas nur aus einer Laune heraus einfädelt, hat die Sache natürlich einen tieferen Sinn. Mit Endorphinen belohnt der Körper normalerweise Aktivitäten, die der Arterhaltung dienen. Wofür der Flow-Zustand das Zückerchen ist? Ganz simpel: Unsere Ahnen in der Höhle konnten es sich nicht leisten, bei der gefährlichen Jagd im Urdschungel unkonzentriert zu Werke zu gehen. Schon eine kleine Unaufmerksamkeit konnte bedeuten, vom Mammut niedergetrampelt oder vom Säbelzahntiger zum Nachtisch verspeist zu werden. Oder, genauso schlimm, der Jagdtrupp kam ohne Beute nach Hause und riskierte den Hungertod der Sippe.

- Ergo: Es war ein lebenserhaltendes Superprinzip, sich mit hundert Prozent Aufmerksamkeit auf etwas zu konzentrieren. Genau darum schlummert diese Fähigkeit auch in jedem von uns, wir müssen sie »nur« wecken!

Das Großartige:

- Flow können wir theoretisch bei jeder Tätigkeit erleben – also auch bei völlig unspektakulären Verrichtungen wie Staubsaugen, dem Spülen der zerbrechlichen Weingläser und eben, jawohl, auch der Steuererklärung!

- Flow-Spaß hängt nämlich nicht davon ab, was man tut, sondern vor allem davon, wie man etwas tut.

Und dieses »Wie« geht so:

Stufe 1: Wir brauchen ein relativ schnell erreichbares (Teil-)Ziel.
Das Thema hatten wir schon, sollte klar sein. Falls nicht: Noch mal in den vorherigen Kapiteln schmökern. Beim Quittungensortieren ist mein oberes Ziel ganz klar, das Projekt »Quartalsunterlagen sortieren« abzuhaken. Ich sage mir also: *Okay, Sonya. Vier Stunden deines Lebens wirst du jetzt in diesen Schuhkarton investieren – und dann hast du's gepackt!* Das ist mein Motivationskick Nummer eins! Dabei fühle ich mich wahnsinnig heroisch, und auf meiner Brust blinkt bereits jetzt der Neonbutton »Heldin der Arbeit«. Aber Achtung: Das Abhaken der Tätigkeit darf nicht die einzige Motivation bleiben! Jetzt zündet...

Stufe 2: Wir schleudern unserer Beschäftigung ein entschlossenes »Jawohl« entgegen. Ohne »aber« und »eigentlich«. Also: Ja zur Steuererklärung. Ja zum Hausarbeitschreiben. Ja zum Umzugskistenpacken. *Funktioniert, indem wir möglichst schnell und energisch zur Tat schreiten* – also *nicht* vorher schnell noch die Blumen gießen, zum Kiosk gehen oder E-Mails checken.
Mein persönliches »Ja zum Steuerkram« unterstütze ich außerdem dadurch, dass ich mir ein nettes Plätzchen suche. Und zwar eines, das mein Gehirn möglichst nicht mit Arbeit in Verbindung bringt. Der Schreibtisch ist also verboten. Im Sommer setze ich mich zum Beispiel mit dem ganzen Karton (und einigen Briefbeschwerern, ich will ja nicht beim nächsten Windstoß wieder von vorn anfangen müssen) in den Garten. Alles, was man mit der Sonnenbrille auf der Nase tut, fühlt sich nämlich sofort nach Freizeitbeschäftigung an (siehe auch Kasten: Unser kleiner Ferienjob).

Für mich ist es außerdem an der Zeit, zu den Waffen zu greifen: meinen geliebten bunten Textmarkern. Wenn ich den bedrohlich kryptischen Zahlensalat farbig markiere und die Ausgaben auf meinen Kontoauszügen pink einfärbe, sind sie mir gleich viel sympathischer. Auch Excel-Tabellen färbe ich immer wunderbar in zarten Pastelltönen ein. Und je mehr ich es auf diese Weise hinbekomme, mich auf die Sache zu konzentrieren, umso mehr schaffe ich es tatsächlich, zu genießen! Quittungen aufzukleben und mit kurzen Erklärungen zu versehen ist jetzt keine Arbeit mehr. Sondern so ähnlich, als wenn Klein Sonya gepresste bunte Blätter in ein Herbarium gepappt und beschriftet hat. Nein, Leute, ich mache hier keine Ablage – ich bastele! Mit ein bisschen Fantasie lassen sich fast sämtliche Arbeiten »pimpen«.

Stufe 3: Hundert Prozent Konzentration! Die wichtigste Zutat im Flow-Rezept. Jetzt gilt es, unsere Aufmerksamkeit vollkommen auf die Sache zu lenken, die wir erledigen wollen (oder müssen). Bitte hinter die Ohren tätowieren: *Ohne Konzentration nix Flow!* Beim Flow wird die alte buddhistische Weisheit »Der Weg ist das Ziel« wahr. Lohnt sich! Mit den folgenden Tipps klappt es bestimmt:

Fakten, Fakten, Fakten: 13 Rezepte für vollen Fokus

Platz 1: Flow auf Knopfdruck: mit Klassik und »Spezialbeats«. In meinem Buch »Baustelle Body« gab es den Tipp »Schlank mit Mozart«. Aber Amadeus kann noch mehr, als den Appetit zu bremsen. Unter Beschallung mit des Maestros Werken futtern wir nicht nur weniger – *seine Musik hilft auch dabei, in den Flow zu kommen.* Forscher haben festgestellt, dass die meiste ruhige (!) klassische Musik (also nicht unbedingt klassische Krawallheinis wie Wagner) unsere Gehirnwellen in den Alpha-Zustand versetzt. »Auf Alpha« sind wir zum einen entspannt und friedlich – darum werden zum Beispiel in Hamburg auch U-Bahnhöfe mit Klassik gegen Kriminalität beschallt. Zum anderen sind wir im Alpha-Modus besonders konzentriert und aufnahmefähig zugleich – Topvoraussetzungen für Flow. Aus diesem Grund ist leise klassische Hintergrundmusik nicht nur gut für die Steuererklärung, sondern auch super zum Lernen – sogenannte »Superlearning«-Sprachkurs-CDs basieren auf dem gleichen Prinzip und verwenden gezielt Entspannungsmusik. (Ich habe das mit Spanisch ausprobiert. Klappt super!) Wer auf Klassik gar nicht kann: Entspannte Loungemusik wie die guten alten Café-del-Mar-Compilations tun es (fast) genauso gut. *Ein Geheimtipp sind übrigens CDs, die mittels »binauraler Beats« unsere Gehirnwellen »manipulieren«.* Dazu muss man Stereo-Kopfhörer aufsetzen. Das linke Ohr hört dann eine etwas andere Frequenz als das rechte; aus der Differenz zwischen beiden »errechnet« unser Gehirn die gewünschte Gehirnwellenfrequenz. Das Ganze brummt leise vor sich hin, darum sind diese Beats meistens ebenfalls unter Entspannungsmusik versteckt. Ein Computerprogramm, mit dem man sich solche Stücke in Alpha-Wellen am PC selber basteln kann, das aber auch bereits fertige Stücke bietet, ist z. B. der Neuroprogrammer: www.neuro-programmer.de

Platz 2: Moderne Planwirtschaft! Bei komplizierten Aufgaben, bei denen der Handlungsablauf keine Routine ist, ist es eine Spitzenidee, zunächst einige Zeit darauf zu verwenden, einen Arbeitsplan zu machen. Wer einfach drauflosarbeitet, fängt zwar möglicherweise mit Elan an, gerät aber schnell ins Stocken, wenn der nächste Arbeitsschritt nicht klar definiert ist. Das reißt uns dann wieder unsanft aus unserem »Glücks-Fluss«. Wer einen Spickzettel mit Arbeitsschritten hat, bleibt dagegen bei der Sache. So ein Plan könnte zum Beispiel bei einer Präsentation sein: 1.) Internet-Recherche, 2.) Lesen des Informationsmaterials, 3.) Entwurf einer Textstruktur, 4.) Schreiben. Oder 1.) Regal entwerfen, 2.) Wohnzimmerecke ausmessen, 3.) Holz besorgen und zuschneiden lassen – und so weiter.

Besonders clever: *Den Plan am Vorabend machen.* Dann haben wir a) nicht das Gefühl, dass uns die Planung von unserer Zeit abgeht, und b) können wir am nächsten Tag direkt einen Kickstart hinlegen.

Platz 3: Bye, bye, Multitasking! Es ist ein moderner Mythos, dass wir mehr schaffen, wenn wir verschiedene Dinge gleichzeitig erledigen. Sorry, Leute, leider Quatsch! Multitasking macht bloß langsam, zerstreut und verhindert zuverlässig den Flow. Ja, auch bei uns Mädels, die ja angeblich alles so gut gleichzeitig können. Darum bitte vor Beginn der Arbeit alle Ablenkungsquellen ausschalten. Also: Fernseher aus, Freund zum Fußball schicken, Handy auf »Silent Mode«, E-Mail-Alarm ausschalten.

Wer bei Facebook, MySpace, Twitter und Co. schwach wird, koppelt sich am besten komplett vom Netz ab. Noch was: Das Mittag- oder Abendessen vor dem Computer einzunehmen, sollten Sie sich unbedingt abgewöhnen – das lenkt nicht nur ab, sondern macht außerdem noch dick, weil wir den Sättigungspunkt unseres Körpers nicht mitbekommen. Was geht, sind leichte Knabbereien, die die Konzentration fördern. Damit wären wir bei...

Platz 4: Brain-Snacks. Zwischendurch ein bisschen (!) Studentenfutter, ein Müsliriegel oder ein Yoghurt mit einer klein geschnipselten Banane liefern der Birne Eiweiß und Kohlenhydrate, damit sie optimal funktioniert – und beides braucht sie bei geistiger Anstrengung reichlich. Allerdings sind diese Snacks wegen ihres zum Teil hohen Brennwertes nicht als Nonstopp-Knabberei geeignet. Die Finger lassen sollten wir in jedem Fall von Fett- und Zuckerbömbchen wie Schokoriegeln, Karamellbonbons und Keksen. Die geben nur ganz kurz Energie, machen Appetit auf mehr und sind weder gut für die Linie noch für den Flow. Gerade Exraucher haben aber leider immense Schwierigkeiten, sich ohne orales Hilfsmittel zu fokussieren. Die Alternative zum Glimmstängel: Gemüsesticks mit Joghurtdip. Die geben den Beißerchen kalorienarm was zu tun. Nicht zu empfehlen ist dagegen Kaugummi. Das Kauen regt den Verdauungsapparat an, ohne ihm anschließend was zu tun zu geben. Ergebnis: Unser Körper fordert das versprochene Futter, wir werden unruhig. Nicht gut für die Konzentration!

Clevere Hauptmahlzeiten können den Fokus dagegen fördern: Vollkornnudeln oder -reis liefern langkettige Kohlenhydrate, die langsam vom Körper aufgeschlossen werden und darum Langzeit-Konzentration ermöglichen. Am besten in Kombination mit Eiweiß wie Fisch. Morgens bringt ein Frühstücksei mit Vollkornbrot eine optimale Mischung aus Eiweiß und Kohlenhydraten. Schlecht ist dagegen alles, was schwer und fettig ist, von Eisbombe bis Eisbein. Danach will unser Körper eigentlich nur noch eins: schlafen!

Platz 5: Hopp, hopp, ab in den Kopp! Manchmal kann die Lösung so einfach sein! Für Konzentration ist besonders eins wichtig: optimale Flüssigkeitsversorgung. Nein, sorry, auch wenn ich in diesem Buch gern den Vergleich mit der Bar bemühe, rede ich hier weder von Longdrinks noch von Cocktails. Ich spreche vom besten Getränk der Welt: reinem, klarem Wasser. Hinter Konzentrationsschwierigkeiten steckt oft nur eins: verkappter Durst. Unser Körper besteht zu 70 Prozent aus Flüssigkeit, die grauen Zellen sogar zu 80 Prozent – logisch, dass das Gehirn jede Menge Wasser braucht, um zu funktionieren. Wem reines Wasser zu langweilig schmeckt, dem lege ich einen Tipp aus »Baustelle Body« ans Herz: Fein gehobelte Limonen- oder Gurkenscheiben geben selbst schnödem Leitungswasser ein ebenso frisches wie leckeres und kalorienarmes Aroma. Also: Wenn Ihre Gedanken immer wieder von der Arbeit abschweifen oder sich leichter Schwindel einstellt: Einfach mal was trinken!

Platz 6: Mein Spiegelritual: Schau mir in die Augen, Kleine! Wenn volle Konzentration erforderlich ist, suche ich mir den nächsten

Spiegel. Am allerbesten funktioniert ein Kosmetikspiegel mit Vergrößerung, aber der Taschenspiegel im Puderdöschen oder ein Badezimmerspiegel tun's auch. Dann stelle ich mich ganz nah davor (beziehungsweise halte den Taschenspiegel nah vor mein Gesicht) und gucke mir tief in die Augen, als wollte ich mich selbst hypnotisieren. Das In-die-Augen-Schauen ist wörtlich gemeint: Ich vertiefe mich richtig in meine Guckies. Das heißt, ich untersuche genau die kleinen Streifen und Punkte und den schmalen Ring um meine Iris. Die verschiedenen Farbfacetten und Schichten. Sehe zu, wie sich meine Pupille verkleinert, je ruhiger und fokussierter ich werde. Und das werde ich so automatisch – probieren Sie's aus. Da gewinnt der Spruch »Ich bin ganz bei mir!« eine ganz neue Bedeutung.

Platz 7: Aufschreiben statt ablenken. Gift für die Konzentration sind nicht nur tatsächliche Ablenkungen, sondern vor allem auch das permanente Gedankengeschnatter. Zum Beispiel darüber, was man noch alles erledigen muss oder will. Die interne Dauerberieselung abzuschalten funktioniert besonders schlecht bei Panikgedanken der Sorte »O Gott, das darf ich auf keinen Fall vergessen.« Simples Gegenmittel: Den Gedanken aufschreiben – auf einen Block, den wir uns vorher genau zu diesem Zweck bereitgelegt haben. Übrigens auch ein Top-Tipp, wenn man dazu neigt, nachts um drei schweißgebadet aufzuwachen und nicht weiterschlafen zu können, weil einem eine »gaaaanz wichtige Idee« gekommen ist, die man auf keinen Fall vergessen will.

Platz 8: Das Genie beherrscht das Chaos? Falsch! Wahre Genies räumen auf. Ich bin zwar keine Feng-Shui-Fanatikerin, aber ein Punkt der fernöstlichen Wohnraumlehre stimmt: Chaos außen bringt Chaos innen. Wenn es um mich herum aussieht, als hätte eine Bombe eingeschlagen, kann das durchaus dazu führen, dass sich auch meine Innenlandschaft unübersichtlich anfühlt. Und anders herum: Wer aufräumt, macht Platz für klare Gedanken. Nicht umsonst hängt in vielen Kreativabteilungen von Werbeagenturen nicht mal ein einziges Bild. Aufräumen hilft übrigens auch wie eine mentale Lockerungsübung, wenn die Konzentration zwischenzeitlich zu schwinden droht oder wir uns in einer Sache festgebissen haben und nicht weiterkommen.

Platz 9: Guter Riecher! Verschiedene ätherische Öle fördern die Konzentration – allerdings nur, wenn sie 100 Prozent naturrein – sprich, aus echten Pflanzen gemacht – sind. Synthetische Nasenschmeichler riechen zwar gut, haben aber keine Wirkung, weil die Natur sich eben doch nicht so perfekt nachbauen lässt, wie manche Chemiefans das gern hätten. Topduftöle: Basilikum, Lemongras, Bergamotte, Cajeput, Zitrone, Rosmarin, Salbei, Eukalyptus, Nelke, Tanne, Jasmin, Melisse und Minze. Kann man in einer Duftlampe verwenden oder, wenn man nicht allergisch reagiert, tropfenweise aufs Handgelenk träufeln. Erfrischende Alternative, besonders an heißen Tagen: Eine Limone ins Eisfach legen, bei Konzentrationsbedarf aufschneiden und die eisgekühlten Scheiben ein paar Minuten über die Schläfen, Handgelenke, Armbeugen und Kniekehlen gleiten lassen. Aaaah!

Platz 10: Den »Pause«-Button nicht vergessen! Wenn die Aufmerksamkeit nachlässt und oben genannte Maßnahmen nichts (mehr) bringen, gibt's nur eins: Pause machen. Experten empfehlen pro Arbeitsstunde im Schnitt fünf bis zehn Minuten – jeder Kopf braucht mal eine Auszeit. Und zwar am besten eine »aktive«. Das heißt, ein Kaffeekränzchen mit Kuchen ist nicht ganz so top wie ein Spaziergang an der frischen Luft – selbst wenn der nur fünf Minuten dauert. Im Winter spazieren wir am besten mittags, damit wir die volle »Dröhnung« Tageslicht abbekommen.

Dunkelheit regt nämlich die Ausschüttung des Schlafhormons Melatonin an, das macht nicht nur müde und unkonzentriert, sondern in Überdosierung auch depressiv. Leider ist die Lichtmenge, die durch unsere modernen doppelt verglasten Fenster dringt, besonders im Winter viel zu gering, um diesen Effekt zu stoppen. Draußen vor der Tür trifft ein Vielfaches an Licht auf unsere Netzhaut. Also, nehmen Sie sich ein Beispiel an Hundebesitzern wie mir: Raus aus der Bude, bei jedem Wetter – und dabei immer schön tief durchatmen!

Bei bleierner Müdigkeit hilft vielleicht auch so ein Kurzausflug nicht, aber dann macht ein kleines Nickerchen – neudeutsch Power Nap – wieder frisch. Zwanzig Minuten reichen. Ich habe mir in meiner schlafarmen Modelzeit antrainiert, jede Möglichkeit zum Ratzen zu nutzen, Schlafbrille und Ohrstöpsel gehören zu meiner Grundausstattung. Bei ganz wenig Zeit hilft der Schlafturbo: sich aufs Sofa legen. Arm über den Rand des Möbels hinweg ausstrecken und in der Hand Schlüsselbund/Stift/Fernbedienung o.Ä. festhalten. Sobald wir einschlafen, entspannen sich die Finger, der Schlüsselbund fällt geräuschvoll zu Boden, und wir sind sofort hellwach. Dieses kurze Dösen nimmt extrem wenig Zeit in Anspruch, macht den Kopf aber wieder fit.

Platz 11: Naturkick für die grauen Zellen: Ginseng! Dem asiatischen Allround-Talent haftet in Deutschland zu Unrecht das Gebissträger-Arznei-Image an – dabei ist Ginseng alles andere als nur was für alte Leute. Ginseng wirkt ausgleichend auf das Hormonsystem und hilft außerdem, sich schnell geistig zu regenerieren und zu konzentrieren. Noch besser: Regelmäßig genommen macht es außerdem happy, weil es die körpereigene Dopaminproduktion im Lot hält. Weiterer Nebeneffekt: Es wirkt Aufmerksamkeitsstörungen natürlich entgegen – viel besser, als zu Chemiebomben zu greifen (siehe auch die folgende »Kopfschmerztablette«).

Mother's little helper? Von wegen! Machen Sie sich bloß nicht abhängig!

So wichtig Konzentration für Flow-Erlebnisse auch ist: Bitte nicht auf die Idee kommen, den Fokus künstlich zu erzwingen. Leider ist es in Mode gekommen, sich mit diversen chemischen Mittelchen zu dopen, um auch dann noch Leistung zu bringen, wenn die Batterie eigentlich schon komplett leer ist. Zum Beispiel mit »Ritalin«, einer Pille gegen das Aufmerksamkeits-Defizit-Syndrom ADHS. Die bringt zwar extreme Aufmerksamkeit auf eine bestimmte Sache, fällt aber – zu Recht – unter das Betäubungsmittelgesetz und ist verschreibungspflichtig. Warum? Das Zeug macht ungefähr so abhängig wie Kokain. Wer es eine Weile verwendet, läuft Gefahr, sich ohne Doping überhaupt nicht mehr konzentrieren zu können. Die Pille unterdrückt außerdem Emotionen. Eigentlich logisch, wer nichts fühlt, kann vielleicht lernen wie eine Maschine, aber das war's dann auch. Nervosität und Schlafprobleme können ebenfalls die Folge sein – was unter anderem dazu führt, dass Ritalin-»Addicts« abends gern andere Chemiebomben einwerfen oder sich mit Alk betäuben, um »runterzukommen« und überhaupt schlafen zu können. Voilà: Wir haben es hier mit einem Teufelskreis zu tun! Ein ziemlich hoher Preis, oder? Ich bin der Meinung: Wenn wir uns nicht konzentrieren können und alle natürlichen Maßnahmen nichts bringen, ist das ein Notsignal von Psyche und Körper. Und das sagt: Halt! Stopp! Pause! Ausruhen! Was dann wirklich etwas bringt, anstatt die Pharmaindustrie noch reicher zu machen? Mal ordentlich ausschlafen, ein paar Tage ans Meer flüchten oder das Arbeitspensum eindampfen.

Platz 12: Der Eieruhr-Trick. Bei extrem ungeliebten Aufgaben hilft es, sich ein *Zeitlimit* zu setzen, à la »Ich mach das jetzt eine halbe Stunde ganz intensiv, danach höre ich auf (oder mache fünfzehn Minuten Pause)«. Also: Eieruhr aufdrehen und in Sichtweite stellen. Wer mit dem Bewusstsein, nach einer halben Stunde erlöst zu sein, an die vermeintliche Horrorarbeit geht, arbeitet gleich viel fröhlicher. Und wer fröhlich an die Arbeit geht, auch das zeigen Studien, kann sich besser konzentrieren und merkt sich auch zu Lernendes wie Vokabeln besser. Außerdem: Wenn's plötzlich fluppt, ist es nicht verboten, einfach weiterzumachen!

Platz 13: Training für den Fluss! Konzentrationsfähigkeit und damit auch die Fähigkeit zum Flow lassen sich supergut trainieren. Mit allem, was uns »zwingt«, unsere Aufmerksamkeit ganz auf den gegenwärtigen Moment zu richten. Dazu gehören Spiele wie Schach – wenn wir nicht aufpassen, sind wir da nämlich sofort schachmatt. Beim Jonglieren fällt ohne Konzentration alles hin, und Yoga trainiert die Körperwahrnehmung. Daneben sind auch alle Entspannungsmethoden von Autogenem Training bis zu Progressiver Muskelentspannung sinnvoll. Es geht aber noch simpler – mit sogenannten »Achtsamkeitsübungen«. Sorry, ich weiß ja, das klingt grauenhaft nach Eso-Shop, Kratzpullis und Gesundheitslatschen, bedeutet aber nichts anderes, als dass man ganz »banale« alltägliche Dinge mit absoluter Aufmerksamkeit und ohne Tagträumerei macht. Duschen zum Beispiel. Wie sieht Ihr Duschkopf aus? Der Halter für die Handdusche? Die Wand dahinter? Wie fühlt es sich an, wenn das Wasser auf die Haut trifft? Wie riecht das Duschgel? Wie sieht es aus? Wie fühlt sich der Schaum auf der Haut an? Wie hört sich das Rauschen des Wassers an? Funktioniert auch super in eigentlich nervigen Wartesituationen. Im Stau zum Beispiel. Haben Sie schon mal Ihr Armaturenbrett in allen Details betrachtet? Wissen Sie aus dem Kopf, wie das Lenkrad sich anfühlt?

Je öfter Sie das machen, umso besser werden Sie sich konzentrieren können und umso öfter werden Sie den Flow erleben.

Übrigens: Mein Steuerberater lacht mich immer aus, wenn er meine farbenfrohen Unterlagen bekommt, aber das ist mir total egal. Was zählt, ist, dass ich tatsächlich Spaß dabei hatte und mal wieder mein Kraus'sches Kontrolletti-Gen befriedigt habe. Ich könnte nämlich niemals den Quittungskarton einfach so abgeben, wie manche Leute das machen – dafür habe ich einen viel zu großen Respekt vor der Steuer. Ich will nicht mit Handschellen abgeführt werden, bloß weil mein Steuerberater aus Unwissenheit private Quittungen zu geschäftlichen gemacht hat. Tja, manche Dinge kann einem leider niemand abnehmen.

Apropos abnehmen: Auch das gehört zu diesen Angelegenheiten, die wir blöderweise selber erledigen müssen. Zum Glück lässt sich auch das »neu rahmen« – und genießen! Mal angenommen, wir sehen das Ganze nicht als schnöde Reduktionskost (aka Diät) mit jeder Menge Verboten, sondern stattdessen als »gesunden Kochkurs«. Als einen Kurs, bei dem nun mal vorwiegend knackige, gesunde und vitaminreiche Lebensmittel auf dem Plan stehen. Sachen, die gut für die Haut und die Figur sind und die obendrein noch sensationell schmecken. Wenn man die rosa Brille darauf richtet, was für neue Genüsse man kennenlernt, anstatt ständig über das nachzugrübeln, was nicht »erlaubt« ist, fühlt man sich doch gleich viel wohler. Dass nebenbei Pfunde purzeln, ist nur ein angenehmer Nebeneffekt! Wer sich dann auch noch beim Brutzeln, Schnippeln und Kochen nach obigen Prinzipien völlig darauf konzentriert, was er tut, hat die besten Chancen auf »Flow de luxe«.

AUFSCHIEBEN MIT GENUSS – EIN PLÄDOYER

»Zeitmanagement-Päpste«, die Bücher schreiben, in deren Titel gern mal das Wort »simplify« vorkommt, haben einen Erzfeind ausgemacht. Nichts weniger als den diabolischen Verhinderer jedes Erfolgs, die quasi-atomare Vernichtung allen Lebensglücks. Was das ist? Die Prokrastination. Besser bekannt als Aufschieberitis. Ein Phänomen, mit dem die meisten von uns bereits in der Grundschule Bekanntschaft machten, wenn die nervigen Hausaufgaben bis kurz vor dem Schlafengehen beziehungsweise bis zum Donnerwetter der Eltern aufgeschoben wurden. Und zwar zugunsten von oberflächlichen Vergnügungen wie einem Nachmittag im Baumhaus oder auf dem Spielplatz. Kurz: für etwas, was wirklich Spaß macht! Trotzdem finden die »Experten«: Wer bis auf den letzten Drücker aufschiebt, ist des Wahnsinns fette Beute und macht sich unglücklich.

Ich behaupte dagegen: *Alles Quatsch!* Von mir kommt ein lautes Ja zur Aufschieberitis. Es spricht nichts dagegen, wenn sich ein bisschen Zeitdruck aufbaut, bevor wir zur Tat schreiten. Im Gegenteil! Durch Zeitdruck steigt die Konzentration. Die Wahrscheinlichkeit, dass selbst verhasste Erledigungen uns jetzt sogar Flow-Erlebnisse bescheren, weil wir gezwungen sind, uns unserer Tätigkeit ohne Wenn und Aber zu widmen, steigt. Und nicht nur das! Man wird unter Druck höchst effektiv – und braucht meiner Erfahrung nach höchstens die Hälfte der Zeit, die man sonst aufgewendet hätte. Wenn das kein Grund fürs Aufschieben ist! Und die gewonnene Zeit kann man ganz ungeniert für das eigene Vergnügen nutzen!

Wichtig ist dabei allerdings ein Punkt: Wenn wir »prokrastinieren«, müssen wir uns hundertprozentig dafür entscheiden. *Heißt:*

Wir schieben ganz bewusst auf. Und genießen genauso bewusst die Zeit, die uns dadurch zur Verfügung steht!

Fröhliche Aufschieber wie ich lösen sich komplett vom schlechten Gewissen. Wir wissen im Voraus, dass wir dann eben vor der Deadline eine intensive schlaflose Nacht haben. Jawohl, wir werden fluchen und schwitzen. Wir werden eine Woche ein Schlafdefizit mit uns herumtragen. Aber das ist in Ordnung, denn zum Ausgleich haben wir vorher Zeit für was anderes.

Wer allerdings aufschiebt und dabei ständig im Hinterkopf hat »Eigentlich müsste ich doch jetzt...« verhunzt sich leider allen Spaß. In so einem Fall ist es tatsächlich besser, sich sofort ans Werk zu machen und die Disziplin aufzubringen, trotz noch unendlich viel Zeit die vermeintlich unangenehme Sache bereits jetzt zu erledigen – und danach das heroische Gefühl auszukosten. Also: Wir haben die Wahl!

Mein Glückstipp: Es gibt eine kleine Einschränkung meines PPP (Plädoyer Pro Prokrastination). *Schieben Sie nie etwas auf, was in 60 Sekunden erledigt ist!* Dazu gehört etwa das Öffnen von Briefen, der Anruf bei der Bank, das Anwerfen der Waschmaschine oder auch nur, den Schlüssel ordentlich auf den Haken zu hängen, statt ihn irgendwohin zu werfen, wo wir ihn hinterher verzweifelt suchen. So dezimieren Sie das tägliche Chaos bereits, bevor es entsteht!

Ab sofort im Cocktailshaker: Die Zutaten für unser Traumleben

Tataaa!!! Bisher haben wir den alten Sperrmüll aus unserer Bar geräumt, vorhandene Zitrusfrüchtchen aufgespürt und gekonnt in leckere Getränke verwandelt. Außerdem haben wir allem einen motivierenden rosa Anstrich verpasst. Damit haben wir aber nur das erste Stückchen auf dem Weg zu unserem bestmöglichen Dasein zurückgelegt. Vielleicht klafft in manchen Ecken unseres Lokals im Moment noch eine Lücke, weil wir zwar den alten Ramsch entsorgt, aber noch keinen Ersatz gefunden haben.

Jetzt ist es Zeit, in die Zaubertrankzutaten-Kiste zu greifen und möglichst jeden Tag in allen Farben des Cocktailspektrums zum Funkeln zu bringen. Kommen wir unseren Träumen auf die Spur!

Wie im Rausch: Träume, Visionen, Wünsche. Dreams are my reality!

So! Jetzt kommt eine bestimmte Sorte Ziel ins Spiel, die die Motivation schon als eine Art Außenbordmotor eingebaut hat. Da muss man sich bloß auf den Weg machen, dann läuft's fast wie von alleine. Wovon ich spreche? Von den großen Lebensträumen und ultimativen Herzenswünschen! Auf unserer Cocktailkarte: die absoluten Lieblingsdrinks, von denen wir nur einen brauchen, um auf Wolke sieben zu schweben. Und das, obwohl sie komplett alkoholfrei sind!

Kaum zu glauben, dass trotzdem jede Menge Leute selbst ihre brennendsten Wünsche ignorieren und stattdessen an der Theke das bestellen, was die meisten anderen auch vor sich auf dem Tischchen haben. Für diesen Herdentrieb gibt's massenhaft Gründe. Weil wir Bammel haben, aus der Reihe zu tanzen oder doof angeguckt zu werden. Denn: O Gott, was soll denn Nachbarin Meyer sagen, wenn wir plötzlich auf ein Hausboot ziehen, mit 46 eine Jazzband gründen, mit dem 15 Jahre jüngeren Studenten zusammenziehen oder nach Barcelona auswandern? Oder wir haben schlicht Angst, dass etwas schiefgehen könnte. Vielleicht stänkert auch der Liebste gegen unseren Wunschtraum. Oder die Schwiegereltern. Oder wir glauben nur, dass irgendwer was dagegen haben könnte. Aber frei nach dem Song der Ärzte »Lass die Leute reden«: einfach nicht hinhören, was die Leute sagen.

Meist haben sie gar nichts Böses im Sinn. Sie brauchen solche Geschichten, um ihr Leben aufzupeppen.

Vielleicht ist die Idee auch auf den ersten Blick total spinnert oder kompliziert umzusetzen. Oder, das kommt auch vor, vielleicht wissen wir einfach nicht, worauf sich unsere ziehende Sehnsucht im Bauchbereich eigentlich genau bezieht. Falls wir auch nur aus einem dieser Gründe untätig bleiben, verzichten wir aber blöderweise auf jede Menge Glückspotenzial! Denn:

Wenn wir unsere Träume verfolgen, gibt das unserem Dasein auf diesem Planeten Sinn.

Und Sinn macht nicht nur das große Ganze (inklusive Sachen wie Steuerkram, Abwasch und notorischem Schlafentzug aufgrund krakeelender Minimitbewohner) erträglich, sondern ist sozusagen der Turbo für Flow-Erlebnisse aus dem vorherigen Kapitel. Im besten Fall wird das ganze Leben zu einem »Fluss« – Flow-Guru Csikszentmihalyi widmet dem Sinn darum ein ganzes Kapitel* (»Flow – das Geheimnis des Glücks«, Mihaly Csikszentmihalyi, Klett-Cotta). Träume und Visionen motivieren uns nämlich wie nix zweites, unsern Luxusbody morgens aus den Federn zu schälen und selbst bei fiesestem Spätnovember-Regenwetter wie ein Duracell-Häschen aus dem Bett zu hüpfen, weil wir kaum erwarten können, was der Tag uns bringt. Ich will Ihnen keinen Quatsch erzählen, darum habe ich, wie schon erwähnt, für dieses epochale Werk, das Sie in Händen halten, jede Menge Bücher und Studien gewälzt. Und sie alle bestätigen:

Unser Seelchen fühlt sich immer dann am wohlsten – sprich: ist glücklich – wenn es einen Sinn sieht, in dem, was wir täglich tun. Da sind sich alle Psychologen und Glücksforscher einig.

Der Grund dafür, dass wir immer eine befriedigende Antwort auf das »Wieso? Weshalb? Warum?« brauchen, liegt – nein, nicht in unserer frühkindlichen Sesamstraßen-Konditionierung – sondern (wie schon beim Flow) vermutlich bei unseren keulenschwingenden Ahnen. Unsere Vorfahren hatten in puncto Sinn nicht besonders viel Auswahl. Die Antwort lautete schlicht »Überleben«. Der Wille zu überleben motivierte zum anstrengenden Fulltime-Job, die Frage »Wozu das alles?« war geklärt. Und wer eben keinen Sinn darin sah, für den hieß es bald »Game over« durch Hungersnot, Säbelzahntiger oder Kältewelle. So ein Urzeitmensch wusste, wofür er Mammuts erlegte, Angriffe von wilden Tieren abwehrte und sich mit dem Feuerstein in der Höhle abmühte. Wir können nur raten, wie unsere Urahnen sich bei ihrem kräftezehrenden Leben gefühlt haben, wenn sie abends nach dem »Job« am Lagerfeuerchen an der Mammutkeule knabberten. Vermutlich waren sie euphorisch wie ein Fußballteam nach dem Gewinn der Champions League: War zwar mal wieder ganz schön anstrengend, aber, hey, immer noch nicht gefressen worden. High Five! Überleben ist übrigens immer noch das oberste Ziel. Wenn wir das allerdings heute in unser Psycho-Navi eintippen, meldet das Ding, bevor wir uns überhaupt in Bewegung gesetzt haben:

Achtung, Achtung! Sie haben ›Überleben‹ erreicht: Zentralheizung ist an, Kühlschrank ist voll, Angriffe durch wilde Tiere in Apartmentsiedlung unwahrscheinlich. Geben Sie bitte eine neue Destination ein.

Wir menschlichen Wesen sind leider ein ziemlich undankbarer Haufen. Statt einfach mal zufrieden zu sein, dass wir nicht täglich ums nackte Überleben kämpfen müssen, brauchen wir einen »Ersatzsinn«, sonst laufen unsere Systeme heiß. Viele Depressive sind bekanntlich aus dem Grund depressiv, weil sie »alles sinnlos« finden. Lassen wir es nicht so weit kommen!

> **Wenn man ohne Flügel geboren wurde, darf man sie nicht am Wachsen hindern.**
> COCO CHANEL

Macht Sinn: Die Suche nach dem Turbowunsch!

Herzenswünsche erkennen wir vor allem an einem besonders hervorstechenden Merkmal:

Ein Herzenswunsch ist selbst mit den rationalsten Überlegungen nicht totzukriegen. Und er kommt gern auch nach Jahren immer wieder und lässt uns nicht los.

Und genau aus diesem Grund sollte man ihn auch ernst nehmen. Egal ob das die Reise durch den Nord-Ostsee-Kanal im Ruderboot, ein selbst renoviertes Bauernhaus in Schleswig-Holstein, das Schreiben eines erotischen Romans, das eigene Café, ein Domizil an einem klaren Bergsee, die Weltumsegelung, ein rosaroter Cadillac, das Hegen einer Großfamilie, die Meisterschaft im Pfahlsitzen, die Teilnahme am New-York-Marathon ist und so weiter und so fort. Herzenswünsche können alle Lebensbereiche betreffen, den Job, die Familie, Hobbys, unsere Umgebung, es können verrückte Ideen sein, Herausforderungen, einfach irgendetwas, was man unbedingt verwirklichen möchte. Dinge, die – »rational« und »objektiv« gesehen – möglicherweise großer Quatsch, der Familie ein Dorn im Auge oder die zumindest nicht (über)lebensnotwendig sind. Trotzdem klebt dieser Wunsch wie Zweikomponentenkleber in unseren Gehirnwindungen fest. Natürlich steht es uns frei, ihn zu ignorieren. Ich rate allerdings dringend davon ab. Denn:

Wie viele Leben haben wir, um uns unsere Träume zu erfüllen? Ich weiß es nicht mit Sicherheit, aber ich tippe mal: vermutlich nur eins. Nutzen wir es!

Herzenswunsch, Traum – klingt ja alles schön und gut? Aber Sie haben keine Ahnung, was das sein sollte? Immer mit der Ruhe! Selbst wenn uns auch bei intensivstem Nachdenken erst mal nix einfällt: Ich bin davon überzeugt, dass wir alle irgendwo tief in unserem Seelchen wissen, was uns glücklich machen kann. Aber manchmal sind die Wünsche so lange ignoriert worden, dass der Zugang verloren gegangen ist. Wenn Sie gerade nicht wissen, was Sie wollen, ist das kein Grund zur Verzweiflung. Setzen Sie einfach Ihr Spürnäschen darauf an, und pflanzen Sie den Auftrag in Ihr Unterbewusstsein: Rausfinden, was mich happy macht! Zum Beispiel so:

Wunschbuch oder Lebensliste – die Zutatensammlung fürs Traumleben

Rica, die Freundin von mir, die jeden Tag aufschreibt, was sie toll fand, schleppt ihr Allzwecknotizbuch überall mit hin. Jedes Mal, wenn ihr etwas einfällt oder wenn ihr etwas begegnet, was sie in ihrem Leben einmal machen möchte, notiert sie das sofort. Da stehen dann so unterschiedliche Sachen wie »Urlaub in Tasmanien« (mit einem Artikel aus der Wochenendbeilage der Zeitung), »Reibekuchen aus Süßkartoffeln ausprobieren« (mit Rezept) oder »mit 80 Alten-WG in Südfrankreich«. Sie schwört darauf, dass sich diese Dinge früher oder später erfüllen – allein dadurch, dass sie sie unmissverständlich formuliert. Sie hat mir den Beweis geliefert: Sie macht hinter alles, was sie schon erlebt oder in die Tat umgesetzt hat, ein Häkchen – und glauben Sie mir, die Häkchen-Parade ist beeindruckend. Natürlich ist das Ausprobieren eines Reibekuchenrezepts kein Lebenstraum. Doch wenn man es sich zur Gewohnheit macht, alles, was einem gefallen könnte, aufzuschreiben, bekommt man Übung, darauf zu achten, was so in unserem Seelchen vor sich geht. Und das ist nun mal der Safe für unsere Träume.

Rica ist nicht die Einzige, die so ihren Wünschen auf die Schliche kommt. Bei der Recherche zum Thema Glück ist mir ein Büchlein der amerikanischen Autorin Victoria Moran in die Hände gefallen (Victoria Moran, »Living a Charmed Life«), und da habe ich einen sehr ähnlichen Tipp gefunden: *die Lebensliste*. Das ist eine Aufstellung, in der alle Dinge Platz haben, die wir gern noch tun und die uns Spaß machen würden. Und zwar völlig unabhängig von sogenannten »vernünftigen Überlegungen«. Die verstecken sich hinter Bremssätzen wie »Ich kann doch nicht einfach …«, »Wie soll das denn gehen?« oder »Das kann ich mir nie leisten«. *Solche Einwände sind strengstens verboten.* Stellen Sie sich stattdessen die Frage:

Wenn alles möglich wäre, was würde ich dann gern tun?

Notieren Sie auch jeden (vermeintlichen) »Blödsinn«, der Ihnen einfällt. Und dann schauen Sie sich die Punkte immer wieder an. Ergänzen Sie, wenn Ihnen noch mehr in den Sinn kommt. Machen Sie Nummern dran. Platz eins ist Ihr Favorit, also das, was Sie am allerliebsten erleben, machen oder umsetzen würden, Platz zwei am zweitliebsten und so weiter. So werden Sie nach und nach herausfinden, was Ihnen wirklich verdammt heiß unter den Nägeln brennt und was vielleicht auch noch ganz nett wäre, aber noch Zeit hat.

Dabei müssen Herzenswünsche nicht die Bohne spektakulär sein. Ein Bekannter von mir lebt zum Beispiel mit seiner Freundin in einem verschlafenen Küstenort in Italien und arbeitet Teilzeit für ein bescheidenes Gehalt in einem Fotogeschäft. Er fährt Fahrrad statt Auto und selten in Urlaub, schließlich ist er schon in einer Urlaubsgegend. Klingt vermutlich für die meisten Leute nicht besonders aufregend. Für ihn ist es das aber. Auf diese Weise hat er nämlich jede Menge Freizeit, um seinen zwei Hobbys nachzugehen: Lesen (vorzugsweise unter freiem Himmel) und Kochen. Dieses Beispiel zeigt: Es kommt auf die Prioritäten an. Oder anders ausgedrückt: *Des einen Glück ist des anderen Langeweile – und umgekehrt.*

> *Wie doch Freude und Glück*
> *einen Menschen schön machen.*
> FJODOR M. DOSTOJEWSKIJ

Und brav nach jeder Entscheidung: Hände waschen!

Sind Sie der Ansicht, dass Händewaschen nur nach jedem Gang aufs WC angezeigt ist? Nicht nur – denn fließendes Wasser und ein bisschen Seife sind ein Dream-Team, das noch mehr kann, als nur die Flossen sauber zu machen! Gerade wenn Sie Entschlüsse – wie die Umsetzung Ihres Traums – wieder in Frage stellen, weil Sie negative Reaktionen Ihrer Umgebung fürchten: Waschen Sie sich ausgiebig die Hände! Und zwar sofort, nachdem Sie Ihren Entschluss gefasst haben oder wenn Ihnen Zweifel kommen! Eine amerikanische Studie kam kürzlich zu dem Ergebnis, dass Versuchspersonen, die nach einer komplizierten Entscheidung ihre Flossen schrubbten, wesentlich seltener das Gefühl hatten, ihren Entschluss verteidigen oder rechtfertigen zu müssen. Also: Wasser marsch!

Eine meiner großen Sehnsüchte ist: Ich hätte gern ein Haus auf Ibiza. Oder formulieren wir es etwas bescheidener: zumindest eine kleine Finca zum Selberrenovieren. Dieser Gedanke lässt mich einfach nicht los. Warum ausgerechnet Ibiza? Die Insel ist für mich ein besonderes Fleckchen Erde. Nicht nur schön, sondern auch schön tolerant. Da liegt der nackte Schwule neben der aufgetakelten Milliardärsgattin am Strand, dazwischen turnen die Raver herum und ein paar Hippiefamilien mit Dreadlocks und Blumen im Haar. Diese tolerante Atmosphäre liebe ich. Für mich ist Ibiza keine Discoparty-Insel, sondern mein persönlicher Piratenfelsen.

Die Liebe zu dieser Baleareninsel hat sich langsam entwickelt. Meine erste Modelreise mit 16 ging nach Ibiza, und schon damals war ich fasziniert, und es hat mich immer wieder dorthin gezogen. Und irgendwann, vor gut zehn Jahren schon, hatte ich plötzlich die Idee: Hier leben, das wär's! Zumindest ab und zu. Ich brauche selbstverständlich kein Haus auf Ibiza. Ich könnte den Urlaub auf meiner Lieblingsinsel problemlos in Ferienwohnungen oder im Hotel verbringen – so wie ich das bis jetzt immer mache. Aber trotzdem will ich diese Finca, so wie andere Leute vielleicht gern die Blaue Mauritius hätten oder einmal im Leben Robbie Williams treffen wollen.

Doch so einfach ist das nicht. Ich bekomme Gegenwind. Mein Freund ist einer der größten Gegner meines Haus-auf-Ibiza-»Projekts«. Selbst von meiner sonst so loyalen Mädels-Gang höre ich immer wieder: »Sonya, überleg dir das. So ein Domizil in der

Ferne bringt nur Kopfschmerz, nur Arbeit, nur Verantwortung und nur finanziellen Verlust.«

Und ja, ich gebe es zu, es gibt in der Tat jede Menge Argumente dagegen: Häuser auf Ibiza sind nicht nur schweineteuer, sondern haben geradezu unanständige Preise. Dort lässt man sich selbst windschiefe Hütten auf dem Feld vergolden. Ich kann mir so ein Haus nicht »mal so eben« leisten. Ich kann auch nicht »mal so eben« hinfahren. Ich bin abhängig von Flugverbindungen – und habe ja sowieso jetzt schon kaum Zeit. Natürlich frage ich mich darum auch selbst manchmal, wann ich mein Haus eigentlich nutzen sollte und ob ich komplett einen an der Waffel habe.

> *Die anderen haben nur drüber geredet, ich hab's getan.*
> CHRISTOPH COLUMBUS

Da ich, wie mir mein Senderchef einmal wohlwollend bescheinigt hat, keineswegs »beratungsresistent« bin, ziehe ich natürlich alle Einwände brav in Erwägung. Nützt aber nix. Mein Traum bewegt sich nicht einen Millimeter, sondern bleibt wie einbetoniert da, wo er ist: in meinem Herzen. Also kenne ich nur eine Antwort: Ist mir alles egal, ich will das eben! Und wenn ich erst 92 bin, wenn sich mein Wunsch erfüllt. Dieses extraordinäre Anwesen, das bisher nur in meiner Fantasie existiert, ist nämlich für meine Psyche wichtig.

Das Haus auf Ibiza ist für mich der Antrieb, zu arbeiten, Geld zu verdienen, meine Quittungen zu sortieren und manchmal auch mitten in der Nacht nach drei Stunden Schlaf aufzustehen, um zu irgendeiner Aufzeichnung durch halb Europa zu jetten. Jawohl, hier ist er wieder, der übergeordnete Sinn.

Das Haus auf Ibiza zieht an mir, es zerrt an mir und entfacht meine Sehnsucht. Irgendwo in der Ferne sehe ich es wie eine Fata Morgana, aber in allen Details – ein wunderbares Grundstück auf einer Anhöhe, die hübsche Finca mittendrin, Wald drumherum und den Blick Richtung Sonnenuntergang und Meer. Dieses Haus zu kaufen wäre für mich die Erfüllung eines ultimativen Lebenstraums. Das Vorhaben hat etwas vollkommen Irrationales, ich will eine Idylle aus meiner Fantasie erwerben. Nicht nur das, ich brenne dafür. Dass etwas so emotional besetzt ist, kenne ich sonst gar nicht – aber die Emotion macht es so besonders. Und wissen Sie was?

Jeder braucht »ein Haus auf Ibiza«!

Natürlich nicht wörtlich genommen – so groß ist die Insel dann auch wieder nicht. Aber: *So ein Lebenstraum hat eine wahnsinnige Antriebskraft.* Wenn das Anstreben eines »normalen« Ziels die Power eines kleinen Propellerflugzeugs hat, dann hat das Verwirklichen eines Lebenstraums etwas von einer Weltraumrakete und das Projekt etwas von »Wir fliegen zum Mond«. Wir werden zum kühnen Eroberer und verzaubern unser Leben! Darum rät Frau Dr. Dr. Kraus: Diesen »Luxus« sollten wir uns wert sein.

Wunscherfüllung per »Bewusstseinserweiterung«: Future Pace

Volle Kraft voraus in die Traumzukunft! »Future Pace« ist noch ein Fachbegriff aus dem NLP, dem Neurolinguistischen Programmieren, und bedeutet übersetzt ungefähr so viel wie »Schritt in die Zukunft«. Eine Art Mentalprogramm, das dabei helfen kann, unseren Traum tatsächlich zu erreichen. Und das geht so:

◆ Wir überlegen uns nicht nur, was wir wollen, sondern »visualisieren« unseren Wunschtraum so detailliert wie möglich. Das heißt, wir stellen uns vor, alles wäre schon so, wie wir es gern hätten. Das tun wir am besten regelmäßig jeden Morgen nach dem Aufwachen und abends vor dem Einschlafen. Oder auch noch öfter, am besten, wenn wir entspannt sind. *Wichtig dabei: Auf keinen Fall mögliche Stolpersteine visualisieren – die wünschen wir uns schließlich weniger –, sondern ausschließlich unseren bereits erfüllten Wunschtraum.* Ich sehe zum Beispiel mein Haus auf Ibiza, siehe oben, deutlich vor mir. Ich sehe mich selbst, wie ich die Blumen im Garten gieße oder wie mein Sohnemann, mein Freund und ich auf der Terrasse in der Sonne frühstücken. Dass ich mir das so genau vorstellen kann, hat nicht nur mit meiner blühenden Fantasie zu tun, sondern auch damit, dass ich mich intensiv mit der Materie befasse. Ich durchforste Immobilienanzeigen, hänge vor Maklerbüros in Ibiza-Stadt rum und besichtige Grundstücke, auch wenn ich sie mir noch nicht leisten kann. Ich weiß ziemlich genau, wie mein Wunschdomizil aussehen soll – und wie nicht. Anderes Beispiel. Sagen wir, ein Haus auf Ibiza ist das Letzte, was Ihnen vorschwebt, aber Sie wollen eine erfolgreiche Tierärztin werden. Dann sehen Sie sich vielleicht in der Praxis, umgeben von jeder Menge Vierbeinern, Vögeln, Reptilien und glücklichen Herrchen und Frauchen, die Ihnen überschwänglich danken, weil Sie den kleinen Lieblingen geholfen haben. Manche NLP-Experten empfehlen, Bilder, die zu unserem Traum passen, aus der Zeitung auszuschneiden, aufzukleben und irgendwo gut sichtbar hinzuhängen. Wenn Sie sich zum Beispiel wünschen, eine durchtrainierte Traumfigur wie Elle Macpherson zu haben: Suchen Sie sich ein Bild von Elle und montieren Sie Ihren eigenen Kopf darauf. Und ab damit an den Kühlschrank (so ein Bild ist auch ganz ohne NLP eine hervorragende Futterbremse!).

◆ **Wichtig sind die positiven Gefühle, die unser mentales Bild in uns hervorruft.** Positive Emotionen verankern nämlich das Erreichen unseres Traums als Toppriorität in unserem Gehirn und damit in unserem Unterbewusstsein. Das können wir dadurch unterstützen, dass wir unser Kopfkino immer dann anwerfen, wenn wir uns gerade ohnehin gut fühlen – weil wir zum Beispiel entspannt in der Badewanne liegen oder Musik hören, die uns richtig gute Laune macht (mehr Tipps dazu finden Sie ab S. 371 bei den Rezepten für Gute-Laune-Cocktails).

Es ist faszinierend: Wenn wir in einer emotional positiv besetzten Situation intensiv tagträumen, entstehen tatsächlich neue Verbindungen zwischen den Nervenzellen, und die polen uns darauf, den Traum auch zu verwirklichen. Ein bisschen so, als würden wir uns selbst hypnotisieren.

Das Unterbewusstsein steuert nämlich tagtäglich ganz unbemerkt unser Tun wie eine im Hintergrund laufende Computersoftware – und die programmieren wir nun einfach nach unseren Vorstellungen um. Das aktiviert zum einen unsere »selektive Wahrnehmung«. Die lässt sich ohne jeden Hokuspokus psychologisch erklären: Probieren Sie nur mal zum Spaß, eine Minute lang auf alles zu achten, was rot ist. Sie werden vermutlich jede Menge finden – aber wenn Sie dann plötzlich nach einem blauen Detail gefragt werden, müssen Sie passen. Aber auch wenn wir nicht bewusst auf etwas achten, selektieren wir unter dem Regiment des Unterbewusstseins ständig, ganz ohne es zu merken.

Future Pace ist also dazu da, das Unterbewusstsein so zu beeinflussen, dass wir in Zukunft alles tun und nichts übersehen, was uns beim Erreichen des Ziels helfen könnte. Das ist in etwa so, als würden wir unser inneres Radio auf unsere persönliche Wunscherfüllungsfrequenz einstellen. Dadurch entdecken wir die Anzeige, die wir sonst übersehen hätten, schnappen im Vorbeigehen eine Insiderinformation zu einer Auktion für unser Traumauto auf... Und wir vergessen natürlich auch nicht, »unser Lied« zu spielen, also Gott und die Welt von unseren Wünschen in Kenntnis zu setzen: unseren Friseur, unsere Freunde, den Sitznachbarn im Zug und so weiter. Ich wette, es ist Ihnen auch schon mal passiert, dass Sie irgendwas erzählt haben, und plötzlich stellte sich heraus, dass Ihr Gegenüber jemanden kennt, der irgendjemand anderen kennt, der etwas weiß, was uns unserem persönlichen Wunder ganz unverhofft ein kleines Stückchen näher bringt. Future Pace kann aber noch mehr...

● **Selbst Sportler, die gerade mit einer Verletzung außer Gefecht gesetzt sind, »trainieren« mit Future Pace im Kopfkino weiter.** Sportwissenschaftler haben festgestellt, dass das mentale Training Bewegungsabläufe und Techniken tatsächlich verbessert und festigt – und das, obwohl die Sportler sie sich »nur« vorstellen. Noch ein verblüffender Nebeneffekt: Verletzungen heilen dadurch sogar schneller und besser! Das Geheimnis: Bei der Vorstellung werden die gleichen Gehirnareale aktiviert wie bei der tatsächlichen Bewegung. Das erklärt nicht nur den »Lerneffekt«, sondern dadurch bekommen Muskeln und Gewebe Impulse, die sie stärken (auch wenn Kopftraining »echtes« Training natürlich nicht komplett ersetzen kann). So ein Sofa-Workout würde mir als Sportmuffel zwar sehr entgegenkommen, aber dazu reicht es dann leider doch nicht ganz.

> *Trenne dich nie von deinen Illusionen und Träumen. Wenn sie verschwunden sind, wirst du weiter existieren, aber du wirst aufgehört haben zu leben.*
> MARK TWAIN

Kleine Zeitreise:
Der Brief aus der Zukunft!

Tagträumen für Fortgeschrittene! Noch so ein toller Tipp aus dem NLP. Wenn gerade alles nicht ganz so ist, wie wir es uns erträumen: Schreiben Sie einer Freundin/einem Freund einen Brief. Allerdings einen ganz besonderen und keinen, den Sie abschicken. Dieser Brief kommt aus der Zukunft! Beschreiben Sie Ihr Leben so – ähnlich wie beim morgendlich/abendlichen Vorstellen (s.o.) –, wie Sie es sich wünschen, als wäre schon alles genau so wie in Ihren kühnsten Träumen. Ich könnte zum Beispiel schreiben: »Liebe Steffi, ich liege hier an meinem Pool mit Meerblick in meinem Haus auf Ibiza und kann immer noch nicht richtig fassen, dass es jetzt Wirklichkeit ist. Eben war die Masseurin da, und meine ganzen Verspannungen, unter denen ich doch früher so gelitten habe, sind endlich komplett weg. Ich fühle mich unendlich gut! Mein Süßer hat mir on top sogar noch die Füße geknetet und sich dann mit unserem Kind auf einen Spaziergang gemacht, damit ich mich entspannen kann – hach, man kann Männer eben doch erziehen. Eben habe ich im Internet gesehen, dass ›Wenn das Leben dir eine Zitrone gibt, frag nach Salz und Tequila‹ schon in der zwanzigsten Woche auf Platz eins der Bestsellerliste steht. Wow!«

Schon so einen Brief zu verfassen macht jede Menge Spaß; NLP-Freaks sagen aber, dass diese Übung hilft, genau das »anzuziehen«, was wir uns wünschen. Ob es dann wirklich eintrifft? Einen Versuch ist es wert, denn Laune macht's in jedem Fall.

Abschalten:
den Katastrophenkanal im Kopfkino!

Wussten Sie, dass wir beim Auto- oder Fahrradfahren viel größere Gefahr laufen, in eine Baustelle, die Leitplanke oder ein anderes Hindernis zu krachen, wenn wir unsere Aufmerksamkeit speziell darauf richten? Die zieht uns nämlich wie von Geisterhand in Richtung der Sache, die wir eigentlich weiträumig umfahren wollen. So ist das mit allem im Leben: Wir fahren am sichersten in Richtung »Glückstadt«, wenn wir die möglichen Katastrophen, die vor unserem geistigen Auge auftauchen, komplett ignorieren. Denn so steuern wir erst gar nicht darauf zu. Ja, ja, ich höre schon förmlich den Aufschrei. Liebe »Realisten« und Hobbypessimisten: Das ist keineswegs weltfremd, das ist schlau! Denn »Future Pace« funktioniert ganz genau nach demselben Prinzip, wenn wir uns nicht unsere Wunschträume, sondern Worst-Case-Szenarios und Super-GAUs ausmalen! Und wollen wir die etwa »heraufbeschwören«? Wohl kaum, oder?

Sie mussten gerade bei meiner kurzen Anleitung zum »Future Pace« vielleicht an das »Law of Attraction« – kurz »LOA« – das »Gesetz der Anziehung« denken oder an die deutsche Variante, die »Bestellungen beim Universum«. Das wäre jedenfalls kein Wunder, das war schließlich ein Riesenhype. Nach diesem populären Konzept ziehen wir alles an, woran wir intensiv denken und woran wir glauben, ob gut oder schlecht.

Mein Kumpel Julius, der »Zauberer von Oz«, ist jedenfalls davon überzeugt, dass wir mit unseren Gedanken alles steuern und bewusst oder unbewusst alles »verantworten«, was uns passiert.

Ich gebe zu, Julius scheint ein Paradebeispiel zu sein, dass es tatsächlich funktioniert; in seinem Leben geschehen die unglaublichsten Dinge, ebenso wie in dem von »Notizbuch«- Rica. LOA-Anhänger erklären das gern mit Phänomenen der Quantenphysik und geheimnisvollen Energien aus dem Universum. Ich glaube eher daran, dass wir unsere Köpfchen nach dem beschriebenen Future-Pace-Prinzip selbst auf Erfolg tunen können. *Denn: Träumerei allein reicht nicht – wir müssen für unsere Wunscherfüllung auch aktiv werden und dranbleiben.* Und das ist gut so: Wenn man nämlich erlebt, dass man dem Schicksal nicht hilflos ausgeliefert ist, sondern dass man mit dem eigenen Handeln wirklich etwas erreichen und verändern kann, ist das eine ziemlich ermutigende Erfahrung. Wir alle – Julius, ebenso wie Rica und ich auch – tun jedenfalls eine Menge für unser Glück, und das ist keine Zauberei! Einfach nur auf dem heimischen Sofa einen Wunschzettel zu schreiben ist ein prima Anfang, aber ein bisschen mehr muss danach schon noch passieren. Mit anderen Worten: »Klappe uuuuuuund: Action!«

Ein Heim für Sonya!

Und, hey, ich weiß, dass es funktioniert! Auch vollkommen unwahrscheinlich wirkende Träume können sich erfüllen. Ganz besonders dann, wenn man aktiv bleibt und sich einfach weigert, aufzugeben. Falls Sie bei meinem Traum vom Haus auf Ibiza gerade eben nur müde gelächelt haben und sich etwas in der Richtung von »überzogene Luxusträume einer verwöhnten Mattscheiben-Else« gedacht haben: Vor mehr als fünfundzwanzig Jahren hatte ich einen ähnlichen Traum. Auch damals ging es um ein Haus. Nicht nur um ein Haus, sondern um ein neues Zuhause. Eines, das ganz mir gehört und das mir niemand wegnehmen kann.

Und jetzt kommt's: Damals war ich elf.

Das war kurz nachdem mein Vater sich entschlossen hatte, meine Mama und mich im Stich zu lassen und sich das Leben zu nehmen. Nach seinem Tod mussten meine Mutter und ich diverse Kredite tilgen und mit ihrem Lehrerinnengehalt auskommen. Das Geld wurde ziemlich bald knapp, also entschloss sich meine Mama, das Haus zu verkaufen, um die laufenden Kosten zu reduzieren. Unser Haus war aber für mich nicht einfach nur der Ort, an dem wir wohnten. Es war unser Nest und außerdem natürlich bis unter den Giebel voll mit Erinnerungen an meine Kindheit. Und so verlor ich nicht nur meinen Papa, sondern meine ganze Welt. Schon damals war ich kein großer Fan von Selbstmitleid. Wenn ich etwas tun konnte, habe ich das auch gemacht.

Okay, vielleicht fragen Sie sich jetzt, was eine durchschnittliche Elfjährige, die weder Nachnamen wie »Hilton« oder »Trump« trägt noch mit sonstigen goldenen Löffeln im Mund zur Welt gekommen ist, schon tun kann, wenn sie sich so eine »Kleinigkeit« wie ein ganzes Haus wünscht?

Meine Antwort: Sie kann sparen!

Vielleicht lachen Sie jetzt, aber ich habe angefangen, jeden einzelnen Pfennig zusammenzukratzen. Ich habe mich sogar gefreut, wenn ich mir den Bananen-Split-Becher verkniffen habe und die drei Mark fuffzig stattdessen in mein Sparschwein stopfen konnte.

Meine Oma hat mich irgendwann gefragt: »Sag mal, Sonya, worauf sparst du eigentlich so fleißig?«, und hat vermutlich eine Antwort wie: »ein Barbiemobil«, »ein Pony« oder »darauf, dass ich mir Ohrlöcher stechen lassen kann« erwartet. Stattdessen entgegnete ich im Brustton der Überzeugung: »Auf unser Haus natürlich.«

Oma lachte damals etwas hilflos. Ich vermute, sie hielt mich für eine besonders durchgeknallte und weltfremde Ausgabe von Pippi Langstrumpf. Aber ich sah das natürlich vollkommen anders. Mein ursprünglicher Plan war tatsächlich, so viel Geld zusammenzubringen, dass ich unser früheres Haus zurückkaufen konnte. Davon träumte ich vor dem Einschlafen. Erst steckte ich mein Taschengeld und meine Gagen vom Kinderballett ins Sparschwein, dann meine paar Mark vom Zeitungsaustragen und Babysitten. Mit anderen Worten: Mein Traum schien zunächst ungefähr so realistisch, als hätte ich mir vorgenommen, mit Monopoly-Papiergeld das Empire State Building zu kaufen.

99 *Binde deinen Karren an einen Stern.*
LEONARDO DA VINCI

Meine Umgebung belächelte mich, aber ich ließ mich nicht beirren. Ich wusste einfach, dass ich eines fernen Tages aus der Mietwohnung wieder in ein eigenes Heim ziehen würde! Nach ein paar Jahren stockten meine Modelgagen mein jugendliches Einkommen auf, und ab da wurde ich etwas weniger schräg angeguckt. Denn so peu à peu wuchs das Vermögen zu einem doch ganz ansehnlichen Sümmchen.

Trotzdem war ich immer noch Lichtjahre davon entfernt, mal eben meine Traumimmobilie beim Makler an der Ecke zu shoppen. Doch ich blieb eisern: Während meine Model-Kolleginnen ihr Geld in Designerfummel und zum Teil auch in lustige Buchstaben wie »E« und »LSD« steckten, verkniff ich mir weiter jede überflüssige Ausgabe und nähte mir sogar Klamotten selbst.

Das Sparschwein hatte inzwischen ausgedient; mittlerweile schleppte ich jede müde Mark zu meinem Guru. Der hieß nicht Timothy Leary, sondern Rüdiger Schmitz und war Berater in meiner Bank. Mein Hobby trug zu Hochzinszeiten den Namen »Bausparvertrag« und ließ mich zum Arbeitstier mutieren. Ich nahm jeden Modeljob an. So fuhr ich mitten in der Nacht in die Schweiz, um dort zu arbeiten, vertilgte für ein Musikvideo kiloweise Erdbeeren, bis mir schlecht wurde, und habe mir in Badeklamotten, die im Winter bei Minusgraden am Hamburger Hafen fotografiert werden mussten, eine Blasenentzündung geholt. War mir alles egal – ich wusste schließlich, wofür.

Und irgendwann geschah tatsächlich das Unglaubliche: Mit 23 (das heißt in Zahlen: *zwölf* Jahre nach Beginn des Projekts »Ein Heim für Sonya«!!!) hatte ich endlich genug Geld, nein, noch nicht um mein Traumhaus zu kaufen. Aber immerhin so viel, dass ich einen Immobilienkredit aufnehmen konnte. Meine Ausdauer hatte sich ausgezahlt! Und falls jetzt jemand auf diese Idee kommen sollte: Nein, sehr verehrte Damen und Herren, ich habe nicht mit Herrn Schmitz geschlafen! Alles ging ganz züchtig und mit rechten Dingen zu. Die Immobilie meiner Wahl war dann zwar nicht unser altes Heim, das stand gerade leider nicht zur Disposition, sondern ein stark renovierungsbedürftiges (um es jetzt mal ganz vorsichtig zu formulieren) Domizil. Glücklich war ich trotzdem.

My Bruchbude is my castle!

Und nicht nur glücklich, sondern stolz wie Oskar. Der Moment der Schlüsselübergabe fühlte sich an wie Weihnachten, Lottogewinn und Bambi-Verleihung auf einmal. Ich und meine Mama hatten endlich wieder ein Zuhause! Zwar eins mit Dachschaden, abblätternder Farbe und Feuchtbiotop im Keller, aber wer will denn kleinlich sein, wenn ich verkünden konnte: Alles meins!

Natürlich ging der Stress jetzt erst richtig los. Ich war vollkommen blank; auf meinem Konto dümpelte nicht mehr ein einziger müder Pfennig, und ich machte in einem Alter, in dem meine

Freunde auf Studipartys oder Pearl-Jam-Konzerten rumhingen, Bekanntschaft mit so bedrohlichen Dingen wie der Grunderwerbssteuer, Hypothekenrückzahlung und horrenden Handwerkerrechnungen. Ich hatte Panik, Kopfschmerzen und schlaflose Nächte. Aber schließlich kam ich zu der Einsicht, dass ich, wenn ich schon keine Leute vom Fach bezahlen konnte, mich eben selbst mit dem im örtlichen Baumarkt erhältlichen Heimwerkerequipment vertraut machen musste. Und siehe da: Bohren, Spachteln und Verlegen machten mir Spaß!

So wurde meine Do-it-yourself-Leidenschaft geboren – was mir bei meiner gleichnamigen Sendung Jahre später von unschätzbarem Nutzen sein sollte. Und wieder mal ein wunderbares Beispiel für die Weisheit: *Alles ist für irgendwas gut.*

Ich rechnete mir das Ganze auf den Pfennig genau aus und schraubte alle anderen Ausgaben so weit es ging herunter. Diese Kraft und Motivation hätte ich ohne »mein Haus« nicht gehabt.

Und seit fast zehn Jahren gibt mir nun das – bisher – imaginäre Haus auf Ibiza die gleiche Power wie damals als Teenie meine Vision vom neuen Zuhause. Allein der Gedanke daran ist eine luxuriöse Reise ins Land der Wünsche und Träume. So nach und nach bekommt selbst mein dickköpfiger Freund Respekt vor der Beständigkeit meiner Vision. Er kennt mich lange genug, um zu wissen: »Uiuiui, selbst wenn ich die Sonya ankette – sie macht's trotzdem.«

Als er von meiner Schwangerschaft erfuhr, frohlockte er allerdings erst, weil er dachte, die Sache mit Ibiza sei jetzt vom Tisch – aber da hatte er die Rechnung ohne Mutti Kraus gemacht! Das Gegenteil ist der Fall! Schließlich möchte ich meinem Söhnchen gern meine Lieblingsinsel zeigen. Und ich weiß: Was ein krauser Sprössling ist, der wird es lieben!

Ich meine: Hallo? Das hier ist *mein* Lebenstraum. Das muss der Mann an meiner Seite akzeptieren. Oder andersherum: Ich würde nicht akzeptieren, wenn er es nicht akzeptierte. Ich würde meinem Freund natürlich das Gleiche zugestehen. Jawohl, wenn es etwas gibt, was ihn antreibt und wovon er träumt, würde ich das unterstützen. Sogar, wenn es mir vielleicht nicht so richtig in den Kram passt.

Aber wie immer gilt: Keine Regel ohne Ausnahme! Denn:

Bei aller Träumerei sollten wir bitte unbedingt immer den gesunden Menschenverstand eingeschaltet lassen.

Wenn wir uns hoch verschulden, weil wir den Porsche Targa unbedingt jetzt sofort haben und uns das Sparen sparen wollen, geht der Schuss garantiert so nach hinten los wie ein Haarschnitt mit der Nagelschere. Mit einem Unterschied: Die Haare nach einem verhunzten Schnitt wachsen nach.

Auch wenn wir mit dem Geldköfferchen im Casino aufschlagen, um unser gesamtes Vermögen auf den Kopf zu hauen, bloß weil wir die fixe Idee haben, alles auf die rote Sechs setzen zu müssen, hat das mit Traumerfüllung nicht wirklich etwas zu tun. Das ist, lassen Sie mich Tacheles reden, schlicht und ergreifend einfach nur eins: saublöd.

Ich weiß dagegen: Auch wenn ich nur drei Monate im Jahr in meinem zukünftigen Ibiza-Domizil wäre und nach zwei Jahren feststelle: Das war's doch nicht – dann habe ich es wenigstens herausgefunden. Außerdem lege ich mein Geld nicht in einen Neuwagen an, der im ersten Jahr 50 Prozent an Wert verliert. Ich habe immer noch einen Wert und damit ist das »Risiko« überschaubar. Natürlich, vielleicht verliert es an Wert, vielleicht brennt die Hütte ab, aber dann habe ich immer noch das Grundstück. Und das Grundstück muss in jedem Fall das »Sahnestückchen« sein – das ist meine Bedingung. Ich kaufe natürlich nicht das erstbeste Objekt, sondern nur einen Schnapper. Falls dann alles ganz anders ist, als ich es mir jetzt vorstelle, kann ich alles wieder verkaufen. Und selbst wenn es nicht klappt (und angesichts der wirtschaftlichen Krisenzeiten kann das durchaus passieren), ist das nicht tragisch, dann träume ich eben weiter. Ja, ich gebe es zu: Fast habe ich Angst davor, dass sich diese rosarote, kitschige Postkarten-»Vision« eines Tages tatsächlich erfüllt, denn wovon soll ich dann träumen? Aber dann suche ich mir eben wieder etwas Neues. Das führt mich zu Folgendem:

Ein sehr wichtiges Element der ganzen Geschichte ist sogar, dass Herzenswünsche eben nicht so einfach zu haben sind! Dass man etwas dafür tun und sich vorbereiten muss. Denn ohne diese Distanz zwischen dem Ist-Zustand und der Erfüllung des Herzenswunsches könnte man ja gar nicht davon träumen. Anders gesagt: Wer beim Marathon die Abkürzung nimmt und sofort ins Ziel einläuft, hat das Thema verfehlt.

Was dabei herauskommt, wenn man sich alles sofort erfüllt? Zum Beispiel das hier:

Wie das nun mal so ist in einem durchschnittlichen Teenieleben, hatte ich eines Tages mörderischen Liebeskummer. So sehr, dass selbst meine Mama sagte: »Mensch, Sonya, jetzt gönn dir doch mal was. Willst du nicht mal in der ›Zentrale‹ einkaufen gehen?«

Die »Zentrale« war bei uns in Frankfurt ein diabolischer Designerladen: heiße Ware, höllisch teuer. Ein Fummel von dort passte zusammengefaltet in einen Briefumschlag, wurde aber in Gold aufgewogen. Nüchtern betrachtet absolut unverschämt und völlig ungerechtfertigt überteuert. Klamotten, die ich mir unter normalen Umständen niemals im Leben geleistet hätte – dafür bin ich ein viel zu rationaler Sparfuchs.

Dieser Laden führte damals Anfang der Neunziger die bunten schrägen Sachen von »People of the Labyrinth«, einem Mode-

Label aus Holland. Für mich damals das absolute *Must have* oder besser gesagt *Never had it*, weil zu teuer. Aber es ging mir so schlecht, dass ich den Tipp meiner Mutter ernst genommen habe und mit einem vierstelligen D-Mark-Betrag in der Tasche in den Laden eingelaufen bin. Gut eine Stunde später schwebte ich ohne jeglichen Cash, aber mit einem Minitütchen wieder heraus. Darin: ein Jäckchen, ein Westchen, ein langes Kleid und ein Muscle-Shirt für Damen. Für kurze Zeit war ich tatsächlich unwahrscheinlich glücklich! Grob geschätzt, so ungefähr vier, fünf Stunden! Ein ziemlich teures Glücksgefühl, oder?

Ratzfatz war der Reiz des Neuen verflogen, und meine irrsinnig tollen und teuren Designerklamotten waren auch einfach nur noch Textilien. Diese vier Sachen würde ich heute ums Verrecken nicht mehr anziehen, aber ich würde sie auch nie in die Altkleidersammlung geben. Nicht weil sie so teuer waren, sondern weil sie mich wie mit dem erhobenen Zeigefinger daran erinnern, dass Vorfreude die schönste Freude ist.

Unter normalen Umständen, ohne die Ermunterung meiner Mutter, wäre ich drei Wochen lang ums Schaufenster herumgeschlichen und hätte mir am Ende – eventuell – das Hemdchen gekauft. Erst mal nicht mehr. Darüber hätte ich mich dann mindestens so lange gefreut, wie ich gezögert hätte, tatsächlich zuzuschlagen. Dann hätte ich bis Weihnachten oder bis zu meinem Geburtstag gewartet, um mir das Jäckchen zu besorgen und eventuell, als Belohnung für fünf Wochen Durcharbeiten am Stück, noch das nächste Teil. Aber das alles auf einmal, das war zu einfach! Und zu viel. Damals habe ich gelernt: Die Vorfreude und die Anstrengung sind sozusagen das Vorspiel – und Sie wissen ja, was nach dem Vorspiel kommt…

 **Relax, don't do it.**
FRANKIE GOES TO HOLLYWOOD

Die »Wenn-dann«-Falle

Achtung, Gefahr! Gerade bei großen Träumen und Wünschen, die sich nicht von jetzt auf gleich verwirklichen lassen, lauert ein perfider Fallstrick: die Wenn-dann-Falle. Hier haben wir es mit einer millionenfach erprobten Methode zu tun, bombensicher an Spiel, Spaß und Spannung vorbeizuleben. Köder, die uns in diese Falle locken möchten, verstecken sich hinter ganz harmlos klingenden Satzkonstruktionen, die mit »Wenn ich erst ...« anfangen. Also: Wenn ich erst das Buch geschrieben habe, dann kann ich mich entspannen. Wenn ich erst mit Hans-Peter zusammen bin, dann bin ich glücklich. In unserer Großeltern-Generation sehr beliebt: Wenn ich erst im Lotto gewonnen habe, dann mache ich, was ich will. Heißt übersetzt: Die Gegenwart wird nur als zu überwindendes Hindernis angesehen. Das Problem: Der einzige Moment, in dem wir glücklich sein können, ist blöderweise immer jetzt. Die Zukunft kommt schließlich immer später.

Wenn darum irgendein imaginärer Punkt in der Zukunft als Ausrede dafür herhalten muss, dass man nicht bereits jetzt alles dafür tut, das auszukosten, was einem so begegnet (ich erinnere an »Egal was du tust, genieße es«), läuft irgendwas verkehrt. *Merke: Das Erfüllen eines Traums sollte immer ein bisschen wie guter Sex sein.* Und der besteht ja auch nicht nur aus dem Orgasmus – der Höhepunkt ist zwar ein super Sahnehäubchen, aber dann ist ja schon wieder alles vorbei. Die Anstrengung sollte schon auch Spaß machen und ist ein ganz wichtiger Teil des Ganzen. Das hat einen unschätzbaren Vorteil: In diesem Fall hat sich die Chose sogar dann gelohnt, wenn wir gar nicht da ankommen, wo wir ursprünglich hinwollten.

Champagnerlaune 9 to 5:
Unser Traumjob

Wie bitte, Partylaune im Job? Was redet die Kraus denn da? Ist die Frau irre? Es gibt doch so viel Schöneres als ausgerechnet die Maloche: Ferien, Schuhe, ausgehen, Schokolade, Tango tanzen, Kaffeeklatsch mit der besten Freundin, lesen, Sex haben...

Halt! Stopp! Stimmt, Arbeit ist nicht alles. Und die ganzen anderen Schmankerl geben unserem Lebenscocktail zweifellos Pepp. Aber es ist kein Zufall, dass wir, wenn wir uns darüber den Kopf zerbrechen, was wir mit unserem Leben anfangen wollen, fast immer ziemlich schnell auf den Job kommen (und dabei schließe ich ausdrücklich Berufe wie Hausfrau und Mutter beziehungsweise Hausmann und Vater mit ein!).

Fakt ist nämlich: Die meisten Leute zwischen 18 und 67, die nicht gerade ein paar Milliönchen von der reichen Erbtante vermacht bekommen haben, verbringen einen Großteil ihrer wachen Zeit mit irgendeiner mehr oder weniger gut entlohnten Tätigkeit – oder der Ausbildung zu einer solchen. Irgendwoher müssen die schnöden Kröten ja kommen.

Ich als Multijobberin arbeite oft auch am Wochenende oder an Feiertagen. Und »Mami«, meine neueste Joberrungenschaft, bin ich sowieso rund um die Uhr.

Schauen wir also mal spaßeshalber, über wie viel Freizeit wir an einem durchschnittlichen Werktag so verfügen, in der wir uns den sogenannten »schönen Dingen des Lebens« widmen können:

◆ Sagen wir, wir brauchen acht Stunden Schlaf (statistisch gesehen schlafen die Deutschen im Schnitt sogar acht Stunden und zehn Minuten, aber wir wollen ja nicht kleinlich sein). Bleiben also 16 Stunden für alles andere.

◆ Angenommen, wir brauchen morgens schätzungsweise (knapp kalkulierte) anderthalb Stunden, um zu duschen, uns im Bad und vor dem Kleiderschrank auf einigermaßen gesellschaftstauglich zu tunen und ein halbwegs gesundes Frühstück einzuwerfen (Rest: 14,5 Stunden).

◆ Nehmen wir weiter an, unser Weg zur Arbeit dauert von Tür zu Tür summa summarum eine Stunde (Rest: 13,5 Stunden).

◆ Anschließend rödeln wir acht Stunden im Job (Rest: 5,5 Stunden).

◆ Angeblich beginnt jetzt der Löwenanteil unserer »Freizeit« – also das, was in Statistiken gezählt wird, wenn es mal wieder heißt: Die Deutschen haben so viel frei wie sonst keiner. Doch erst mal wartet, Sie haben es schon geahnt, ja noch eine Stunde Heimfahrt (Rest: 4,5 Stunden).

◆ Dann müssen wir auf dem Weg von der U-Bahn vielleicht noch im Supermarkt einkaufen, zur Bank, zur Post – das alles in der Rushhour mit langen Warteschlangen: mindestens eineinhalb Stunden (Rest: 3 Stunden).

◆ Zu Hause sortieren wir unsere Wäsche, schmeißen die Waschmaschine an, weil wir sonst spätestens übermorgen die Bluse mit den Tomatensoßenflecken oder das Kleid mit dem leichten Schweißodeur tragen müssten. Während die läuft, kochen wir uns ein Abendessen, wieder eine Stunde weg (Rest: 2 Stunden).

🔶 Dann mampfen wir, waschen danach ab (oder räumen die Spülmaschine ein), füttern die Fische im Aquarium oder den Goldhamster und hängen die Wäsche auf.

TATA!!! Jetzt ist der große Moment gekommen!

Ab sofort haben wir wirklich frei (das heißt, wenn wir Glück haben und nicht ein Säugling plärrt, die Schwiegermama anruft oder sonst irgendwas Unvorhergesehenes passiert). Jetzt dürfen wir also all das machen, was das Leben nach landläufiger Meinung so lebenswert macht…

Blöd ist nur, dass das eine Stündchen so schnell vorbei ist.

Ja, richtig gelesen: eine Stunde. Das ist das, was nach meiner Erfahrung von einem durchschnittlichen Tag an Freizeit übrig bleibt, bevor wir wieder an der Matratze horchen müssen.
Eine Stunde! Von 24. Wenn's hoch kommt.
Es sollte auf den ersten Blick einleuchten, dass wir ziemlich mit dem Klammerbeutel gepudert wären, wenn wir unser Lebensglück nur in diesem winzig kleinen Zeitfensterchen verfolgen würden. Und nur am Wochenende und im Urlaub wirklich zu leben, wäre ja auch ziemlich traurig – zumal ja gerade das Wochenende gern mit Erledigungen vollgestopft wird, die wir unter der Woche nicht gebacken bekommen: Staubsaugen, Gardinen waschen, Rasenmähen, Oma besuchen, sich um den kaputten Boiler kümmern, Geburtstagsgeschenk besorgen, Fensterputzen, Wohnzimmerstreichen…

◆ Mädels, Jungs, es lässt sich nicht leugnen: Der fetteste Posten auf unserer Zeit-Tagesbilanz – neben unserem wohlverdienten Schlummer – ist der Job. Allein deswegen ist er eine wichtige Basiszutat in unserem Lebenscocktail. Ob wir wollen oder nicht. Und ganz egal, ob wir Opernsängerin, Floristin oder Hausfrau und Mutter von Vierlingen sind.

Zur Erinnerung: Unser Ziel war es, in möglichst jeder Sekunde des Tages möglichst gut drauf oder, wenn schon nicht in Partylaune, dann doch zumindest ganz zufrieden zu sein. Und im Job kommen nun mal einige Sekündchen zusammen.

Dass unsere Tätigkeit nicht nur durch Quantität unser Leben bestimmt, sondern auch zielsicher unser Lebensgefühl kapert, beweist Folgendes: Was antworten wir auf einer Party, wenn wir jemanden neu kennenlernen und gefragt werden: »Und was machst du so?« Sagen wir dann so was wie: »Och, ich steh hier gerade so rum, knabbere am Käsehäppchen, guck dem knackigen Kellner auf den Arsch und nippe an meinem Prosecco«??? Nein! Wir nennen automatisch unseren Beruf. Oder die Ausbildung, die uns irgendwann zu einem Job verhelfen soll.

Wenn's gut läuft – und das ist natürlich unser Ziel –, dient unser Beruf nämlich nicht nur dem Verdienen der Brötchen, sondern ist eine Quelle für Erfolgserlebnisse und damit Dünger für unser empfindliches Pflänzchen namens Selbstwertgefühl. Er bringt uns finanzielle oder soziale Anerkennung – am besten beides. Im Idealfall gibt er unserem Dasein Sinn – und warum das wiederum sinnvoll ist, haben wir eben gelesen! Darum trifft ja auch Arbeitslosigkeit nicht nur das Portemonnaie empfindlich.

Es geht noch weiter: Freunde finden die meisten von uns unter den Kollegen. Wir verlieben uns statistisch gesehen sogar häufiger im Job als irgendwo anders. Nicht, weil es sich so easy flirtet zwischen Kopierer und Schreibtisch oder im Fernsehstudio oder wo man eben so arbeitet. Sondern ganz einfach, weil wir so oft da sind. Oder glauben Sie, Brad Pitt und Angelina Jolie haben sich an der Tankstelle kennengelernt?

,, *Die einzige Möglichkeit,*
etwas vom Leben zu haben, ist,
sich mit aller Macht hineinzustürzen.
ANGELINA JOLIE

Psychologen, Soziologen und sonstige Experten haben unsere Tätigkeit als einen Hauptverantwortlichen für ein zufriedenes und glückliches Leben entlarvt und nehmen sie entsprechend wichtig. Hurra! Auch der leicht verbiesterte Vorwurf an die angebliche »Generation Spaß«, die dem vermeintlichen Ernst des Lebens aus dem Weg geht, ist fast verstummt. Niemand will uns mehr den »Erst die Arbeit, dann das Vergnügen«-Quatsch einreden, den Generationen vor uns zu hören bekamen.

Früher war Arbeit Maloche – und das Gegenteil von Vergnügen. Für ein bisschen Spaß war allenfalls der Sonntag vorgesehen. Ein Glück, dass das vorbei ist. Spaß bei der Arbeit ist heute ausdrücklich erlaubt. Was lernen wir also daraus? In etwa das, was der österreichische Psychologe Dr. Willibald Ruch in einem Interview gesagt hat: »Wer sich selbst kennt und seine Stärken ausbaut, ist glücklicher.« Und: »Planen Sie Ihr Leben so, dass Ihre Stärken zur Geltung kommen.« Halleluja! Weise Worte. Ich übersetze das in:

◆ Es ist clever, wenn wir unsere Flocken mit einem Job verdienen, der uns wirklich Spaß macht und unseren Talenten – will sagen: Stärken – entspricht.

Das wirft wiederum Fragen auf:

131

◆ Was macht uns denn eigentlich wirklich Spaß? Auf Dauer?
Jeden Tag?

Diese Frage sollten Sie sich unbedingt beantworten – auch wenn
Sie schon einen Job haben –, denn vielleicht gibt es ja noch Ver-
besserungs- und Ergänzungspotenzial. Denken Sie an meine kleine
Zeitaufstellung oben! Und ganz besonders dann, wenn Sie schon
einen Job haben, zu dem Sie sich hinquälen, ist es wichtig, dass
Sie sich diese Frage beantworten.

Der beste »Kompass« ist dabei vor allem eins: Ihr Bauchgefühl
und Ihre Zufriedenheit! Was wollen wir mit einem Beruf, der tolle
Zukunftsaussichten hat, uns aber langweilt? Und: Was heute ein
»aussichtsreicher Beruf« ist, kann in ein paar Jahren, wenn man
mit der Ausbildung fertig ist, ein Job sein, der total überlaufen ist.
Kein Wunder, schließlich wurde er vor einer Weile allen Schulab-
gängern angepriesen wie sauer Bier. Merke: Der Markt ändert sich.
Darum gilt als einzig gültiger Wegweiser auf dem Weg zu unserem
Traumjob der Satz: *Follow your heart!*

Wanted: Der Traumjob.
Wir erstellen ein aussagekräftiges
Phantombild!

Eins der tollsten Bücher, auf die ich gestoßen bin, ist Barbara Shers »Ich könnte alles tun, wenn ich nur wüsste, was ich will«. Ich mache ja nur »Werbung«, wenn ich von etwas absolut überzeugt bin, und in diesem Fall würde ich sogar so weit gehen, zu sagen: Das Buch ist ein Muss für jeden (!) in jedem (!) Alter, der sich beruflich (neu) orientieren möchte. Barbara Sher ist Karriereberaterin und veranstaltet Seminare für all die Leute, die sich gerade nach einer neuen Perspektive umschauen. Total egal, ob das jemand ist, der gerade die Schule abgeschlossen, mit 47 plötzlich die Kündigung auf dem Tisch liegen hat, oder jemand, der sich in seiner momentanen Arbeit akut unter- oder überfordert oder ganz einfach fehl am Platz fühlt.

In ihrem Buch erzählt Mrs Sher unter anderem, dass sie ihren Teilnehmern gern die Aufgabe stellt, sich mit einem Schreibblock hinzusetzen und sich so detailliert, wie es nur geht, den himmlischsten Job auszumalen, den sie sich vorstellen können. Und zwar nicht im Stil von »Ich will Feuerwehrfrau werden« oder »Ich will was mit Medien machen«; nein, es geht vielmehr ganz konkret um die Eigenschaften des Jobs. Etwa:

- Will ich in einem Büro, in einem Atelier, in einem Filmstudio oder in der Natur arbeiten? Im Team oder allein? Vielleicht mit Tieren? Will ich mit vielen Menschen zu tun haben? Wo möchte ich arbeiten? In welcher Stadt? Selbstständig zu Hause? Was genau tue ich? Schreibe ich? Zeichne ich? Lese ich? Stelle ich etwas her? Plane ich? Reise ich? Halte ich Vorträge? Helfe ich anderen? Singe ich? Bringe ich andere zum Lachen? Arbeite ich nachts oder tagsüber oder in Schichten? Stehe ich auf einer Bühne? Habe ich mehrere Jobs, weil mir einer allein zu langweilig ist? Ist der Job jeden Tag anders? Arbeite ich im Sommer etwas anderes als im Winter? Wie viel Geld verdiene ich? Wie viele Stunden arbeite ich täglich? Wer ist bei der Arbeit um mich herum? Chefs? Mitarbeiter? Kunden? Habe ich Angestellte? Gibt es einen Mentor oder Coach?

Und so weiter. Wer hier seiner Fantasie freien Lauf lässt, hat anschließend vielleicht noch keinen konkreten Beruf vor Augen. Aber ein Anforderungsprofil für seinen potenziellen Traumjob – eine Art Phantombild – und kann damit dem auf die Spur kommen, was ihm Spaß machen würde und wo die Schwerpunkte liegen. Er oder sie weiß dann auch, wo man zur Not Abstriche machen könnte, ohne unglücklich zu werden. Es gibt allerdings Leute, die Probleme mit dieser Übung haben, weil sie sich einfach nicht vorstellen können, was sie wollen. Auch für die kennt Barbara Sher einen Trick. Sie sollen sich den Job aus der Hölle vorstellen. Denn auch wenn viele Menschen keinen Plan haben, was sie wollen – was sie *nicht* wollen, wissen die meisten ganz genau. Da kommt dann vielleicht ein Job heraus, der mies bezahlt ist, für den man um vier Uhr aufstehen muss oder bei dem man kein Tageslicht sieht ...

Wenn man mit der Beschreibung fertig ist, folgt der nächste Schritt: Dieses Horrorszenario gilt es nun umzukehren ins Positive – und voilà, da ist er, der Traumjob. Anhaltspunkte, welche Tätigkeit zu uns passt wie Arsch auf Eimer, gibt uns auch die »Superheldin« oder der »Superheld« in uns:

Wir entdecken unsere Superkraft!

Kennen Sie die Comic-Superhelden »X-Men«? Da hat jeder eine andere Superkraft: Marvel Girl ist fit in Telekinese – das heißt, sie kann wie Uri Geller Gegenstände durch Gedanken bewegen; Professor X kann Gedanken lesen (und beeinflussen!), Cyclops schießt mit Laserstrahlen aus seinen Augen, Beast hat übermenschliche Kräfte, Angel kann fliegen, und Iceman kann andere und auch sich selbst in Eis verwandeln. Warum ich das erwähne?

Ich behaupte:

Jeder von uns hat mindestens eine Superkraft!

Wir müssen sie nur kennen (lernen) und uns dann auch trauen, sie einzusetzen – privat als Hobby und vor allem im Job, am besten natürlich in allen Bereichen. Das macht glücklich! Denn dann sind wir »in unserem Element«. *Dann macht uns Spaß, was wir tun, und wir haben Erfolgserlebnisse am laufenden Band. Und wir werden peu à peu unabhängig davon, dass uns irgendwer für das lobt, was wir tun.* Das ist dann zwar ein schönes Zückerchen on top – aber eben nicht mehr das, woraus wir unsere Energie beziehen. Weil wir genau wissen, was wir können. Logischerweise sind die Superkräfte von Normalsterblichen wie uns ein kleines bisschen weniger spektakulär als die durchschnittliche X-Men-Ausstattung, aber nichtsdestotrotz sind sie Teil unserer einzigartigen Persönlichkeit. Sie machen uns zu etwas Besonderem!

> *Wenn man erst einmal herausgefunden hat, wer man ist und was man an sich selbst liebt, ergibt sich alles andere.*
> JENNIFER ANISTON

Der Psychologie-Professor Howard Gardner von der Harvard Universität hat die sogenannte »Theorie der Multiplen Intelligenzen« entwickelt. Mit dieser Theorie können besondere Begabungen viel besser unterschieden werden als mit herkömmlichen Intelligenztests, in denen vor allem Mathegenies brillieren (und dazu gehöre ich definitiv nicht). Für Gardner ist die im üblichen IQ-Test abgefragte Intelligenz nur eine Intelligenz – oder eben Superkraft – von sage und schreibe neun. Daneben gibt es zum Beispiel die »sprachliche«, die »musikalische« und die »räumliche Intelligenz«, außerdem die »körperlich-kinästhetische Intelligenz«, die »intrapersonale«, ebenso wie die »interpersonale Intelligenz«, die »naturalistische Intelligenz« und schließlich die »existenzielle Intelligenz«. Sie verstehen gerade nur Bahnhof? Keine Panik, ich auch. Zum Glück hat die amerikanische Sängerin und Motivationstrainerin Cindy Ashton diese besonderen Kräfte für Leute wie mich in eine etwas verständlichere Form übersetzt, zusammengefasst und daraus acht »Superstar-Persönlichkeiten« entwickelt (nur acht, weil Gardner die »existenzielle Intelligenz« nur für eine Art »halbe« Intelligenz hält, die nicht ohne die anderen vorkommt). Frau Ashtons »Superstar-Persönlichkeiten« sind die folgenden:

◆ **Die Superathleten.** »Superathleten« müssen nicht zwingend Sportler sein. Aber sie beherrschen ihren Körper, haben Spaß an Bewegung und können ihre Bewegungen extrem gut kontrollieren. Ideal zum Einsatz kommen Superathleten außer in körperbetonten Sportarten (Schach scheidet also aus), zum Beispiel auch als Schauspieler oder als Helden der Feinmotorik: als Chirurgen oder als Handwerker.

◆ **Die Bestsellerautoren.** Leute in der Kategorie der »Bestsellerautoren« schreiben nicht automatisch Bestseller, aber können sich gut ausdrücken und haben Lust auf Sprachspielereien. Sie lesen tonnenweise Bücher und schreiben gern. Folgerichtig sind die »Bestsellerautoren« besonders gut aufgehoben in Professionen wie Journalisten, Schriftsteller (ob »bestselling« oder nicht), Pressereferenten oder als Linguisten. Aber auch in Jobs, wo es auf Redegewandtheit ankommt, wie bei Rechtsanwälten, können sie sich wohlfühlen.

◆ **Die berühmten Naturforscher.** Leute mit dieser Persönlichkeit lieben es, Dinge in der Natur zu beobachten und zu erforschen, ob Vögel, Wildpferde oder Pilze. Sie sind geborene Vogelkundler, Botaniker, Tierärzte, Förster und Floristen. Aber auch Köche fallen in diese Kategorie – schließlich wachsen die meisten Zutaten ja auch in Wald und Feld, und man muss definitiv jede Menge darüber wissen, um ein Bocuse zu sein.

◆ **Die anerkannten Philosophen.** Wer gern über das Leben an sich und über dessen Phänomene nachsinnt und Spaß daran hat, fällt in diese Kategorie. »Philosophen« grübeln gern und arbeiten oft als Geisteswissenschaftler an der Uni oder auch schon mal als Berater für Unternehmen.

◆ **Die Talkshow-Gastgeber.** Leute mit dieser Begabung haben ein Händchen für andere Menschen, sie können sich in andere hineinversetzen und problemlos und einfühlsam kommunizieren. Talkshow-Gastgeber reden gern. Nicht nur in Talkshows sind sie gut eingesetzt, sondern auch als Politiker, als Therapeuten, Lehrer oder Verkäufer. Ich falle übrigens eindeutig in diese Kategorie (dazu gleich mehr).

◆ **Die Wissenschaftsgenies.** Hier sind die Mathe-Cracks zu finden. Sie können hervorragend und schnell logische Schlüsse ziehen, mögen Zahlen und Experimente. Topbetätigungsfelder von Wissenschaftsgenies sind die Naturwissenschaften, Buchhaltung, Einkauf und vieles, was mit Computern und deren rätselhaftem Innenleben zu tun hat.

◆ **Die preisgekrönten Musiker.** Musikfreaks haben meistens ein super Gehör und treffen ohne Mühe jeden Ton. Oft können sie komponieren oder lernen schnell die Grundzüge eines Instruments (Achtung: Üben müssen sie natürlich trotzdem). Sie machen logischerweise oft Musik. Wenn dazu zum Beispiel noch die Superathleten-Kraft kommt, sind sie auch gern mal Tänzer oder Musical-Darsteller.

◆ **Die anerkannten Künstler.** Sie nehmen die Welt besonders sinnlich und präzise wahr und können das, was sie erleben und wahrnehmen, auf kreative Art in etwas Neues umsetzen. Etwa als Künstler in Bilder oder Installationen. Wenn diese »Superkraft« mit dem »Bestsellerautor« zusammengeht, ist diese Persönlichkeit ein perfekter Romanautor oder Verfasser von Drehbüchern, aber auch Kartograph. Trifft sie auf den feinmotorisch begabten »Superathleten«, ist das Kunsthandwerk nicht fern.

Na? Haben Sie sich wiedererkannt? Die meisten von uns haben nicht nur eine dieser Superkräfte, sondern alle – allerdings jeweils in unterschiedlicher Ausprägung. Aus der Kombination des »Best of« ergeben sich jede Menge neue Betätigungsmöglichkeiten. Cindy Ashtons spaßigen »Superstar«-Test gibt's leider noch nicht in deutscher Übersetzung, aber wer gut Englisch kann, findet ihn auf ihrer Website www.cindyashton.com unter dem Stichwort »Quiz«.

Eine besondere Superkraft – man könnte auch Stärke sagen – von mir ist zum Beispiel meine extrovertierte Offenheit. In Cindy Ashtons Schema bin ich eindeutig die »Talkshow-Gastgeberin«. »Bestseller-Autorin« hört sich auch toll an, außerdem habe ich einige Pünktchen bei den »Superathleten« und bei den »Musikern« – das erklärt meine Ballettbegeisterung als Mädchen.

Wir sind immer in genau dem am besten, was uns am meisten entspricht und was uns darum auch am meisten Spaß macht.

Das heißt, hier liegt auch das Potenzial für einen Job, mit dem wir mit viel Motivation Geld verdienen können – vielleicht sogar viel Geld. Denn was man mit jeder Menge Energie tut, hat eine wesentlich bessere Ausgangsposition als alles, was man mit Zähneknirschen erledigt.

Aber ich will mich hier nicht um die heiklen Themen herumdrücken! Angenommen, Sie haben zwar einen Job, aber der gefällt Ihnen nicht (mehr). Zumindest nicht (mehr) so, wie er (im Moment) ist. Erst mal müssen wir auch hier das Problem spezifizieren – denn nur auf die Weise können wir herausfinden, was genau wir ändern müssen. Meistens ist es nicht der ganze Job, sondern nur ein Aspekt, der uns stört. Wieder gibt's eine kleine Fragestunde: Was genau ist suboptimal? Ihr deprimierendes Büro mit Blick auf einen grauen Hinterhof? Die mobbende Kollegin? Die Bezahlung? Die Überlastung? Die Arbeitszeiten? Das grützelangweilige Aufgabengebiet?

Falls Ihnen Ihr Beruf grundsätzlich Spaß macht, aber Ihre Arbeitssituation nur im Augenblick unbefriedigend ist, gibt es meistens einige Möglichkeiten. Abhilfe könnten zum Beispiel schaffen: eine Weiterbildung mit einem Abschluss, der neue Aufstiegsmöglichkeiten eröffnet. Ein neues Projekt. Eine andere Abteilung …

Eine erste Aktion könnte ein Meeting mit dem Chef sein – daraus ergeben sich oft ungeahnte Möglichkeiten. Gute Bosse wissen nämlich, dass zufriedene Mitarbeiter bessere Mitarbeiter sind, und freuen sich, wenn die »Untergebenen« Engagement zeigen. Oft reicht es schon, innerhalb der Firma in eine andere Abteilung oder Filiale zu wechseln. Meine neue »Abteilung« und Herausforderung nach »Glücksrad« hieß ja damals »talk talk talk«: Endlich musste ich nicht mehr stumm wie eine Parkuhr im Studio rumstehen. Juhu, ich durfte sprechen! Wow!

Anders sieht es natürlich aus, wenn Sie »im falschen Beruf gefangen« sind wie ein Transsexueller im falschen Körper. Eine Kosmetikerin oder Masseurin, die Körperkontakt verabscheut, leidet. Eine Krankenschwester, die nur Krankenschwester ist, weil ihr die Eltern eingeredet haben, dass das ein »sicherer« Job ist, die aber eigentlich viel lieber Bilder malen würde, riskiert eine Menge – nämlich ihr Glück.

Vielleicht hat sich auch Ihr Traumjob im Praxistest als unerträglich entpuppt. Oder Ihr einstiger Traumberuf passt nicht mehr zu Ihrem aktuellen Ich – schließlich entwickeln wir uns jeden Tag weiter. Aber Sie mögen sich das nicht eingestehen, denn, hey, das war immerhin Ihr Traumjob. Das alles ist, sorry, ein Fall für die Job-Abrissbirne (ist mir auch schon passiert, lesen Sie gleich). Das Fernziel lautet jetzt: neuer Job – und zwar einer, der Spaß macht.

Okay, okay, bevor Sie mich schlagen: Ich weiß, dass ich hier viel verlange – gerade in wirtschaftlich unsicheren Zeiten. Aber mal ehrlich, Leute: Waren die Zeiten wirklich jemals sicher? Und wer tagtäglich in einem Job malocht, den er hasst, wird schneller krank, ist unmotiviert und ist darum oft auch nicht besonders gut in dem, was er tut. Und wer nicht gut ist, verliert auch eine vermeintlich »sichere« Stelle oft schneller, als ein DSDS-Sieger nach der letzten Sendung wieder in der Versenkung verschwindet.

Natürlich müssen die Miete und die Brötchen nun mal irgendwie bezahlt werden. Niemand sagt, dass Sie was übers Knie brechen sollen. Aber wer verbietet Ihnen, sich zu informieren und sich auf dem Stellenmarkt umzusehen? Ein Profil auf einer Business-Plattform wie XING oder linked.in anzulegen und Kontakte zu knüpfen? Vielleicht lässt sich der momentane Job auch auf Teilzeit verkürzen, und Sie können nebenher etwas machen, was Ihnen mehr Spaß macht? Etwas, das Potenzial hat, zum zweiten Standbein zu werden – oder langfristig vielleicht auch zum einzigen. Vielleicht gibt so ein Nebenjob (oder ein Hobby) Ihrem Dasein aber auch schon genug Glamour und Ihr Hauptjob fühlt sich mit dem Ausgleich plötzlich wieder völlig in Ordnung an.

Es gibt unzählige Möglichkeiten! Fangen Sie damit an, über Ihre Hobbys und über Ihre »Superkräfte« nachzudenken. Überlegen Sie, was man daraus machen könnte. Der Spruch »Ich habe mein Hobby zum Beruf gemacht« ist keiner, den Sie einfach so abtun sollten – sondern ein millionenfach erprobtes Erfolgskonzept.

◆ **Sie machen gern Sport?** Vielleicht wäre ja Aerobic-Trainer im lokalen Fitnessstudio etwas für Sie? Ausbildungen dazu können Sie in Wochenendkursen absolvieren.

◆ **Sie kennen Ihre Heimatstadt wie Ihre Westentasche und erzählen gern kleine Anekdoten?** Jobben Sie doch am Wochenende als Fremdenführerin in Ihrer Stadt! Das können Sie erst einmal über das Tourismusbüro machen – oder später auch selbst organisieren!

◆ **Sie sind einsam in Ihrem Job, weil Sie allein ohne Kollegen arbeiten?** Vielleicht können Sie nebenher in einem Café etwas dazuverdienen, weil Sie gern mit Leuten zu tun haben? Fragen Sie doch mal in Ihrem Lieblingslokal nach, ob Unterstützung gefragt ist.

◆ Würde es Ihnen gefallen, als Komparse im Theater oder beim Film zu arbeiten? Bringt nicht viel Geld, macht aber Spaß und beschert Kontakte. Die Künstlerdienste der Agentur für Arbeit und Castingagenturen helfen. Aber Achtung: Zahlen Sie nie, nie, nie Geld, um in eine Kartei aufgenommen zu werden, das ist unseriös. Das gilt auch für den folgenden Punkt:

◆ Sie möchten mal das Modeln ausprobieren? Dazu muss man heutzutage nämlich nicht mehr unbedingt 90-60-90-Maße haben und unter 25 sein. Agenturen wie zum Beispiel Elbmodels in Hamburg oder Caprifisher in Köln haben auch ganz normale sogenannte »People« jeden Alters in der Kartei, die für Anzeigen und Werbespots eingesetzt werden (www.elbmodels.de, www.caprifisher.de).

◆ Vielleicht fotografieren Sie gern und gut – dann organisieren Sie doch einmal eine private Fotoausstellung.

Je mehr wir ausprobieren, umso mehr neue Kontakte knüpfen wir und kommen dem auf die Spur, was wir wollen (und was nicht). Und umso mehr arbeitet der »Zufall« für uns!

Ich habe ja auch nicht nur einen einzigen Job! Ich probiere immer wieder Neues aus. Ich bin nicht nur auf der Mattscheibe aktiv, sondern moderiere Veranstaltungen, ich spiele Theater, ich schreibe Bücher, ich entwerfe Bikinis. Und wenn mir irgendetwas davon eines Tages auf den Magen schlagen sollte, weiß ich, dass ich stattdessen etwas anderes machen werde.

Falls Sie schon ganz genau wissen, was Sie statt Ihrer momentanen Tätigkeit eigentlich viel lieber machen möchten, und der Gedanke daran Sie nicht loslässt, haben Sie es sehr wahrscheinlich mit einem Herzenswunsch zu tun – erinnern Sie sich? Oft lässt sich noch eine Ausbildung oder ein Studium nachschieben. Das geht auch abends. In bestimmten Fällen können Sie sogar für ein zweites Studium Bafög beantragen. Anstrengend? Sicher. Aber Bequemlichkeit und ein Einigeln in der »Comfort Zone« macht selten happy. Denken Sie an die alte Boxerweisheit: *No pain, no gain!*

Sie träumen seit Ewigkeiten heimlich von einem eigenen Laden? Dem selbst geführten Bücher-Café? Nichts wie ran! Mit einer guten Geschäftsidee und einem Business-Plan, den Sie zum Beispiel mithilfe eines Steuerberaters erstellen können, kriegen Sie von der Agentur für Arbeit neun Monate lang einen Existenzgründerzuschuss in Höhe von 60 Prozent des letzten Gehalts. Besorgen Sie sich Infomaterial zum Thema Existenzgründung. Treten Sie einem Entrepreneursclub bei, und profitieren Sie von den Erfahrungen Gleichgesinnter. Wenn Sie einmal anfangen, über die Möglichkeiten nachzudenken, werden Ihnen immer mehr einfallen …

Ich liebe zum Beispiel Geschichten wie die der schrägen Gründerin der Kosmetikmarke »Alessandro«, Silvia Troska, die als alleinerziehende Mutter ein internationales Unternehmen aus der Taufe gehoben hat. Ihr gefielen die in Deutschland erhältlichen Nagellackfarben nicht. Also hat sie angefangen, in der Küche, mit zwei plärrenden Kindern im Hintergrund, selber Nagellacke zu mischen. Dann hat sie die Idee für Fingernagelverstärkungen aus den USA »importiert«, ist in die Bank marschiert. Die Bankberater dachten vermutlich: »Was kommt denn da für eine Barbie an?« Aber sie hat sich Geld geliehen – und nach und nach ein Multimillionen-Euro-Imperium aufgebaut.

99 *Wenn du das, was du am besten kannst,*
auch wirklich tun kannst und dabei glücklich bist,
dann bist du im Leben schon sehr weit gekommen.
LEONARDO DICAPRIO

... und nun noch ein paar Worte zu den besonders bescheidenen Wünschen

Manche Menschen haben in puncto Lebensvision und Traumjob einen kleinen zeitlichen Vorsprung. Insbesondere manche Prominente scheinen einem generalstabsmäßig und ehrgeizig vorbereiteten Karriereplan zu folgen, den sie sich – so hört sich das zumindest immer an – offenbar schon ausgedacht haben, als sie noch gemütlich in der Uterusbadewanne dümpelten, und den sie dann vom ersten Schrei im Kreißsaal an konsequent verfolgt haben. Kürzlich habe ich zum Beispiel in einem Interview mit Lady Gaga gelesen: »Ich wollte schon immer ein Star sein. Ich bin von zu Hause abgehauen, weil ich es allein schaffen wollte. Dann bekam ich drei Jobs als Kellnerin – und konnte damals schon problemlos italienisches Essen in High Heels servieren.« Tja, wir wissen ja, was aus dem sexy High-Heels-Training beim Pizza-Service geworden ist. Da kann man nur sagen: »Congratulations, Miss Gaga!« Lady Gaga füllt nicht nur riesige Konzerthallen, sondern klimpert dabei mit ihren in der Pizzeria geschulten hohen Hacken auch noch virtuos auf dem Keyboard herum.

Aber, Mädels (und Jungs), lassen wir uns von so einem Musterbeispiel der Zielstrebigkeit nicht verunsichern! Zum Glück (im wahrsten Sinne des Wortes) müssen wir nicht schon in der Grundschule unseren Lebensentwurf in Stein meißeln, sonst gäbe es auf diesem Planeten deutlich mehr Feuerwehrmänner, Pop-Queens, Nationaltorhüter und Prinzessinnen als freie Stellen.

Träume und Traumjobs können sich im Laufe des Lebens genauso ändern wie wir selbst, und man kann auch schon mal mehrere Träume gleichzeitig haben. Und: Es ist für ein spektakuläres Leben auch keineswegs erforderlich, berühmt zu werden!

An diese Stelle passt ein kleines persönliches Outing, das Sie vielleicht überraschen wird: Lady Gaga hat wahrscheinlich wirklich schon im Babybettchen in die Rassel gesungen, aber Lady Sonya hat wirklich nie von einer Fernsehkarriere geträumt! Dass ich heute TV-Formate moderiere, ist eher Ergebnis einer Kette von Zufällen. Meine ursprüngliche »Vision« sah ganz und gar anders aus. Aber ich bin nicht Lady Gaga – mir machte das Schicksal einen fetten Strich durch die Rechnung – oder besser gesagt: einen ziemlich langen.

Folgen Sie mir auf einen kleinen Ausflug in die Kraus'sche Frühzeit. Nämlich zu dem Tag in meinem Leben, als meine Oma mich fragte: »Sonya, was willst du eigentlich werden, wenn du groß bist?«

MIT ARSEN UND SPITZENSCHÜHCHEN – ODER: MEIN LEBEN ALS GODZILLA

Ich war knapp vier und hatte nicht den leisesten Zweifel: Astronautin war *the next big thing*! Schon bald, das teilte ich Omi im Brustton der Überzeugung mit, würde ich den Mond heftig aufmischen. Wenn ich nicht gerade in einer knallpinken Rakete durch den Orbit düste. Und natürlich warteten in unendlichen Weiten Abenteuer auf mich, wie auf Captain Kirk und Mr Spock. Dabei sah ich dann so umwerfend aus wie Lieutenant Uhura (allerdings in Rosa).

Blöderweise war es in den rückständigen Siebzigerjahren auch für zukunftsorientierte Vierjährige noch nicht möglich, eine Astronautenausbildung zu beginnen – und glauben Sie mir, ich wäre sofort dabei gewesen. Dann wäre vielleicht alles anders gekommen. Aber ich konnte noch nicht einmal am Computer mit irgendwelchen Space-Games üben. Ganz einfach, weil 1977 noch kein Mensch einen Computer hatte – die ersten PCs gab's erst vier Jahre später. Nein, noch nicht mal Pacman oder Teletennis waren erfunden, ich lebte computertechnisch gesehen in der Steinzeit.

Zum Glück hatte ich nicht viel Gelegenheit, über dieses harte Schicksal in mein Pippi-Langstrumpf-Kissen zu heulen. Schon kurz nachdem ich laufen konnte, hatte ich meine Umgebung bei jeder Gelegenheit – an Geburtstagen, an Weihnachten oder bei Fernsehabenden – mit kreativen Freestyletänzchen unterhalten. Und weil meine umsichtige Mama als Lehrerin ein Talent fördert, wenn sie es erkennt (und weil sie außerdem froh war, wenn ihr hyperaktives Sonyalein beschäftigt war), hatte sie mich mit vier beim Kinderballett angemeldet.

Das lief töfte, weil meine ohnehin vorhandene Tanzlust hier top kanalisiert wurde. Niemand musste mich zum Training prügeln – meine Mama war so weit entfernt von einer ehrgeizigen »Eislauf-Mutter«, die ihr Kind zu Höchstleistungen zwingt, wie Marianne & Michael von einem Nummer-1-Hit in den USA. Ich war von ganz allein mit Begeisterung dabei; wenn's nach mir gegangen wäre, wäre ich täglich im Tutu herumgehüpft und nicht nur zweimal die Woche. Bald war ich die beste Mini-Elfe im Verein, und als ich sieben war, schaffte ich ohne größere Anstrengung die Aufnahmeprüfung am Konservatorium der Musikhochschule. Endlich! Mein Traum vom täglichen Training wurde wahr! Nach der Schule flitzte ich kurz nach Hause zur Nahrungsaufnahme, dann ging es mit Bus, U- und S-Bahn in einen komplett anderen Teil Frankfurts. Die Fahrt dauerte eine satte Stunde, das Training vier. Mit Duschen und Heimweg war der komplette Nachmittag futsch – und das jeden Tag.

Man hätte mein kindliches Engagement für eiserne Disziplin halten können. Ich empfand das aber nicht so – ich war einfach in meinem Element und wurde besser und besser. Ziemlich bald wurde ich sogar für Aufführungen der Frankfurter Staatsoper rekrutiert und schnupperte erste Bühnenluft. Das hieß im Klartext, das Wochenende war jetzt auch noch belegt. Machte aber nix, weil mir der »Job« ja solchen Spaß machte. Ich war zum Danceaholic mutiert und nahm die Kommandos unseres »Drill Instructor«, der gestrengen Madame Constantiné, mit Gleichmut hin.

Gleichzeitig warf der schnöde Kapitalismus seine ersten Köder aus: Für jeden Auftritt als kleine Grazie bekam ich 50 Mark; für die Proben kassierte ich 25. Unglaublicher Reichtum für eine Grundschülerin.

Die Astronautin – war da was? – war logischerweise bald vergessen; schon im zarten Alter von acht Jahren hatte ich meine wahre Berufung gefunden: Ich würde eine frenetisch auf der ganzen Welt gefeierte Primaballerina werden! Jawohl! Aber natürlich nicht irgendeine. Ich sah mich vor meinem geistigen Auge schon im Bolschoi Theater in Moskau über die Bühne schweben, bevor ich mich angesichts der nicht enden wollenden Standing Ovations anmutig verbeugte.

Und es sah wirklich gut aus für meinen Traumjob. Ich tanzte mich mit jedem Jahr weiter in die vordere Riege des Kinderballetts der Oper. Dass meine schulischen Leistungen derweil aus reinem Zeitmangel etwas zu wünschen übrig ließen – who cared! Wozu brauchte ich in Moskau Bruchrechnung und den lateinischen Ablativ? Es war abzusehen, dass ich spätestens nach der mittleren Reife von der Schule abging, um die dreijährige Ausbildung als klassische Tänzerin anzutreten. Während meine Klassenkameradinnen die Nachmittage wahlweise im Café »Pinte« um die Ecke unseres Gymnasiums oder im Freibad verbrachten und dabei erste Erfahrungen mit dem pickeligen, stimmbrüchigen »starken« Geschlecht sammelten, blieb ich keusch. Ich lebte in einer rosaroten Wolke, die mit glänzendem Parkett, den Klängen von Tschaikowsky, mit Spitzenschuhen, strengem Dutt und Tüll gefüllt war. Was sollte ich mit so was Profanem und Unästhetischem wie Jungs? Pah!

Das Hormon-Attentat

Doch dann geschah es. Die Pubertät zeigte ihre hässliche Fratze. Die Hormone verübten hinterhältig ein Attentat auf mich. Zwischen dreizehn und vierzehn wuchs ich 20 Zentimeter! In Worten: zwanzig! Ich hätte lieber eine ausgewachsene Akne gegen dieses hundsgemeine Schicksal eingetauscht. Dagegen konnte man sich schließlich behandeln lassen, aber von einer wirksamen Schrumpfkur hatte ich noch nie etwas gehört. Plötzlich war ich 1,75 Meter groß – eine Katastrophe. Die Idealgröße einer klassischen russischen Ballerina liegt bei 1,62 Meter. Ist ja auch logisch: Zur Körperlänge kommt beim Spitzentanz ja noch die Fußlänge hinzu, und die zierlichen Tänzerlein müssen ihre Partnerinnen ja auch noch irgendwie gestemmt bekommen, ohne auf der Bühne sofort mit Hexenschuss zusammenzubrechen.

Innerhalb kürzester Zeit überragte ich meine zarten Mittänzerinnen und meine Lehrerin um mehr als einen Kopf. Und ich wuchs weiter. 1,76 Meter. 1,77. Die 1,80-Marke dräute dunkel am Horizont. Ich versuchte, mit eingezogenen Schultern gegenzusteuern – lieber die Glöcknerin von Notre-Dame als Giganto-Girl.

Als wäre all das nicht schon schlimm genug, explodierten nach Östrogen-Attacken auch noch mein Hintern und mein Balkon und verzerrten grotesk meine Körperproportionen. Das fiel vor allem auf, wenn ich mit meinen unerwünschten Gebirgen zwischen den anderen Mädchen in meiner Gruppe stand, alle vorn und hinten so wunderschön flach wie die Prärie.

Täglich quetschte ich mich in ein viel zu enges Balletttrikot; Tanzklamotten für Mädchen wurden damals konsequent nur bis Kindergröße 164 gefertigt. Darüber sollte man lieber boxen oder kicken, dieser Ansicht war offenbar auch die Bekleidungsindustrie. Allein, in dem in allen Nähten ächzenden Fummel in den Saal zu kommen, war eine Demütigung für sich.

Bis jetzt war ich eine der Besten in meiner Gruppe gewesen und dadurch vor den Zickereien der hochnäsigen Mit-Elevinnen weitgehend gefeit. Die waren bisher zwar manchmal vor Neid grün angelaufen, hätten sich aber lieber die spitze Zunge abgebissen, als dass sie sich eine Blöße gegeben hätten. Jetzt aber sahen die kleinen Miststücke mit Dutt Land. Vorzeige-Sonya war zu Godzilla mutiert und damit zur Zielscheibe von zielsicher und mit boshaftem Lächeln abgefeuerten Giftpfeilen. Luzie, ein engelgleiches Wesen von 1,58 Metern legte zum Beispiel eines Tages nach dem Training den Kopf in den Nacken, fixierte mich mit süffisantem Blick aus dem Tal der Glückseligen und sagte: »Mensch, Sonya, mach dir nichts draus. Du kannst ja immer noch zum Lido nach Paris gehen.«

Die kleine Schlange hätte sich auch gleich mit ihrem stahlharten Spitzenschuh in meine Magengrube bohren können. Das Revue-Theater Lido verhielt sich zum Bolschoi Theater wie »Gute Zeiten, schlechte Zeiten« zu »Faust« am Wiener Burgtheater.

Zu allem Überfluss zeigte damals die ARD auch noch die Serie »Anna«, in der eine Ballett-Elevin ungefähr in meinem Alter herbe Schicksalsschläge durchlebte – im Fernsehen ging aber natürlich alles gut aus. Bei mir zeichnete sich das Happy End noch nicht ab.

Die Situation eskalierte an einem Samstag. Das weiß ich deshalb noch so genau, weil es an meinem Gymnasium vier Stunden Samstagsunterricht gab – das führte in Kombination mit meiner langen Anfahrt zum Training dazu, dass ich immer einen Tick zu spät kam. Sogar dann, wenn ich – wie üblich am Samstag – das Mittagessen ausfallen ließ. Meine Unpünktlichkeit war Madame Constantiné ein Dorn im Auge, und sie bedachte mich jedes Mal mit einer kleinen Spitze im Stil von: »Aha, so so, bequemt sich Fräulein Sonya auch schon zu uns? Sieh an, sieh an.« An diesem einen Samstag blieb es nicht dabei. Diesmal wollte sie ein Exempel statuieren. Mir hing der Magen in den Kniekehlen, und mir wurde wegen akuter Unterzuckerung einen Moment lang schwarz vor Augen – und, zack, war mir ein Fehler unterlaufen.

Es handelte sich um einen winzigen Fauxpas, mein Pas de Bourrée war nicht ganz hundertprozentig sauber gewesen, aber er war Madame Constantinés Argusaugen natürlich nicht entgangen: »Sonya, meine Liebe, komm doch mal nach vorn.«

Oh-oh, dieser Tonfall verhieß nichts Gutes. Ich watschelte angstvoll auf die kleine Frau mit dem runzligen Gesicht und dem knallroten Paloma-Picasso-Lippenstift zu. »Sonya, jetzt tanz uns allen doch bitte einmal die komplette Folge vor. Auf der Bühne kannst du dir Fehler wie diesen nicht erlauben.« *Klack!* Sie drückte mit dem Taktstock auf die »Ein«-Taste der Stereoanlage, Schubert schallte durch den Raum. Meine »Kommilitoninnen« ließen sich anmutig lautlos auf dem Parkett nieder und hefteten mit arrogantem Lächeln ihren hochnäsigen Blick auf mich. Ein Königreich für ein Loch im Boden, in dem ich verschwinden konnte. Aber nichts. Kein Loch. Wahrscheinlich wäre ich sowieso mit meinem 75B-Atombusen hängen geblieben. Es kam auch kein Supermann, um mich zu retten. Kein Prinz auf einem Schimmel. Kein Patrick Bach, der in »Anna« die Protagonistin immer dann tröstete, wenn es ganz arg kam. So blieb mir nichts anderes übrig: Ich tanzte. Nach etwa drei Minuten, die sich anfühlten wie drei Lichtjahre, verstummte abrupt die Musik: »Halt! Von vorn!«, brüllte Constantiné, sodass jeder Feldwebel vor Neid erblasst wäre. Ich hatte vor lauter Aufregung wieder gepatzt.

Von hinten unten hörte ich unterdrücktes Kichern. Diese kleinen Arschgeigen! Die Musik setzte ein. Ich tanzte wieder los. Diesmal dauerte es höchstens eine Minute, bis Schubert unsanft gestoppt wurde und ich wieder anfangen musste. Das waren hier erstklassige Foltermethoden. Das Adrenalin pumpte sich durch meinen ohnehin hormongeplagten Mutantenkörper, die Demütigung legte sich auf mein Gemüt wie der schwere Samtvorhang vor den Fenstern des Konservatoriums. Nach meinem fünften Anlauf brach meine Lehrerin den Schaustraftanz ab. Theatralisch verdrehte sie die Augen gen Himmel: »Das wird wohl nichts mehr. Ich denke, wir machen weiter – sonst werden die anderen noch kalt.« Kalt werden – ha, als wenn diese menschlichen Eiszapfen noch kälter werden könnten.

Ich kam heulend und wütend nach Hause, verzichtete trotz Bärenhunger aufs Abendbrot und verzog mich stattdessen mit meinem zuverlässigen Seelentröster – einem Glas Nutella – in mein Zimmer. Meine Mama klopfte besorgt an meine Tür, doch auf ihre vorsichtige Erkundigung, was denn sei, murmelte ich nur: »Kopfschmerzen, sorry, Mama.« In meinem Kopf brummte eine Frage: Sollte ich das wirklich weiter eisenhart durchziehen? Die Schule, wie ursprünglich geplant, an den Nagel hängen? Trotz allem die professionelle Ballettausbildung machen? Mit dem Risiko, dass ich, statt Karriere als Primaballerina zu machen, am Ende den Männerpart tanzen musste? Vorausgesetzt natürlich, man bekam meinen Pornobalkon irgendwie platt gebunden?

Diese Gedanken hatten mich schon länger beschäftigt; die Demütigung heute hatte einfach nur das Fass zum Überlaufen gebracht. Die zentrale Frage war: Tat mir das noch gut? Ich war talentiert, ich konnte tanzen – keine Frage. Aber war der Traum vom klassischen russischen Ballett noch realistisch? Oder würde Luzie recht behalten und mir blieb eines Tages nur noch die Wahl zwischen Lido, Moulin Rouge oder Schlimmerem? Ich war jetzt bereits zu groß für die Primaballerina-Karriere – und der Arzt hatte mir prophezeit, dass es durchaus passieren konnte, dass ich erst bei 1,85 Metern aufhörte zu wachsen. Schließlich war mein Vater auch so groß gewesen, bevor er... Ich brach den Gedanken ab, über den Tod meines Vaters vor drei Jahren nachzudenken war jetzt einfach zu viel. Ich zwang mich, mich auf die Ballettfrage zu konzentrieren. Ich horchte in mich hinein. Mein Kopf und mein Bauch konferierten – und während ich so vor mich hingrübelte, schlief ich ein.

Als ich am nächsten Morgen aufwachte, waren meine Zweifel, was ich tun musste, wie weggeblasen. Ich war vollkommen sicher, was zu tun war.

Beim Frühstück sagte ich zu meiner Mutter: »Mama, ich geh nicht mehr zum Ballett. Ich hör auf.«

Vor lauter Schreck kippte Mama fast ihre Kaffeetasse um: »Aber Sonya, die ganzen Jahre...«

Ich blieb bestimmt: »Das bringt doch nichts. Ich bin einfach zu groß. Ich will nicht zum Lido. Und das Bolschoi war eh nie realistisch.«

Mama suchte nach Worten: »Aber das Ballett hat dir doch immer solchen Spaß gemacht. Vielleicht kannst du das dann ja als Hobby...«

Ich unterbrach sie: »Als Hobby? In irgendeinem Vorstadtballett und hobbymäßig ein paar Pliés drücken? Nee danke.«

Mein Traum war das Klassische Ballett gewesen, nicht einfach »irgendwie Ballett machen«. Und Kompromisse waren nicht mein Ding.

Meine Mama rief noch am selben Nachmittag im Institut an und meldete mich ab. Es ging mir runter wie Öl, dass die zwei Obergurus im Laden, Professor Fallen und Professor Streuka, aus allen Wolken fielen und versuchten, mich, ihre einstige große Hoffnung, doch noch zu halten. Sie beknieten meine Mutter: »Frau Kraus, wir finden was für die Sonya, auch wenn sie so groß ist.«

Das war natürlich wie Balsam für meine wunde Seele, aber mein Entschluss stand unverrückbar fest. Und so konnte ich hocherhobenen Hauptes bestimmen: Hier ist ENDE (allerdings nur mit den Spitzenschühchen).

Mal ganz nüchtern betrachtet: Träume im Reality Check

Ja, Leute, so schnell kann's gehen. Mein großer Kindheitstraum war leider den hässlichen Klauen der Realität zum Opfer gefallen, bevor er sich erfüllen konnte. Und ich stand von einem Tag auf den anderen ohne Vision da. Und damit auch ohne Motivation. Was machte das alles noch für einen Sinn? Das Leben hatte mir den Stinkefinger gezeigt und mich zurück auf »Los« geschickt. Eine echte Zitrone! Und – erst mal – nirgendwo Salz und Tequila in Sicht. Oder sagen wir (angesichts meines damaligen Alters): Es gab nicht mal irgendwo ein Minizückerchen, um Limonade draus zu machen.

Trotzdem, wenn wir das Zitronenaufkommen so gering wie möglich halten und verhindern wollen, dass noch mehr Zitrusfrüchte auf uns niederprasseln, ist es manchmal einfach gut, die Notbremse zu ziehen.

Mindestens so wichtig, wie zu wissen, was man will, ist es, dabei ehrlich zu sich selbst zu sein.

Vielleicht hatten die Instituts-Obergurus in Frankfurt damals aus ihrer Perspektive tatsächlich recht. Möglicherweise hätte ich noch irgendwo so eine Art »alternative« Ballettkarriere machen können. In zweiter Reihe, wo ich als »Mutant« in Übergröße nicht weiter auffiel. Oder später als Lehrerin. Vielleicht auch als Choreographin.

Hätte meine Vision ein bisschen anders ausgesehen und wäre ich einfach nur glücklich gewesen, »irgendwas mit Ballett« zu tun zu haben – egal wie –, wäre das bestimmt in Ordnung gewesen. Aber ich wusste: Das war einfach nicht das, was ich wollte.

Im Gegenteil: So eine »Karriere« wäre eine permanente Erinnerung daran gewesen, was ich nie würde erreichen können. In etwa so, als hätte mir mein Traummann eine Abfuhr erteilt und mir anschließend einen Job als seine Vorzimmerdame gegeben. Dann wäre er mir wie eine unerreichbare Mohrrübe täglich vor der Nase herumgebaumelt – eine wahre »Zitronen-Pest«. Wo ich das gerade erwähne: Auch in der Liebe muss man manchmal einfach den Tatsachen ins Gesicht sehen und die Frage beantworten: Liebe ich noch – oder leide ich schon? Und zwar ohne realistische Aussicht, dass sich daran etwas ändert? Wenn Letzteres zutrifft, hilft leider nur ein sauberer Schnitt.

Was in Situationen wie diesen immer etwas bringt, ist ein gezielter Blick auf die negativen Aspekte, die eine Verwirklichung des geplatzten Traums mit sich gebracht hätte. Das lässt die Welt gleich viel rosiger aussehen.

Mir half in meinem Ballettdilemma jedenfalls ein Blick auf die fast ausnahmslos verhärmten und verbitterten ehemaligen Primaballerinen, die ihren Frust am Nachwuchs wie mir ausließen, weil sie ihre einstige Karriere als »Sterbender Schwan« mit allerspätestens Mitte 30 und kaputten Gelenken an den Nagel hatten hängen müssen. Mein Think-Pink-Reflex war schon damals ansatzweise ausgeprägt und setzte hier ein: Dieses Schicksal würde mir nun erspart bleiben. Immerhin schon mal ein kleines Zückerchen.

Fakt ist: Wer sich hier weigert, den Tatsachen ins Auge zu sehen, stellt sich selbst ein Bein.

Ich frage mich zum Beispiel oft, wenn ich die Castings zu Sendungen wie »DSDS« & Co. sehe: Haben manche Leute keine Freunde? Niemanden, der ihnen sagt, dass die Milch im Regal gerinnt, wenn sie zu singen versuchen? Einfach, weil sie so musikalisch sind wie ein Mettbrötchen – woran vermutlich auch der beste Gesangsunterricht nichts ändern kann. Muss ihnen das erst eine Jury vor laufender Kamera klarmachen, sodass sie zum Gespött der TV-Nation werden?

Achtung, Achtung! Nicht missverstehen! Ich sage hier nicht, dass man nicht manchmal Unkenrufe von notorischen Miesepetern ignorieren muss. Oder dass es keine Hindernisse zu überwinden gilt, wenn man etwas erreichen möchte.

Hildegard Knef zum Beispiel war eigentlich keine begnadete Sängerin, machte dieses Manko aber durch persönlichen Ausdruck, Charme und Bühnenpräsenz wett – und außerdem erfüllte sie eine Grundvoraussetzung: Sie traf die Töne. Auch Madonna hatte nicht sofort Erfolg und hat, gemessen an Ausnahmesängerinnen wie Christina Aguilera oder Alicia Keys, ein eher bescheidenes Stimmchen. Darum musste sie auch erst mal einige Jahre durch Clubs tingeln, wo sie den DJs ihre Demo-Tapes aufschwatzte. Aber auch hier war eine Voraussetzung erfüllt: Musikalität war vorhanden, und trotz der Micky-Maus-Stimme auf ihren ersten Veröffentlichungen – denen vor dem Gesangsunterricht – konnte man immerhin zuhören, ohne einen Krampf im Gehörgang zu bekommen. Wäre Madonnas Ziel allerdings Opernsängerin und nicht Popstar gewesen, hätte sie schlechte Karten gehabt.

Wovon rede ich hier also? Bingo: von der Fähigkeit zur minimalen Selbstkritik, die uns davor schützt, uns selbst im Weg zu stehen und uns mit unerreichbaren Zielen direkt ins Unglück zu navigieren.

Auch das bitte nicht falsch verstehen: Unser Ziel darf und soll sogar hochgesteckt sein. Es ist total okay, sich ein bisschen anzustrengen. Was zu einfach zu haben ist, wissen wir leider meistens nicht zu schätzen. Trotzdem kann uns ein Traum nur dann glücklich machen, wenn er theoretisch auch umsetzbar ist – vielleicht nicht sofort, aber immerhin irgendwann in der Zukunft. Der Reality Check besteht darum aus zwei Schritten:

- Schritt 1: Die nüchterne Haben-Soll-Analyse. Wir erkennen unsere mitgebrachten Voraussetzungen *und* Einschränkungen.

- Schritt 2: Die knallharte Zukunfts-Prognose. Wir vergleichen das Ergebnis von Schritt 1 mit dem eigenen Traumszenario und beantworten uns ehrlich die Frage: Ist das alles mit Engagement und ein bisschen Anstrengung irgendwann in der Zukunft unter einen Hut zu bekommen – oder lauert irgendwo ein K.-o.-Kriterium?

Bei mir hatte ich auf der Habenseite als Kapital mein großes Tanztalent, aber in der anderen Spalte stand dem blöderweise wertmindernd meine Hünengröße gegenüber. Ein Fakt, der selbst durch die rosaroteste Brille immer noch genauso traurig aussah wie ein Argentinier nach der WM 2010.

Und es handelte sich um eine Tatsache, die ich leider auch mit dem größten Fleiß nicht ändern konnte – und eben unumstößlich um ein K.-o.-Kriterium in puncto Bolschoi. Gut, ich hätte mir natürlich die Beine unterhalb der Knie absäbeln können, um auf die richtige Größe zu kommen. Aber dann wäre es mit dem Tanzen aus anderen Gründen nix geworden ...

Anderes Beispiel: Wenn wir zwar hoffnungslos unmusikalisch sind, aber trotzdem gerne öffentlich trällern, können wir unter bestimmten Voraussetzungen damit sogar beruflich erfolgreich werden. Etwa, wenn wir dazu über komisches Talent verfügen und Spaß daran haben, unser »Gejaule« dann in einer Comedyshow als selbstironisches Stilmittel einzusetzen. Aber wir müssen der Tatsache ins Auge sehen, dass wir weder ein Star an der Metropolitan Opera werden noch je die »Popstars«-Endausscheidung gewinnen.

Aber selbst wenn sich ein Traum plötzlich als unerfüllbar oder ein Ziel als unerreichbar herausstellt: Die Zeit, die wir darauf verwendet haben, ist niemals verplempert!

Das hat mehrere Gründe:

- **Wenn man sein Bestes gegeben hat,** hat man sich absolut nichts vorzuwerfen. Der Rest ist höhere Gewalt. Das ist fünf Milliarden Mal besser, als es erst gar nicht probiert zu haben.

- **Was man in jedem Fall gewinnt:** die Erkenntnis, wo die eigenen Grenzen liegen. Das ist eine Topvoraussetzung für die Zukunft! Damit können wir neue Visionen entwickeln, die zu uns passen und die uns glücklich machen können. Und, *last but not least:*

- ***Jede* Erfahrung bereichert.** Manches bringt in Zukunft Vorteile, von denen man zunächst noch gar nichts ahnt (dazu Näheres im nächsten Kapitel).

Ich kann heute nur müde lächeln, wenn man mich fragt, wie ich in dem angeblich so harten »Ellenbogenbusiness« Fernsehen zurechtkomme. Pipifax! Ich weiß seit den giftigen Gemeinheiten meiner reizenden Ballettschlangen:

Wenn andere sich das Köpfchen über uns zerbrechen, machen wir irgendwas goldrichtig.

Hätte ich bei Madame Constantiné außerdem nicht gelernt, »diplomatisch« geäußerte Kritik an meinem Selbstwertgefühl abperlen zu lassen wie an einem Neoprentaucheranzug, wäre ich später über meinen allerersten Fotojob vermutlich nicht hinausgekommen. Es haut mich nicht vom Sockel, zu hören, mein Gesicht sei »so schief« und meine Hüften »etwas fett«.

Meine wunderhübsche Freundin Lizzy dagegen hat ihre hoffnungsvolle Modelkarriere hingeschmissen, als eine verhärmte Casting-Tussi ihr vor den Latz knallte, sie habe »ein bisschen kurze Beine«. Die angeblich »kurzen« Beine hätten zwar die nächste Bookerin wahrscheinlich nicht die Bohne gestört. Aber Lizzy wiederum störte sich an der Fleischbeschau, der gnadenlosen Kritik und ihr zartes Seelchen wäre mit dem Modeljob nie glücklich geworden. Sie erkannte realistisch, dass sie zu sensibel für dieses Business ist: »Ich will nicht wegen meiner Fassade beurteilt werden.« Auch ihr ursprünglicher Traum ist also geplatzt.

Kein Drama! Denn sie musste erst diese Erfahrung machen, um zu merken, dass sie den Job eben doch nicht so traumhaft findet. Und nur so konnte sie sich auf die Suche nach etwas Neuem machen, was ihr besser entspricht. Heute ist sie Rechtsanwältin und nicht nur die vermutlich schönste Frau im Gerichtssaal, sondern extrem glücklich, dass Sie mit ihrem schlauen Köpfchen ihren Lebensunterhalt verdient.

Meine Balletterfahrung hat noch ganz andere »handfeste« Vorteile: Vom Training damals habe ich noch heute ein super Muskelkorsett. Meine vorbildliche Haltung treibt jedem Orthopäden die Freudentränen in die Augen, und ich brauche nur ein Minimaltraining, um in Form zu bleiben – was mir mit meinem vollgestopften Zeitplan sehr entgegenkommt.

Darüber darf man natürlich das Wichtigste nicht vergessen. Selbst wenn es keine der gerade genannten vorteilhaften »Spätfolgen« gäbe: Das Ballett hat mir viele Jahre lang wahnsinnig viel Spaß gemacht hat – schon allein deswegen war nicht eine Minute umsonst. Oder sagen wir's mal wieder mit der Weisheit des Konfuzius: Der Weg war das Ziel.

99 *Wenn du kein guter Verlierer sein kannst,*
dann kannst du auch kein guter Gewinner sein.
HALLE BERRY

Willkommen zur Happy Hour:
Glücklicher Zufall ist kein Zufall!

Es bringt nichts, das zu verschweigen: Wenn ein Lebenstraum ganz frisch geplatzt ist, ist das ein bisschen so, als hätte uns der Mann (bzw. die Frau) unseres Lebens verlassen. Gern versucht uns unsere wohlmeinende Umgebung jetzt mit Sprüchen wie »Die Zeit heilt alle Wunden« oder »Ach, das wird schon wieder« aufzumuntern. Stimmt zwar, hat allerdings erst mal vermutlich in etwa so viel Effekt auf den Stimmungszustand wie ein Feuerlöscher bei einem Vulkanausbruch. Viel effektiver als irgendwelche Sprüchlein ist jetzt zum einen das gezielte Balsamieren von Körper und Seele (mehr dazu lesen Sie später) und zum anderen eine Weisheit meiner Freundin Simone: »Immer schön den Hintern in Bewegung halten.« Will sagen: Wer aktiv ist, wird nicht depressiv und verpasst auch nicht die »Happy Hour« des Lebens. Will sagen: all die günstigen Gelegenheiten, die quasi an jeder Ecke lauern.

> *Wenn eine Tür zugeht, öffnen sich zahllose andere.*
> GLÜCKSKEKSSPRUCH

Bis ich zu dieser Einsicht gelangt bin, servierte mir mein Leben allerdings noch ein paar ordentlich saure Zitrusfrüchtchen.

Im Frühjahr hatte ich also mit dem Tanzen aufgehört. Ich hatte natürlich noch die Wunde in der Seele, dass mein großer Traum geplatzt war – aber ich tröstete mich mit dem Gedanken, dass ich nun endlich Zeit für echte Freizeitvergnügen hatte, und frohlockte in bester Kraus'scher Think-Pink-Tradition: »Juchu! Diesen Sommer kannste auch mal ins Freibad wie alle anderen!«

Aber dann gab's gleich die nächste Zitrone. Ich hatte nämlich die Rechnung ohne meinen Körper, genauer gesagt: ohne meine Füße, gemacht. Um es mal mit einer großen Portion Understatement auszudrücken: Meine Maucken waren von den Spitzenschuhen »leicht« lädiert. Der Nagel des großen Zehs bestand nur noch aus einem Dreieck. Der des kleinen war nicht mehr vorhanden. Und die Hornhaut überwucherte alles, was normalerweise am Fuß sensibel ist – zart war da gar nix. Kein Wunder, die Dinger hatten sich darauf vorbereitet, ihr Leben im Spitzenschuhenknast zu fristen. Aber der Körper ist ja ein unglaubliches Maschinchen: Wenn Dinge nicht mehr gebraucht werden, werden sie abgestoßen. Das heißt in meinem Fall, es wurde noch schlimmer: Nach drei Wochen hatte ich so was wie Leprafüße. Die Hornhaut schälte sich trocken von meinen Füßen, als würde man einem Elefanten die Haut abpee- len. Freibad? Ein absolutes No-Go! Aber ich bin ja ein geduldiger Mensch, also wartete ich. Und bekam – juchu! – noch eine Zitrone.

Was unter der Hornschicht zum Vorschein kam, ging nämlich noch weniger: Ich bekam hypersensible »Tatarfüßchen«. Fast durchsichtig, ganz rosa und höllisch empfindlich. Ich konnte nicht barfuß laufen. Ich konnte nicht in die Sonne. Wenn ich also nicht mit dicken Socken schwimmen und auf der Wiese sitzen wollte – ich hörte schon die Sprüche der zartfühlenden Mit-Teenies: »Was is'n mit der Sonya, hat die Fußpilz?« –, war die Freibad-Idee schon vor der Umsetzung beerdigt. Was hab ich also gemacht? Ich habe mich in der Bibliothek mit dicken Wälzern eingedeckt und in eine Fantasiewelt geflüchtet. Heute wäre ich vielleicht spiel- oder internetsüchtig geworden – damals wurde ich lesesüchtig. Es heißt ja auch nicht umsonst: Lese*stoff*. Meine Realität fand ich nämlich, sorry, scheiße. Ich hatte zwar Freizeit, konnte aber nix damit anfangen. Und meine Zukunftsperspektive beschränkte sich auf den Schulabschluss in ferner Zukunft. Super, ein toller Trost mit 14! Meine Lesesucht kannte keine Grenzen, ich habe nonstop gelesen, sogar in der Schule unter der Bank.

Bis zu dem Tag, als mein eigen Fleisch und Blut, nämlich meine Mama, mir die nächste Zitrusfrucht servierte: Sie nahm mir den Bibliotheksausweis weg. »Sonya, es wäre prima, wenn du mal schlafen würdest – und wenn deine Lehrer mich nicht anrufen würden, weil du im Unterricht schmökerst.«

Jetzt war ich also obendrein noch auf Entzug – das Leben konnte wirklich grausam sein. Doch dann, nach gut einem Jahr Martyrium, bekam ich statt der Zitronen unerwartet eine neue Lieferung mit schmackhafteren Ingredienzen...

,, ***Wenn du glaubst, es geht nicht mehr, kommt von irgendwo ein Lichtlein her.***
ALTÜBERLIEFERTE POESIEALBUMWEISHEIT

BYE, BYE, TSCHAIKOWSKY – HELLO, TECHNO!

Man schrieb das Jahr 1988, und ich schleppte mich jeden Tag in etwa so »energetisch« ins Gymnasium, als würde ich mir zum Frühstück kein Nutellabrötchen, sondern eine Schachtel Tranquilizer einverleiben. Doch eines Morgens verkündete ausgerechnet unser Klassenlehrer Herr Kaufiger eine frohe Botschaft: »Ihr solltet anfangen, euch Gedanken über eure Berufswünsche zu machen – Ende des Halbjahres steht das Praktikum auf dem Programm!«

Juhu, für alle Schüler der neunten Klassen war ein Berufspraktikum Pflicht. Endlich ein Lichtblick! Ich frohlockte: drei Wochen »wahres Leben« testen – und meinem Peiniger Mehmet entkommen, der keine Gelegenheit ausließ, mich für meine «Rheuma-Kniegelenke« zu piesacken. Das war das Einzige, was an meinen inzwischen ins Endlose wachsenden Beinen momentan dicker wurde.

Die anderen aus der Klasse rissen sich ab sofort um Praktikumsplätze in irgendwelchen Büros, in Banken, Werbeagenturen oder in Kanzleien. Ich dagegen zog los, um mir etwas zu suchen, was meinen Vorstellungen vom Traumjob am nächsten kam. Das hatte ein paar Anforderungen zu erfüllen. Erstens: Der Job musste *ohne* Schreibtisch auskommen. Zweitens: Alles, was vor neun Uhr morgens anfing, war tabu. Drittens: Die Arbeitsatmosphäre musste locker sein. Mit diesem knallharten Anforderungsprofil an meinen zukünftigen »Arbeitgeber« landete ich nirgendwo anders als im hippsten Jeansladen Frankfurts – mitten in der Innenstadt. Coole Musik, entspannte Atmosphäre – und erst ab 10 Uhr geöffnet. Besser ging's nicht.

Tschüss, Schüchternheit

Meine Kolleginnen im »Jet Set« (der Schuppen hieß wirklich so!) waren, wie ich schnell merkte, die coolsten Mädels Frankfurts. Alexia und Dana waren ein bisschen älter als ich: unglaublich erwachsene 16. Und sie machten selbstverständlich kein poppliges Praktikum, sondern jobbten nachmittags nach der Schule im Laden. Gegen Bezahlung. Sie verkörperten das, was für mich heute noch ein Ideal ist: Sie verdienten ihr eigenes Geld, waren selbstständig, unabhängig – und außerdem lebensfroh und feierfreudig. Plötzlich hatte ich Vorbilder! Genau das befreite mich endlich endgültig aus meinem alten Ballettmädchen-Kokon, der mir schon lange nicht mehr passte. Als ich bei »Jet Set« anfing, lief ich sogar immer noch mit Dutt herum. Der gestrenge Look war allerdings schon nach Tag Nummer eins in meinem neuen Wirkungsfeld Geschichte. Nicht nur meine Haare machten sich endlich locker, sondern auch ihre Trägerin. Im Laden guckte ich mir ab, wie die anderen entspannt und lustig mit jedem Kunden quatschten. Jeden Tag verlor ich ein bisschen mehr von meiner Schüchternheit und lernte nebenbei, wie man mit ein bisschen guter Laune und Entertainment T-Shirts und Jeans an den Mann und die Frau bringt. Ein Training »on the job«, das mir seither unschätzbare Dienste geleistet hat.

Aber das Allerbeste war: Wenn die Mädels am Wochenende weggegangen sind, nahmen sie mich, die »kleine« Vierzehnjährige, die sie alle überragte, unter ihre Fittiche. Von einem Tag auf den anderen wurde meine Welt viel größer, ich hatte große coole Schwestern und war mit gar nicht so zarten Vierzehn schon im Frankfurter Nachtleben unterwegs. Andere Eltern wären Amok gelaufen, meine Mutter war einfach nur froh. Nach dem Tod meines Vaters, dem Ende meiner »Ballettkarriere«, meiner überstandenen Lesesucht und meinem zeitweiligen Eremitendasein war es für sie ein Geschenk des Himmels, dass ihr Töchterlein sich endlich wieder unter Menschen begab und nicht mehr nonstop Trübsal blies. Sie nahm meine neuen Freundinnen einmal kritisch unter die Lupe, befand sie für vertrauenswürdig – und zeigte sich gnädig. Und so durfte ich mit meinen Mädels tatsächlich bis ein Uhr nachts um die Häuser ziehen.

Und die machten aus mir endlich einen lebenslustigen Teenie! Zusammen hingen wir im damals absolut angesagtesten Frankfurter Technoschuppen ab, dem »Omen«. Dort wurden die »E«s normalerweise mit dem Tequila gereicht oder anderes Zeug in Flüssigform gleich in die Cola gekippt. Ich war vermutlich das einzige Wesen weit und breit, dem keine illegalen Substanzen angeboten wurden, so gut haben meine »Engel für Sonya« auf mich aufgepasst. Meine »Drogen« waren die Musik und das Tanzen – das alles zusammen wirkte wie ein Befreiungsschlag auf mich. Kaum zu glauben: Bis vor ein paar Wochen hatte ich noch unter Ballett-Entzug gelitten. Ballett? Meine neue Devise war ganz klar: «Kack auf die Klassik, this is my life: Electronic Music, Techno, Acid, Chicago House! Yeah!« Oder wie unser Frankfurter DJ-Guru so gerne in die zappelnde Menge brüllt:

> *The message … the message is:*
> *Guuuuude Laune!*
> SVEN VÄTH

Mit dem gleichen Enthusiasmus, mit dem ich mich am Wochenende ins Nachtleben stürzte, ging ich auch die Arbeit im Jeansladen an – und noch bevor das Schulpraktikum zu Ende war, fragte mich

Jörg, der Besitzer: »Sag mal, Sonya, haste Lust, weiter bei uns zu jobben? Du passt super ins Team.«

Wow! Nichts lieber als das! So konnte ich bei meinen Mädels sein und obendrein ein bisschen Geld verdienen. Jedenfalls mehr als mit dem Austragen von Zeitungen – das hatte ich zuletzt gemacht. Nun ging ich unter der Woche vormittags brav zur Schule, die Nachmittage gehörten der Arbeit – wenn man unsere Spaßdelegation überhaupt so nennen konnte. Bezahltes Vergnügen hätte es besser getroffen. Und freitags und samstags schnupperte ich an der großen glitzernden Welt des Frankfurter Nightlife. Und da passierte es...

Ich werde entdeckt!

Ich wartete an der Bar im »Omen« auf mein Partygetränk der Wahl – gesunden O-Saft. Plötzlich tippte mir jemand auf die Schulter. Ich sah nach rechts und sah – nichts. Tipptipp. Verwirrt ließ ich den Blick schweifen.

»Hier bin ich!« Ich guckte nach rechts unten und erspähte endlich einen Typen in Jeans und T-Shirt. Mindestens doppelt so alt wie ich und etwa zwei Köpfe kleiner. Das Wesen sprach:

»Du, entschuldige, wenn ich dich einfach so anquatsche...«

Na, das war ja eine unglaublich originelle Anmache!

»...aber ich bin Fotograf. Wenn du Lust hast, komm doch mal bei mir im Studio vorbei, und ich mach ein paar Bilder von ddddd...«

ZACK! Zwischen uns knallte die Pranke einer Löwin auf die Theke: Ich hatte nicht mal Luft holen können, um zu antworten, schon war das Beschützerraubtier Alexia an meiner Seite, ohne

Zögern bereit zum gnadenlosen Gemetzel, falls hier irgendetwas nicht mit rechten Dingen zugehen sollte. Sie stemmte die Hände in die Hüften, funkelte den armen Kerl an, als sei sein letztes Stündlein nahe, und zischte warnend: »Was für 'ne Art ›Bilder‹ soll'n das denn bitte sein?«

Unser Gegenüber war vor Schreck ganz blass um die Nase geworden, jedenfalls, soweit ich das im Schwarzlicht erkennen konnte. Statt die Flucht zu ergreifen, frieselte er nun umständlich erst seine Brieftasche aus der Gesäßtasche und dann eine Visitenkarte aus der Brieftasche, die er Alexia vor die Nase hielt. Anschließend hob er zur weiteren Erklärung die monströse Kamera mit Objektiv und Blitzwürfel hoch, die an seiner Seite baumelte und die sowohl ich als auch Alexia bisher übersehen hatten.

Falls die Visitenkarte kein Fake war, hatte er nicht gelogen: Siegfried »Siggi« Gittel war vermutlich nicht gerade Peter Lindbergh oder Herb Ritts, aber offenbar Fotograf des Frankfurter Nachtlebens, der für alle einschlägigen Stadtmagazine die Bilder schoss. Das jedenfalls schloss ich messerscharf aus der Auftraggeberliste auf seiner Karte.

Mein blondes Köpfchen begann zu arbeiten. Ich dachte an die »Schnappschüsse« von Familienfeiern, auf denen ich meistens die Augen zuhatte, gerade herzhaft in ein Käseschnittchen biss oder – wenn ich denn mal zufällig in die Kamera grinste – den Betrachter mit roten Blitzlicht-Albino-Augen »bestach«. Schön war anders. Nein, endlich mal ein paar gute Fotos wären gar nicht schlecht und ein prima Geschenk für Oma zu Weihnachten!

»Managerin« Alexia genehmigte nach kurzer Diskussion widerstrebend die Aktion – unter der Bedingung, dass sie mich begleiten durfte. Außerdem musste mein Entdecker hoch und heilig versichern, die Finger von mir zu lassen und auf keinen Fall irgendwas in Richtung Nacktfotos zu veranstalten.

Zum »Shooting« ein paar Tage später ließ Alexia mich dann doch alleine ziehen. Aber es zeigte sich, dass ihre Sorge unberechtigt gewesen war. Siggi blieb in züchtiger Entfernung und ich ganz ordentlich angezogen. Und ich kam mir vor wie Cindy Crawford höchstpersönlich. Ich legte mich mächtig ins Zeug: Luftküsse, Schmollmund, Winke-Winke – ein Funkenmariechen war nix gegen mich. Wow, das machte ja richtig Spaß! Siggi knipste alles ohne großen Kommentar – aber er schien durchaus zufrieden zu sein. Ein paar Tage später hielt ich dann endlich stolz meine »Bezahlung« in der Hand: drei Sätze Abzüge. Einer war für Oma bestimmt, die anderen – mal schauen.

Mit den Prachtstücken in Hochglanz saß ich auf dem Weg nach Hause in der U-Bahn, ganz selbstverliebt in mein eigenes Antlitz versunken: Boah, näää, wat war ich schön.

»Darf ich mal sehen?« Ich zuckte erschrocken zusammen. Die Dame mittleren Alters (so kam sie mir jedenfalls vor, sie war wohl um die 30) mir gegenüber hatte einen richtig langen Hals bekommen und versuchte, um die Ecke einen Blick auf meine Bilder zu erhaschen.

Ich strahlte. Aber gerne doch! Jeder sollte sich an meinem wunderbaren Anblick erfreuen können! Nachdem die Frau ein paar Minuten meine Starfotos betrachtet hatte, sagte sie schließlich: »Weißt du, ich arbeite in einer Model-Agentur. Wenn du willst, schick uns die Bilder doch mal, da könnte man vielleicht was machen.«

Schon fuhr die U-Bahn in den nächsten Bahnhof ein, und sie stand auf. Doch bevor sie ausstieg, drückte sie mir noch schnell eine Visitenkarte in die Hand. Hey, die Nummer mit den Visitenkarten begann mir zu gefallen. Euphorie machte sich in mir breit. Wahnsinn! Das konnte doch kein Zufall sein! Vor meinem geistigen Auge sah ich mein Konterfei auf internationalen Titelbildern prangen und mich über Laufstege in Paris, Mailand und New York schweben, zusammen mit Claudia Schiffer, Naomi Campbell und Christy Turlington. Sonya Kraus, eben noch Mehmets hässliches Entlein, heute schon ein schöner Schwan. Jawohl! Jetzt zeigte ich es allen meinen Peinigern! Und von wegen »Fotos schicken« – das dauerte viel zu lang. Persönlich vorbeigehen war die Devise, da konnte ich mich schon mal ein bisschen an die Bewunderung gewöhnen, die mir bald weltweit zuteilwerden würde.

Bereits am nächsten Nachmittag stand ich mit leuchtenden Augen und voller Vorfreude auf meine in Kürze beginnende kometenhafte Modelkarriere in der Agentur und präsentierte mit stolzgeschwellter Brust meinen Fotoschatz. Mir gegenüber: die Bookerin der Agentur, die bereits in wenigen Minuten zu meiner wachsenden Fangemeinde zählen würde ...

Mundwinkelgate

Aber was war das? Wo war die Begeisterung? Irgendwas lief hier schief. Die Dame guckte mich nur an, als sei nicht ein vierzehnjähriges Mädchen, sondern der Gerichtsvollzieher hereingeschneit. Dann betrachtete sie meine wunderbaren Bilder mit herablassender Langeweile. Anschließend seufzte sie so tief, als laste das gesamte Elend der Welt nebst dem Bullen von Tölz auf ihren Schultern, und sagte: »Also nee, jemand mit so hängenden Mundwinkeln, das verkauft sich nicht.«

Rumms, das hatte gesessen! Hängende Mundwinkel hatte ich.

Aha! Natürlich, jetzt sah ich es auch! Dass mir das noch nie aufgefallen war! Die Bookerin erklärte sich dann mit großzügiger Geste bereit, einen Satz meiner Abzüge dazubehalten. »Aber große Hoffnungen mach ich dir da nicht, Mädchen.«

Und so entließ sie mich hinaus in die alte graue Welt, in der mein trauriges Schicksal auf mich wartete. Mein wankelmütiges Teenie-Selbstwertgefühl, das mich gestern in der U-Bahn noch in höchste Supermodelsphären katapultiert hatte, stürzte mit zischendem Getöse genau vor meine Füße und zerschellte in tausend kleine Scherben. Ich konnte nur von Glück sagen, dass Mehmet nicht vor Ort gewesen war. Komisch eigentlich, dass ihm das mit meinem Mund noch nicht aufgefallen war. Aber er war mit seinen Einsfuffzig wohl einfach zu weit entfernt von meinen Horrorlippen.

Zu Hause stand ich vor dem Spiegel und prüfte kritisch mein entstelltes Gesicht. Wie konnte ich nur eine Sekunde lang denken, ich sei ein potenzielles Model?

Ich musste den Tatsachen ins Auge sehen: Ich hatte mich selbst überschätzt und vollkommen zur Susi gemacht. Wahrscheinlich stand dieser Foto-Typ auf Minderjährige, war gar kein Fotograf und hatte mich am Ende doch nur angraben wollen, die züchtigen Bilder waren nur Tarnung. Und ich dumme Nuss war drauf reingefallen. Schön blöd!

Als meine Mama sich erkundigte, wie es gelaufen sei, meinte ich nur resigniert: »Das wird nix mit dem Modeln. Guck mal hier, wie auch – mit den Mundwinkeln.« Mit Tränen in den Augen deutete ich auf den Spiegel. Mama guckte mich an, als hätte ich zu heiß gebadet. »Was ist mit deinen Mundwinkeln? Du siehst doch super aus.«

Ja, so sind sie, die Mütter. Glauben immer, ihr Küken sei

das schönste, auch wenn es nur ein hässliches Entlein ist. Zack, schon wieder ein Traum geplatzt, aber da hatte ich ja schon Erfahrung mit...

Ich pfefferte Siggis Bilder so achtlos auf den Tisch, dass sie auf der anderen Seite auf den Fußboden segelten – was sollte ich noch mit diesen Beweisen meiner absoluten Unvollkommenheit? Mama klaubte die Teile sofort wieder auf. »Also, wenn du die schönen Fotos nicht mehr willst, ich nehm sie gern!«

Ich seufzte: »Ach, von mir aus, Mama. Aber zeig die bloß niemandem...« Dann verzog ich mich auf mein Zimmer, um mir ausnahmsweise heimlich einen literarischen »Schuss« zu setzen: Hermann Hesse, das passte eins a zu meiner finsteren Depri-Stimmung.

Als ich ein paar Tage später nach dem Job im Jeansladen nach Hause kam, saß zu meiner Überraschung Norbert, ein alter Bekannter meiner Mutter, den ich ewig nicht mehr gesehen hatte, bei uns in der Küche. Ich quälte mir ein Lächeln ins Gesicht und sagte traurig »Hallo!«. Ich wollte mich schon auf mein Zimmer verziehen, da rief er hinter mir her. »Sonya, warte mal, Marlene hat mir eben die Bilder von dir gezeigt...«

Na, herzlichen Glückwunsch! Danke, Mama! Gibst dein eigen Fleisch und Blut der Lächerlichkeit preis! Hoffentlich habt ihr euch wenigstens gut amüsiert. Ich zuckte resigniert mit den Schultern. »Ja, ja, ich weiß schon, was du sagen willst... Hängende Mundwinkel, is klar.«

Norbert guckte nur verwundert und meinte: »Hängende Mundwinkel? Ist mir nicht aufgefallen. Ich wollte eigentlich fragen, ob du mal Lust auf ein Probe-Shooting in meinem Studio hast.«

Der Mann machte wohl Witze. Ich sah mich um. Gleich sprang garantiert irgendein sadistischer Scherzkeks aus dem Nebenzimmer und schrie: »Haha, reingelegt, versteckte Kamera!« Alles nur, um sich an meinem Unglück zu weiden. Oder war das etwa ernst gemeint? Ich wusste immerhin, dass Norbert ebenfalls Fotograf war.

Doch Norbert beharrte auf seinem Vorschlag, er machte tatsächlich keine Witze!

Na ja, was hatte ich denn zu verlieren? Mein Selbstwertgefühl war ja schon im Keller, konnte also nur besser werden. Und vielleicht kam ich auf diese Weise ja doch noch zu guten Bildern für meine Oma. Ein paar Tage später turnte ich also vor Norberts Kamera rum. Dabei achtete ich sorgfältig darauf, die Mundwinkel nicht hängen zu lassen, und konzentrierte mich ganz auf meine »Körperarbeit«. Sämtliche Verrenkungen, die Norbert vorschlug, setzte ich, ohne mit der Wimper zu zucken, um – und setzte noch einen drauf. Kurz eine Brücke? Kein Problem! Das Bein hinter den Kopf? Sicher doch! Kinkerlitzchen für einen Ex-Ballett-Hasen wie mich. Ob ich noch Energie für einen weiteren Film hätte, wollte Norbert nach ein paar Stunden wissen. Aber klar! Norbert war völlig aus dem Häuschen: »Sonya, du bist super!« Und ich fragte verwundert: »Ich? Wieso das denn?«

Norbert war hin und weg von meiner »Körperbeherrschung«, meiner »Beweglichkeit« und meiner »Disziplin vor der Kamera«. Das waren alles Tugenden, die mir in meiner Ballettzeit in Fleisch und Blut übergegangen und für mich ganz selbstverständlich waren. Außerdem war Norbert total von den Socken, dass ich, die blutige Anfängerin, nicht einen Funken kamerascheu war. Für mich war so eine Linse Pillepalle – ich war schließlich bühnenerfahren. Natürlich ist es etwas anderes, vor 600 Leuten in der Oper zu tanzen, als vor der Kamera zu stehen. Nämlich, dass man 599 Zuschauer weniger hat, vor denen man sich theoretisch blamieren kann.

So begeistert Norbert von alledem war, so begeistert war ich, dass jemand davon tatsächlich begeistert sein konnte. Jetzt entpuppte sich das, was ich bei Madame Constantiné aus dem Effeff gelernt hatte und was dort vollkommen selbstverständlich war, plötzlich als eine gar nicht so selbstverständliche Stärke! Und was noch viel besser war: Die Sache machte mir Spaß! Ganz egal, was dabei rauskam, ich hatte immerhin einen klasse Nachmittag verbracht.

I'm too sexy ...

Einige Wochen später klingelte bei uns das Telefon – zufälligerweise ging ich an den Apparat. Am anderen Ende meldete sich – welch Überraschung – die Modelagentur. Der Laden, der mir meine hängenden Mundwinkel bescheinigt hatte. An der Strippe hing allerdings nicht die Bookerin, sondern die Besitzerin: »Hallo, äh, hab ich die Sonya am Apparat?« Himmel, was kam jetzt? Es gab eigentlich nur eine Erklärung: Die Agentur wollte ihr Archiv entrümpeln und mir meine verhunzten Bilder zurückgeben.

»Du, Sonya, also wenn du Lust hast, hab ich am Dienstag einen Job für dich. Ist allerdings nicht so gut bezahlt, ist nur ein halber Tag, darum weiß ich nicht, ob du interessiert bist ...«

Hört, hört! Plötzlich wollte man mir einen Job anbieten!

»Nicht gut bezahlt«, das war natürlich relativ. Im Stillen kalkulierte ich: Wenn es mindestens acht Mark die Stunde gab – das bekam ich im Jeansladen – war ich dabei. Aber statt nun knallhart die Honorarverhandlungen einzuläuten, machte sich mein Sprachzentrum mal wieder selbstständig, und ich hörte mich dusselige Kuh sagen: »Klar, wenn das geht, ich bin allerdings erst fünfzehn.« Wie doof konnte man sein? Ich hätte mir am liebsten die Zunge abgebissen. Das musste ich der Tante doch nicht auf die Nase binden. Schnell schickte ich hinterher: »... aber schon fast sechzehn!!!« Als wenn das jetzt noch was reißen konnte. Super, Sonya, ganz super.

Mein Alter schien die Dame nicht zu stören, denn sie nannte mir jetzt eine Summe, die mich kurz sprachlos werden ließ. »Nicht so gut bezahlt«, das hieß: 450 Mark. Für vier Stunden. Bis ich so viel mit meinen Stunden im Jeansladen zusammenhatte, dauerte es vier Wochen. Ein schier unfassbarer Geldregen.

»Sonya, hallo? Bist du noch da?«

»Ja, äh, bin noch da. Entschuldigung, da war gerade eine Störung in der Leitung. Was hatten Sie noch mal gesagt, wie hoch war das Honorar? Das hab ich gerade nicht richtig gehört.«

Vielleicht hatte ich ja was missverstanden.

»450. Ich weiß, das ist nicht viel, aber das ist ja auch dein erster Job für uns und ...«

»Doch, doch, ist schon okay ... Also, äh, beim ersten Auftrag!«

Puh! Bloß nicht zeigen, dass ich gerade kurz vorm Hyperventilieren stand vor Begeisterung. Das schien ja nach oben hin noch offen zu sein, und das wollte ich mir nicht sofort mit falscher Genügsamkeit versauen. Der Job: Werbeaufnahmen für die Zeitschriftenanzeige eines bekannten Kaffeeherstellers. Noch bekannter als die Kaffeefirma kam mir allerdings die Adresse vor, die mir die Agenturchefin jetzt nannte: Es war nämlich die von Norbert! Der Mann war ja einfach unglaublich! Das hätte ich mir gleich denken können, natürlich steckte er dahinter!!! Kaum hatte ich aufgelegt, hielt ich sofort wieder den Hörer in der Hand. »Hi, Norbert, hier ist die Sonya. Vielen, vielen Dank! Das ist ja klasse, dass du dich so für mich einsetzt! Woher wusstest du eigentlich, dass ich die Fotos bei der Agentur habe? Hat Mama dir das gesteckt?«

Norbert wirkte ehrlich erstaunt. »Sonya, ich freu mich, dass du dich freust. Aber ich habe nicht den leisesten Schimmer, wovon du redest.«

»Na, von Dienstag!«

»Was ist denn am Dienstag?«

Respekt, der Mann war ja ganz ausgebufft, jedenfalls spielte er den Unwissenden sehr überzeugend. Ich erklärte: »Du musst gar nicht so unschuldig tun. Stichwort ›Braune Bohne‹!«

»Braune Bohne???«

In der Leitung schwebten jede Menge Fragezeichen.

»Mensch, Norbert, die Kaffeesache! Da hast du doch deine Finger im Spiel, oder?«

Weiter Stille. Dann plötzlich ein lautes: »Aaaaaaah. Jetzt weiß ich endlich, wovon du redest.«

»Genau.« sagte ich. »Das war super von dir, vielen Dank!«

Norbert räusperte sich und meinte: »Da haben die sich dich ausgesucht? Guter Geschmack! Da sehen wir uns, da freu ich mich – aber gemacht hab ich nix. Ich bin ja nicht der Kunde. Da werden den Kaffeefritzen einfach deine Bilder gefallen haben!«

Ich war baff! Norbert hatte wirklich nichts damit zu tun. Ich wusste jetzt also nicht nur, wohin es ging – ich hatte auch gleich noch die Bestätigung, dass meine Siggi-Fotos wohl doch nicht ganz so übel waren, wie die überhebliche Booker-Tusnelda mir mit ihrem »Mundwinkel«-Kommentar hatte weismachen wollen. Strike!

Und jetzt alle: Lobhudeln!

So stand ich also viel eher als erwartet wieder vor Norberts Kamera. Mit dabei im Studio: der Kunde und zwei Laien-Models, natürlich älter als ich, die auch für den Job gebucht waren. Allerdings hatte ich den anderen gegenüber einen entscheidenden Vorsprung: Ich hatte schon mal mit Norbert gearbeitet und war entsprechend locker-flockig entspannt. Nicht nur das, ich fühlte mich professionell und sicher wie ein alter Hase – das kam ganz offensichtlich auch so rüber. Das wundersame Resultat des Nachmittags: Die Kaffeemenschen waren so begeistert von mir, dass sie mich gleich wieder buchten. Für einen Fernsehspot!

»Meine« Agenturleute hatten natürlich keine Ahnung, dass ich Norbert kannte, und wussten auch nichts von meinem ersten Probe-Shooting. Darum kam Norbert jetzt auf die glorreiche Idee, meine junge Karriere noch ein bisschen anzufeuern. »Weißte was, Sonya? Den Damen in deiner Agentur erzähl ich jetzt mal, was du für ein tolles Model bist!«

Gesagt, angerufen. Ich stand daneben, als Norbert den Ladys bescheinigte, welchen Glücksgriff sie mit mir getan hatten. Diese ultimative Lobhudelei aller Beteiligten nach nur einem einzigen Job ließ meinen Marktwert in der Agentur von Minuswerten durch die Decke schießen – die nächsten Aufträge waren mir schon sicher. Welch eine Genugtuung! Unnötig zu erwähnen, dass niemals wieder von hängenden Mundwinkeln die Rede war. Allerdings hielt sich meine Solidarität in Grenzen, und so ließ ich mich ziemlich bald von einer anderen Agentur abwerben – die mich fortan fleißig in der Weltgeschichte herumschickte.

> *Das Leben ist wundervoll. Es gibt Augenblicke,*
> *da möchte man sterben. Aber dann geschieht etwas*
> *Neues, und man glaubt, man sei im Himmel.*
> EDITH PIAF

Was zeigt uns diese kleine Geschichte aus meinem Leben?
Mehrere Dinge:

◆ Wer Neues wagt, dem kommt der Zufall zu Hilfe – oft auf
völlig ungeahnten Umwegen.

Und:

◆ Jede Krise ist einmal zu Ende!

Von nun an jobbte ich also nachmittags nur noch selten im
Jeansladen, dafür immer häufiger als Model. Ich habe mal wieder
gut reden? Ist doch alles bloß glücklicher Zufall? Stimmt! Aus
einer gewissen Perspektive war alles, was mir passiert ist, Zufall.
Dass ich zur richtigen Zeit am richtigen Ort war – im Jeansladen,
im »Omen«, in der U-Bahn. Und natürlich hätte auch alles ganz
anders kommen können. Vollkommen richtig beobachtet. Und
wäre ich 1,50 Meter groß gewesen und nicht zufällig mit Gar-
demaß, Arsch und Möpsen gesegnet, hätte mich auch niemand
als Model rekrutiert. Aber dann hätte ich eben meinen Traum
vom Bolschoi Theater weiterverfolgt – oder hätte etwas ganz
anderes gemacht.
  Ich bin davon überzeugt:

Gelegenheiten und Zufälle kreuzen nicht nur ein Mal unseren Weg.
Wenn man die eine Chance verpasst, kann man eben die nächste
nutzen. Im Vertrauen: Das sollte man dann auch tun.

Wichtig sind vor allem nur zwei Dinge: 1.) immer in Bewegung bleiben und dabei 2.) die Augen für Gelegenheiten offen halten. Wenn man diese »Grundregeln« beherzigt, werden sich immer wieder neue Türen auftun.

Ich hatte nicht den blassesten Schimmer, was ich nach dem geplatzten Traum vom Ballett mit meinem Leben anfangen sollte, und habe mich damals viel zu lange von allem abgeschottet. Wenn man sich einigelt, passiert logischerweise wenig. Darum war es das Beste, was überhaupt passieren konnte, dass mich das Schulpraktikum gezwungen hat, meine gewöhnliche Routine zu durchbrechen und etwas ganz Neues auszuprobieren. Zwar hat mir das meine neue Berufung nicht sofort auf dem Silbertablett beschert, aber es hat mich beschäftigt und erst mal auf sehr positive Weise abgelenkt. Und damit wäre ich beim nächsten Punkt:

Was hilft, wenn man gerade nicht weiß, was man will, ist:

◆ *sich locker zu machen und zu akzeptieren, dass man gerade eben mal keinen genauen Plan hat, und dann*

◆ *möglichst all die Dinge tun, die einem Spaß machen.*

Sie finden, das klingt jetzt geradezu paradox, wo ich doch vorhin so viel von Zielen geredet habe? Ist es nicht wirklich. Denn: In jedem Leben gibt es immer wieder vorübergehende Orientierungsphasen. Und da muss man sich einfach die Zeit nehmen, allen Stress, Druck und Krampf loszulassen und stattdessen auf den inneren Kompass gucken, der einen das tun lässt, was man liebt. Erst mit der Entspannung kommen die günstigen Zufälle und irgendwann auch die Erkenntnis, was man wirklich will – und damit ein neues Ziel.

99 Leben, das heißt:
Immer ein Mal mehr aufstehen als hinfallen.
JOHN WAYNE

Der Pychologie-Prof John Krumboltz von der amerikanischen Stanford-Uni hat sogar ein ganzes Buch über die wundersamen Zufälle geschrieben, die kein Zufall sind: »Luck Is No Accident. Making the Most of Happenstance in Your Life and Career«. Das bedeutet so viel wie: »Glücklicher Zufall ist kein Zufall. Wie man das Beste aus zufälligen Ereignissen in Leben und Karriere macht.« Leider ist das Buch noch nicht in deutscher Übersetzung erschienen, aber darin geht es genau um das Prinzip: Glückliche Zufälle passieren denjenigen, die ihren Hintern vom Sofa loseisen und aktiv werden – dann gilt es nur noch, die Gaben der »Happy Hour« zu erkennen und zu nutzen.

99 Die Katze in Handschuhen fängt keine Mäuse.
BENJAMIN FRANKLIN

182

Bar-Crew, Gäste und VIPs – jetzt kommt Leben in die Bude

Beim Mixen unserer beglückenden Fancy Drinks sollten wir nie das Wesentliche aus den Augen verlieren: Ohne die Menschen darin wäre unsere Bar ein ziemlich trauriger Ort und müsste ziemlich schnell wieder zumachen. Sogar wenn sie in wunderbarstem Pink erstrahlt und mit dem neuesten Chic aus dem Designershop eingerichtet ist. Es muss Leute geben, die Cocktails mixen und servieren und Gäste, die sie trinken. Wir brauchen einen DJ für die Lounge-Mucke, wir brauchen Gäste, die mit uns feiern, und logischerweise braucht die Bar unseres Lebens einen Chef...

Wer ist hier der Boss?
Ein kleines Selbstbewusstseins-
Seminar für »Führungskräfte«

Ein gutes Lokal steht und fällt mit seiner Leitung. Ein guter Boss hat immer den Überblick und bewahrt auch in anstrengenden Krisenzeiten einen kühlen Kopf. Er (oder sie) kann zwar delegieren, hält aber dennoch die Zügel in der Hand und sorgt dafür, dass alle wichtigen Zutaten immer vorrätig sind. Er (oder sie) kann Verantwortung tragen, ist gleichzeitig die »gute Seele« des Hauses und hat Spaß an allen Herausforderungen, die das manchmal anstrengende Business so bietet.

Kurz: Der Big Boss in unserem Dasein sind, Sie ahnen es, wir selbst. Und damit uns bei diesem anspruchsvollen Job nichts unterkriegen kann, brauchen wir vor allem eins: Selbstbewusstsein. Die Preisfrage ist jetzt: Wo kriegen wir das her?

Meine Fernsehkollegen und ein paar andere Verdächtige, die – wie ich ja auch – regelmäßig in der Boulevard-Presse auftauchen, behaupten ja in Interviews immer wieder gern so was wie: »Die Familie gibt mir Kraft.« Wahlweise »meine Freunde« oder »mein Hund«. Eher esoterisch angehauchte Zeitgenossen erwähnen in so einem Zusammenhang auch schon mal Talismane oder ihren Engel.

Ich sage dagegen: Alles Quatsch! Bevor Sie das jetzt falsch verstehen: Es ist völlig legitim, an Engel und die Macht von

Glücksbringern zu glauben. Glaube versetzt Berge – wer um die wundersame Wirkung von Selffulfilling Prophecies und Placebos (mehr dazu auf S. 205) weiß, macht sich hier nicht lustig.

Auch der Familie und den Freunden Priorität im Leben einzuräumen ist vollkommen in Ordnung. Meine Familie – also allen voran mein kleiner Baumeister Bob, meine Mama und mein Freund – außerdem meine grandiose Mädels-Gang und die diversen Supermänner um mich herum (inklusive meines vierbeinigen Dream-Teams) sind unschlagbare Highlights in meinem Leben. Dafür bin ich sehr, sehr dankbar!

Meine »Crew« hilft mir natürlich auch beim Abschalten und Entspannen. Nein, ich kann und will es gar nicht leugnen: Die Menschen (und Tiere) um mich herum und auch mein Zuhause tragen enorm zu meiner täglichen Portion Glücksschauer bei. Sie sind das Sahnehäubchen auf dem Kuchen, und ich würde nur sehr ungern darauf verzichten.

Worauf, zum Teufel, will ich dann hinaus?

Auf den Kasus knaxus: Ich *könnte* auf all das verzichten. Wenn es unbedingt sein muss. Zur Not. Denn: *Familie, Freunde und mein Zuhause geben mir keine Kraft!* Genau, ganz richtig gelesen, da steht: Sie geben mir *keine* Kraft! Auch Talismane, Glücksbringer oder ein gutes Horoskop haben keine geheimen Zauberkräfte! Nicht einmal ein Partner, der ein »Fels in der Brandung« ist. Alle Leute um uns herum können »nur« helfen, Kräfte zu wecken, die bereits da sind, die jedoch gerade ungenutzt schlummern. Das klingt nach besserwisserischer Wortklauberei, aber es ist ein riesengroßer Unterschied. Auf die Gefahr hin, dass ich mich jetzt wie ein Möchtegern-Obi-Wan-Kenobi anhöre, verkünde ich hiermit feierlich:

Unsere Power bekommen wir von niemandem – sie ist schon da: in uns selbst.

Und jetzt alle: OMMMMMM! Aber mal ganz im Ernst und fernab von »Star Wars«-Weisheiten: Wenn wir »Selbstversorger« sind und uns auch ohne Hilfe von außen super fühlen können – ganz egal, ob das Komplimente unserer Lieben sind, beruflicher Erfolg oder alles, was in die Kategorie »Mein Haus, mein Auto, mein Boot« fällt –, hat das einen ganz entscheidenden Vorteil. Das heißt nämlich: Wir sind frei! Wir sind unabhängig! Achtung, damit meine ich keineswegs, dass ein Eremitendasein auf einem fernen Planeten das Nonplusultra ist. Aber:

🍋 Unabhängigkeit ist so eine Art Sicherung für Notfälle, die sich vor allem in schwierigen Zeiten zeigt. Ein Fallschirm, der erst aufgeht, wenn es kracht.

Ich bin unglaublich dankbar für die Menschen und für die angenehmen Dinge in meinem Leben, aber ich brauche sie nicht. Selbst wenn ich einmal ganz auf mich allein gestellt sein sollte, komme ich noch klar. Ich habe das Rüstzeug, um mich auf neue Situationen, auf neue Menschen und auf neue Herausforderungen einzustellen. Wenn die Stammgäste in meiner kleinen »Bar des Lebens« ausbleiben, werde ich neue Freunde finden. Wenn ich gezwungen bin, mit dem ganzen Laden umzuziehen, werde ich das auch hinkriegen.

🍋 *Sei glücklich darüber, du selbst zu sein.*
Folge deinem eigenen Herzschlag.
KIM CATTRALL

Die Vorstellung, von irgendetwas und von irgendjemandem tatsächlich abhängig zu sein wie ein Heroinsüchtiger von seinem Stoff, finde ich unangenehm bis unerträglich. Denn was passiert, wenn der »Stoff« dann mal nicht mehr zu bekommen ist? Vorübergehend oder dauerhaft? Und das kann passieren – leider spreche ich da aus Erfahrung.

Ich muss jetzt meinem bisher gut polierten Think-Pink-Image kurz untreu werden und einen kleinen Ausflug in ernstere Gefilde unternehmen. Manches lässt sich nun mal beim besten Willen selbst von mir nicht rosa ausdrücken. Ich habe ziemlich früh im Leben gelernt, dass es Momente gibt, in denen jemand, den man liebt und den man für unverzichtbar hält, auf einmal einfach weg sein kann. Als ich sechs Jahre alt war, starb mein kleiner Bruder als Baby den »plötzlichen Kindstod«. Fünf Jahre später hängte sich mein Vater auf. Da gibt es nix schönzureden, das war schlicht und ergreifend nur eins, verzeihen Sie das deutliche Wort: scheiße!

Aber da half kein Jammern, kein Heulen und auch kein persönlicher Brief an den Weihnachtsmann. Hab ich alles probiert, aber es nützte einfach nichts: Tot war tot. Ich lernte: Es gibt tatsächlich so etwas wie ein endgültiges Aus. Einen »point of no return«. Und meine Mama und ich mussten damit irgendwie zurechtkommen.

Damals habe ich nicht nur ganz folgerichtig aufgehört, an das – Verzeihung! – ignorante Weihnachtsmann-Arschloch zu glauben, das es noch nicht einmal für nötig hielt, mir zu antworten, sondern auch gleich noch jedes Vertrauen in angeblich »starke Männer« und an so etwas wie ein »Ernährer und Beschützer«-Konzept in die Tonne getreten.

Aber dafür habe ich – erst einmal ganz langsam und peu à peu – angefangen, an etwas anderes, viel Realeres zu glauben: nämlich an mich selbst.

Erst fühlte sich natürlich alles an wie in einem Roland-Emmerich-Katastrophenfilm. Weltuntergang. Armageddon. The Day after Tomorrow. Aber wider Erwarten lief der Film doch irgendwie weiter. Das, was ich für den Abspann gehalten hatte, war gar keiner. Ich ging weiter zur Schule und zum Ballett. Wir zogen zwar aus unserem tollen Haus aus, aber auch das brachte mich komischerweise nicht um. Nein, so peu à peu lichtete sich das Dunkel.

> *Ich habe viel über das Leben gelernt,*
> *aber das Wertvollste war: Es geht weiter.*
> BRIGITTE BARDOT

Die Erfahrung zu machen, dass das Leben sogar nach solchen schlimmen Ereignissen weitergeht und, ja, dass es sogar immer noch verdammt Spaß machen kann, selbst wenn man sich das im ersten Moment so wenig vorstellen kann wie Heino ohne Hannelore, hat mich ziemlich geprägt. Genauso wie die galaktische Erfahrung, dass man gar keinen Beschützer braucht, um erfolgreich und (meistens) glücklich den »Strom des Lebens« entlangzuschwimmen wie eine Seerose, die zwar schon mal in einen Strudel gerät und ein paar Wasserspritzer abbekommt, aber immer obenauf schwimmt ...

Jaja, ich höre ja schon auf – und überlasse die Seerosen-Poesie in Zukunft lieber wieder anderen. Aber die Message ist hoffentlich klar: Was auch kommt, ich lasse mich nicht unterkriegen. Der Tod ist endgültig, aber eben auch nur der Tod. Alles andere ist immer in Bewegung. Vielleicht hört sich das jetzt für den gemeinen Küchenpsychologen nach Verdrängung an – ist es aber nicht. Es ist eher so, dass ich seit damals in mir Stärken entdeckt und gezielt »trainiert« habe, die nicht von anderen Leuten und schon gar nicht von äußeren Dingen abhängen.

◆ Diese Art von Stärke, die ich meine, ist nicht einfach nur Selbstbewusstsein oder Selbstvertrauen. Sondern ein Power-Mix. Aber das Allerbeste ist: Jeder kann sich diesen Zaubertrank zubereiten! Jawohl, auch Sie!

" *I am what I am and what I am needs no excuses.*
GLORIA GAYNOR

Zaubertrank-Zutat Nummer eins: Liebe dich selbst!

Es gibt einen Beziehungsbestseller mit dem Titel »Liebe dich selbst – und es ist egal, wen du heiratest!« von Eva-Maria Zurhorst. Warum man hier gleich heiraten soll, ist mir nicht ganz klar, aber an dem Spruch ist was Wahres dran! Fernab von jeder Eheschließung und Partnerwahl bin ich der Ansicht:

Wenn wir uns selbst mögen und mit uns im Reinen sind, ist das der allerbeste Schutzschild gegen sämtliche Unbill des Lebens!

>> ***Glücklich wirst du, indem du dich selbst akzeptierst.***
JAMIE LEE CURTIS

Warum? Och, da gibt es massenhaft Gründe:

◆ Leute, die sich mögen, betrachten Selbstbestimmung als ihr Grundrecht – und sehen sich nicht als Opfer der Umstände. Stattdessen packen sie die Dinge an und ändern sie nach dem eigenen Gusto. Sie sagen in ihrem Leben, wo es langgeht! Nicht der Freund, nicht die Eltern und auch nicht der Chef. Dann kann man zwar keinem anderen die Schuld geben, aber man kann – hurra! – eben auch alles tun, was man will. Leute, die sich mögen, sind auch mutiger, denn wenn etwas nicht gleich klappt, sind sie geduldig mit sich selbst und erwarten nicht sofort höchste Perfektion.

◆ Wenn wir uns mögen, sind wir wunderbar gewappnet gegen blöde Sprüche und fiese Anfeindungen. Wer sich selbst mag, zieht sich sogar selbst durch den Kakao – weil er weiß, dass er nicht perfekt sein muss, um gemocht zu werden! Nur dann kann man auch nett gemeinte Witze verstehen, die einen ein bisschen aufs Korn nehmen – ohne tödlich beleidigt zu sein! Wer sich mag, muss sich selbst nämlich nicht so ernst nehmen, sondern bleibt locker und fühlt nicht gleich bei der kleinsten Kritik seine ganze Existenz bedroht! Die steht durch das Fundament »Selbstliebe« bombensicher. Wer sich selbst mag, kann stattdessen aus Kritik Nützliches herausfiltern – um es beim nächsten Mal besser zu machen.

◆ Wer sich mag, hat eine unschlagbare Ausstrahlung. Nichts ist anziehender als jemand, der signalisiert: »Ich mag mich, wie ich bin. *Mit* meinen Stärken *und* Schwächen!« Leute, die sich mögen, werden darum von anderen Menschen meistens schnell ins Herz geschlossen. Wer mag schon aalglatte Klugscheißer, die immer alles »richtig« machen? Wer sich selbst liebt und gut zu sich ist, signalisiert: Ich bin liebenswert!

◆ Wer sich selbst mag, ist nicht auf Bestätigung von außen angewiesen! Denn wenn wir uns selbst gut finden, brauchen wir nicht ständig Komplimente, um uns wertvoll zu fühlen. Spart nicht nur Nerven, sondern außerdem die sauer verdiente Kohle. Schließlich ist kein Bedarf da für Statussymbole wie Designerklamotten und Autos. Der »Schau her, was ich hier Tolles hab«-Reflex ist außer Kraft gesetzt. Das heißt natürlich nicht, dass man Komplimente oder Lob von anderen nicht annehmen sollte. Im Gegenteil, wenn man weiß, dass sie stimmen, tun sie doppelt gut!

Kurz: Wer sich mag, lebt einfach besser.

Leider sind viele von uns in dem Irrglauben aufgewachsen, sich selbst zu mögen, sei unsozial und egoistisch oder narzisstisch. Dabei ist das ganz großer Käse! Sich selbst zu mögen heißt nicht selbstverliebt zu sein, andere doof zu behandeln oder ihnen was wegzunehmen. Das ist genauso ein unlogischer Blödsinn wie der immer wieder gehörte unterschwellige Vorwurf, Menschen, die Tiere lieben, hätten was gegen Menschen. Es geht beim Sich-selbst-Mögen auch nicht darum, sich selbst auf einen Sockel zu stellen und sich zu vergöttern. Sondern einfach nur darum, den Menschen lieb zu haben, mit dem man die meiste Zeit verbringt: sich selbst. Dann nehmen wir unserer Umgebung eine Menge Stress ab, denn wir erwarten von nichts und niemandem, uns glücklich zu machen. Das kriegen wir schon selbst hin und verteilen sogar noch großzügig von dieser Liebe! So ein gut gedüngtes Selbstliebe-Pflänzchen trägt nämlich reiche Früchte.

Also, statt sich immer nur für die eigenen Fehler zu zergrübeln und sich in Schuld und Selbstmitleid zu suhlen, nehmen Sie sich jetzt einfach mal einen Zettel und einen Stift. Und dann

◆ machen Sie ein »Think myself pink«-Memo:

Schreiben Sie alles auf, was Ihnen einfällt, warum Sie ein liebenswerter und großartiger und wertvoller Mensch sind. Fragen Sie sich: *Warum sind Sie wichtig für diese Welt?* Für Ihre Familie und für Ihre Freunde, für Ihren Liebsten, in Ihrem Beruf oder von mir aus auch für Ihren Dackel. Vielleicht, weil Sie fürsorglich und liebevoll sind, gut zuhören können, weil Sie tollen Kuchen backen, weil Sie lustig sind, fleißig, sportlich und beim Training diszipliniert, was auch immer. Schreiben Sie auch auf, was Sie beruflich oder in der Schule und in der Ausbildung gebacken bekommen haben. Und klopfen Sie sich mal selbst auf die Schulter für Dinge, die Sie erreicht haben! Das meine ich ganz ernst: Klopfen Sie sich mit der einen Hand auf die Schulter und reden Sie sich gut zu.

> *Ich bin einfach, kompliziert, selbstlos, egoistisch, unattraktiv, schön, faul und voller Tatendrang.*
> BARBARA STREISAND

Erkennen Sie an, was Sie leisten, und machen Sie das nicht nach dem Motto »Das war doch nur…« klein. Seien Sie nett zu sich! Sie haben es verdient! Klappt nicht? Dann probieren Sie doch mal den Trick mit dem »Freundschaftsbrief«.

Liebe Sonya… – der aufmunternde Brief an uns selbst!

Ein super Psychotrick, um sich selbst zu mögen, aber immer das Gleichgewicht zu wahren – und sich weder überkritisch zu zerfleischen noch sich narzisstisch zu glorifizieren. Wir stellen uns einfach vor, wir sind unsere eigene beste Freundin! Wie fände die, was wir gerade tun? Was würde sie uns raten? Diese kleine Perspektivverschiebung wirkt Wunder! Und mit dieser Haltung verfassen Sie jetzt einen »Liebesbrief« an sich selbst und schreiben auf, warum wir gerne mit uns befreundet sind, was an uns besonders ist und was uns manchmal in den Wahnsinn treibt, worüber wir als Freundin aber lächelnd hinwegsehen. Schließlich akzeptieren wir bei unseren Mädels auch ganz liebevoll die kleinen Macken und gehen nicht zu hart mit ihnen ins Gericht. Trotzdem reden wir unseren guten Freundinnen schon auch mal ins Gewissen und treten ihnen sanft in den Hintern, wenn sie es sich zu bequem machen – mit den fünf Kilo Übergewicht, mit dem Freund, der ihnen nicht guttut und den sie angeblich nicht verlassen können. Und natürlich geizen wir unseren Lieben gegenüber auch nicht mit Geschenken und Komplimenten – einfach weil wir froh sind, dass es sie gibt! Also, worauf warten wir: Seien wir selbst unsere beste Freundin! (Die Herren Leser mögen die Diskriminierung verzeihen – die Sache funktioniert natürlich auch mit dem »besten Freund«).

Sie möchten wissen, was ich an mir mag? Ich mag mich aus den verschiedensten rationalen und irrationalen Gründen. Der wichtigste Grund: Ich weiß, ich bin ein »guter Mensch«. Das heißt jetzt nicht, dass ich Anspruch darauf erhebe, die zweite »Mutter Teresa« zu sein. Das bedeutet nur: Ich bin nicht gemein, ich bin nicht sadistisch, ich bin nicht grausam, ich betrüge nicht, ich lüge nicht, und ich helfe anderen, so gut ich kann. Kurz: Ich verhalte mich moralisch, das Grundgesetz ist meine Religion. Denn:

🔸 Sich mit seinen Schwächen zu akzeptieren, heißt nicht, sich selbst alles durchgehen zu lassen! Es hilft enorm beim Sich-Mögen, wenn man an sich arbeitet und sich vor allem nicht wie ein Arschloch verhält und wenn man den eigenen moralischen Ansprüchen genügt (mehr zum Thema »Helfen als Glückskick« auf S. 371 ff.).

Ich mag aber auch meine »Fehler« – denn wenn ich das nicht tun würde, würde ich alles daransetzen, etwas zu ändern!!! Ich bin zum Beispiel von jeher ein Chaoskind, das es schafft, einen Raum innerhalb von zwei Minuten komplett zu verwüsten. Ich bin furchtbar nachtragend und vergesse wie ein Elefant nie, wenn jemand etwas Mieses gemacht hat – zumindest so lange nicht, bis ich eine ehrliche Entschuldigung bekomme. Ich mag es auch an mir, dass ich mich für den Diplomatischen Dienst null eigne, weil ich – nach »normalen« Maßstäben – viel zu direkt bin. Das sind aber »Fehler« aus Überzeugung, sie machen mich einzigartig und werden aus einer anderen Perspektive zu Stärken! Gerade bei meinen Freunden bin ich für meine schonungslose Klappe berühmt – ich halte nicht hinterm Berg mit dem, was mir als Erstes durch den Kopf schießt.

Meine Freundin Alexia konnte einmal nachts nicht schlafen und hat, um sich von ihrer Schlaflosigkeit abzulenken überlegt: Was würden meine Freundinnen auf die Frage sagen: »Guck mal, mein Arsch ist doch dick geworden, oder?« Dann hat sie vier Antworten aufgeschrieben und ihren vier besten Freundinnen in den Mund gelegt. Die Sätze mussten wir hinterher der richtigen Person zuordnen. Natürlich wussten wir alle sofort Bescheid. Was mein Satz war? Der folgende: »Ach du Scheiße, stimmt, Alexia, da musst du unbedingt was machen!« Die anderen haben so was gesagt wie »Ach, du übertreibst, meine Güte« oder «Ich seh da keinen Unterschied!«

Auch wenn Alexia mir en détail von einem One-Night-Stand berichtet hätte (»Was für ein geiler Typ! Ich sach dir, ich hab mir die Seele aus dem Leib gevögelt!«), wäre ich diejenige, die trocken sagt: »Du hast ja hoffentlich ein Kondom benutzt?«

> *Charme und Perfektion*
> *vertragen sich schlecht miteinander.*
> CATHERINE DENEUVE

Ja, es ist einfach so, egal was ich mache, ich bleibe immer eine Sonya, die redet, wie ihr der Schnabel gewachsen ist und die anderen ohne Vorbehalte gegenübertritt. Freunden ebenso wie Fremden und sogar der Fernsehkamera. Dadurch wirke ich oft ein bisschen »schrill« und »too much« und werde auch nie die mysteriöse Aura einer Greta Garbo haben. Einige mögen das für eine Schwäche halten – aber das juckt mich nicht, denn ich mag mich so. Ich bin authentisch. Und trotzdem (und das wird einige überraschen), kann ich noch überraschen – wenn andere mich näher kennenlernen und wenn sie plötzlich entdecken, dass es unter meiner offenen Oberfläche jede Menge Schichten gibt. Aber seien Sie gewarnt, wenn Sie mit dem Sich-selbst-Mögen anfangen.

Wenn man sich mag, hat das »Nebenwirkungen«: Leute, die sich mögen, haben eine so starke Ausstrahlung, dass das Neider auf den Plan ruft. Aber auch das ist ein ganz wichtiger Schritt auf dem Weg zur Selbsterkenntnis: Man kann nun mal nicht allen gefallen.

Ich bin mir jedenfalls bewusst, dass ich polarisiere: Entweder man mag mich oder man findet mich zum Kotzen. Dazwischen gibt's ganz lange nichts. Wäre ich ruhiger und zurückhaltender, würde ich im Fernsehen vermutlich eine breitere Masse ansprechen. Vielleicht so, wie die Schwiegermama-Lieblinge Jörg Pilawa oder Günther Jauch. Aber dann wäre ich nun mal nicht ich. Ich bezweifle sogar, dass ich überhaupt TV-Karriere gemacht hätte, wenn ich mich irgendwie bemüht hätte, anders zu sein.

197

Dass ich mich nicht verstelle, hat noch einen weiteren entscheidenden Vorteil: Ich muss nicht lange überlegen, bevor ich etwas mache oder sage. Würde ich mich zum Beispiel zwingen, introvertiert und besonnen zu sein, würde ich mich nach »Regieanweisungen« richten, die nicht zu mir passen. Stattdessen folge ich einfach meinem Bauchgefühl, meinem Instinkt oder wie auch immer man das nennen möchte.

Günther Jauch und Jörg Pilawa verstellen sich natürlich auch nicht – die sind einfach so! Auch sie haben ihre Stärken erkannt – und genutzt. Ich bin eher wie ein Stefan Raab oder ein Elton, an mir scheiden sich die Geister. Niemand würde mich mit Attributen wie »seriös«, »zurückhaltend« oder gar »vornehm« beschreiben – das ist auch völlig in Ordnung, weil das nicht zu mir passt. Oder sagen wir besser: *nicht mehr* passt.

Forscher glauben, dass ein großer Teil unseres Charakters zwar durch die Gene vorbestimmt ist. Andererseits können bestimmte Eigenschaften aber auch durch äußere Einflüsse und Gegebenheiten erst zum Vorschein kommen. Bestehende Anlagen können also gefördert oder – im Gegenteil – unterdrückt werden.

Das heißt übersetzt: Unser Charakter ist zwar einzigartig, aber was uns im Laufe des Lebens passiert, prägt uns. Das bedeutet allerdings auch:

◆ Wir haben – hurra! – immer die Wahl, unsere ganz besonderen Eigenschaften aus dem Schattendasein ins Rampenlicht zu rücken!

Auch bei mir war früher einiges noch ganz anders! Im Alter von elf Jahren war ich – zumindest außerhalb meiner schützenden heimischen vier Wände – noch das extrem schüchterne kleine Ballettmädchen. Ein echtes Mauerblümchen, denn durch meine jahrelange ballettbedingte Abstinenz vom sozialen nachmittäglichen After-School-Leben hatte ich mich in eine Außenseiterrolle manövriert.

Meine Extrovertiertheit beschränkte sich damals auf meinen Tanzpart in der Frankfurter Oper. Da kannte ich weder Lampenfieber noch Scheu vor dem Publikum. Wenn ich über die Bühne trippelte und flog, war mir ja auch vollkommen klar, was ich zu tun hatte; da gab es wenig Raum für Experimente, jeder Schritt und jede Bewegung waren festgelegt.

Alles andere im Leben fand ich als Neu-Teenie dagegen beängstigend freestyle. Darum hielt ich mich zurück. Ich sprach keine anderen Kinder an; wenn überhaupt, ließ ich mich anquatschen. Der überwiegende Teil der Klasse verhielt sich darum mir gegenüber weitgehend neutral. Ich war nicht direkt unbeliebt, aber auch nicht gerade der Mittelpunkt des Geschehens, sondern lief irgendwo als Randfigur mit. Ich hatte ein paar gute Freundinnen, die sich ähnlich schüchtern verhielten wie ich – das war's.

Das war also der einigermaßen unspektakuläre Status quo meines noch nicht so übermäßig lange währenden Daseins auf diesem Planeten, als ich eines schicksalhaften Tages nach Hause kam – und von einer Nachbarin mit der Feinfühligkeit eines Bulldozers auf dem Gehweg vor dem Haus mit den Breaking News überrascht wurde, dass mein Vater bis gerade eben im Treppenhaus hing. Weitere Details erspare ich mir (und Ihnen) an dieser Stelle und springe stattdessen zu dem Moment am Morgen ein paar Tage darauf.

DIE VERWANDLUNG
(EINE BEGEBENHEIT FREI NACH S. KRAUSKA)

Ich kam etwas später in die Schule als sonst und wollte eigentlich nichts anderes, als mich an meinen Platz zu setzen und mich so unsichtbar wie möglich zu machen. Das war leider leichter gesagt als getan. Die Augen aller Klassenkameraden waren wie mit Pattex auf mich geheftet. So als hätte ich mich über Nacht in Kermit, den Frosch, und in E.T., den Außerirdischen, in einer Person verwandelt. Als ich so zu meiner Bank schlich und sorgfältig darauf achtete, nicht den Blick vom Linoleumboden zu heben, war es in der 6 d so angespannt still wie sonst eigentlich nur, wenn unser Mathelehrer Herr Günzel die korrigierten Arbeiten austeilte – und das stand heute definitiv nicht auf dem Programm. Die erste Stunde war Französisch, vergleichsweise beliebt, und hatte deswegen zumindest zu Beginn immer den Dezibelpegel einer startenden Concorde. Doch heute drang nur ein bisschen leises Getuschel links und rechts an mein Ohr. Nein, das verhieß nichts Gutes!

Meine Mama hatte mich vorab damit beruhigt, dass die anderen Kids von meinem Klassenlehrer vorab über den Tod meines Vaters »gebrieft« worden waren, damit ich meine Abwesenheit nicht selbst erklären musste und außerdem niemand ins Fettnäpfchen trat und mir die Sache unnötig noch schwerer machte.

Ich hatte also die berechtigte Hoffnung, dass ich mich einfach nur an meinen Tisch setzen konnte, bevor es »business as usual« hieß. Daraus wurde allerdings nichts. In den noch verbleibenden etwa neunundreißigeinhalb Minuten der ersten Stunde bekam ich bereits mehrere Zettelchen mit Smileys zugesteckt. Silke, meine Sitznachbarin, die temperamentstechnisch normalerweise kaum von einer Parkuhr zu unterscheiden war, ließ sich dazu hinreißen, mich aus dem Nichts so ungelenk mit eisenhartem Würgegriff zu umarmen, dass mir eine Minute lang die Luft wegblieb. Dabei schluchzte sie: »Es tut mir so leid«, als wollte sie sich um eine melodramatisch angelegte Rolle in der »Lindenstraße« bewerben, der einzigen zur Verfügung stehenden Vorabend-Soap der Mittachtziger.

Peinlich berührt murmelte ich ein »Danke« und starrte danach angestrengt in mein Französischbuch.

Silkes Gefühlsausbruch war allerdings erst der Aperitif. Kaum kündigte der Gong den Beginn der Fünf-Minuten-Pause an und unsere Französischlehrerin, Frau Müller-De Montessant, war im Flur verschwunden, stürzten sich die anderen auf mich wie ein ausgehungerter Killerbienenschwarm auf sein armes Opfer. Es gab kein Entrinnen! Um mich herum sah ich in einen Pulk betroffen lächelnder Gesichter. Die anderen Kinder, selbst die, von denen ich sicher war, dass sie mich bisher nicht einmal bemerkt hatten, drängten sich um mich herum, als sei Nena zur Autogrammstunde angerückt. Aber es wollte niemand ein Autogramm von mir haben. Nein, ich war ohne jede Vorwarnung im Streichelzoo gelandet!!! Die Attraktion war nicht etwa ein dickes Hausschwein oder ein niedliches Kaninchen. Nein, die Attraktion war ICH. Mir wurde über den Arm getätschelt, über den Rücken gestrichen oder an irgendwelche sonstigen leicht erreichbaren Körperstellen geklopft. Sämtliche Mitschüler hatten sich von kleinen Monstern in zuckersüße Schätzchen verwandelt. Selbst mein Erzfeind Mehmet stoppte seine Verbalangriffe, legte die psychologische Kriegsführung auf Eis und säuselte: »Das tut mir so leid mit deinem Papa!«

Ich war ja auf das Schlimmste gefasst gewesen, aber was war das?

Mir fiel kein anderer Ausweg ein, und ich sagte leise: »Ich muss mal aufs Klo«. Der Effekt war erstaunlich. Mein neu gewonnener Fanclub teilte sich auf meine Ansage hin lautlos wie das Rote Meer für Moses, und ich flüchtete in Richtung Gelobtes Land, in meinem Fall: das Stille Örtchen. Die Rettung! Hier verbarrikadierte ich mich bis zum nächsten Gongsignal. Mir wäre ja alles recht gewesen, bloß nicht dieses Interesse an meiner Situation. Ich wollte mich in Luft auflösen oder – wahlweise – alle anderen mittels eines gezielten Zauberspruchs in Dornröschenschlaf versetzen. Mitleid rangierte, wie ich gerade deutlich merkte, auf meiner persönlichen Abneigungshitliste ungefähr auf einer Höhe mit Spinnen, Besserwissern und Mathearbeiten.

Aber es wurde auch in den kommenden Tagen nicht wirklich besser. Die Clique um unsere Meinungsführerin und Klassensprecherin Tanja, sonst eigentlich zu cool für diese Welt und bisher eigentlich überhaupt nicht mein Verein, rief mich in einem unerwarteten sozialen Anfall von Minderheiten-Integration auf dem Schulhof plötzlich zu sich. Wäre ja eigentlich eine prima Idee und längst überfällig gewesen, wenn das Sprachzentrum aller Beteiligten nicht sofort schockgefrostet gewesen wäre, sobald ich dabeistand. Schweigend mümmelten die sonstigen Wortführer am Pausenbrot und trauten sich höchstens, ein paar Bemerkungen übers Wetter und den Unterricht zu machen. Falls doch mal einer endlich locker drauflosquatschte, dauerte es nicht lange, bis er sich auf die Zunge biss: »Und dann war ich im Freibad mit meinem Pap... oh, äh, also, mit ein paar Leuten...« Es war grauenhaft. Konnten die Leute nicht bitte, bitte normal sein? So wie immer? Aber, das ließ sich nicht leugnen, es war ja nun mal nicht »wie immer«.

Das Verhalten der anderen war aus heutiger Perspektive natürlich vollkommen normal. Ich war das erste und einzige Kind in der Klasse, das einen Elternteil verloren hatte – und Kinder mit elf haben keine Routine mit solchen Situationen. Meine Klassenkameraden versteckten unter dem eifrig gezeigten Mitgefühl schlicht und ergreifend Angst. Angst vor mir, dem Halbwaisen-Alien. Sie versuchten irgendwie damit umzugehen. Für mich galt hingegen: Ich hätte lieber allein in der äußersten Ecke des Schulhofes rumgestanden, als weiter wie das allerletzte Exemplar einer Tierart auf der Roten Liste bestaunt, betatscht und bemitleidet zu werden. Aber fliehen war nun mal nicht – Schulpflicht ist Schulpflicht.

Es war klar: Ich musste etwas unternehmen, wenn ich dieser unerträglichen Situation ein Ende bereiten wollte. Die Schule zu wechseln war keine Option. Das einzige Gymnasium, das als erste Fremdsprache ebenfalls Französisch anbot, lag 40 Minuten Busfahrzeit in entgegengesetzter Richtung zu meinem Ballettunterricht – und ich fuhr jetzt schon über eine Stunde. Wenn ich zu all den unheilvollen Veränderungen der jüngsten Zeit nicht auch noch mein liebstes Hobby aufgeben wollte, musste ich irgendwie in der Höhle des Löwen überleben.

Klappt die Showtreppe aus – the only way is up!

Was tat ich also? Ich ging instinktiv zum »Gegenangriff« über. Und zwar zu einem, den mir niemand zugetraut hätte. Ich legte mit quietschenden Reifen einen gewagten U-Turn hin. Innerhalb von drei Wochen wurde ich von einem der schüchternsten Mädchen der Schule zum Entertainer der Stunde und legte damit sozusagen den Grundstein für meinen späteren Beruf. Vor »Sonya on speed« war kein Gag sicher. Ich fand in jeder Situation etwas Komisches und brachte selbst Klemmis wie Silke zum Kichern – jeder Brite wäre stolz auf mein plötzlich zutage tretendes Stand-up-Comedian-Talent gewesen. Diese lustige Sonya war übrigens keineswegs eine Erfindung der »Neuzeit«. Die gab's schon lange – bei Privatvorstellungen für Großeltern, Mama und engste Freundinnen. In den allermeisten Situationen hatte ich diese Facette von mir aus genannten Gründen allerdings sorgfältig hinter dem Schutzpanzer aus Schüchternheit verborgen. Hätte ja Angriffsfläche geboten. Aus freien Stücken hätte ich auch niemals mein Schneckenhaus abgeworfen und mein humoreskes Selbst entblößt, aber meine Angst vor der eigenen Trauer und vor dem bedrohlichen Beileid war größer als meine Angst vor den anderen.

Und mit meiner plötzlichen Metamorphose geschah das Wunder: Sobald ich lustig und gut gelaunt war, fühlte ich mich plötzlich nicht nur in meinem Element. Die anderen sahen auch keinen Grund mehr, mich zu bemitleiden. Das erste Zeichen, dass sich alles normalisierte: Mehmet fing wieder an, mich wie gewohnt zu piesacken. Welch ein Triumph! Auch die anderen verhielten sich mir gegenüber endlich wieder wie ganz normale Mini-Menschen. Allerdings auf ganz andere Art als vorher – statt Distanz zu wahren, tauten sie auf und trauten sich an mich ran. Endlich hatten sie mitbekommen, dass ich gar nicht arrogant war. Wie hätten sie das vorher auch feststellen sollen? Und ich stellte wiederum mit Erstaunen fest, dass die anderen gar nicht so schlimm sind!

Eigentlich hatte ich ja nur meine Lage überspielen wollen, damit die anderen mich mit ihrem nervigen Mitleidsgetue in Ruhe ließen, das mich, statt zu trösten, nur so sehr an meine Trau-

Es ist so, wie du glaubst, dass es ist: Selffulfilling Prophecies

Was damals passiert war, als ich vom schüchternen Mauerblümchen zur Entertainerin wurde? Ich hatte nicht nur meine »Superkraft« entdeckt, sondern auch Bekanntschaft mit dem gemacht,
was Psychologen eine »Selffulfilling Prophecy« (auf Deutsch: eine
»sich selbst erfüllende Prophezeiung«) nennen. Wie bitte? Was?
Ein super Beispiel für eine SFP ist es, wenn irgendwelche sogenannten Wirtschaftsexperten eine Krise vorhersagen. Wenn dann
alle Investoren sofort ängstlich ihr Geld aus den angeblich so
gefährdeten Bereichen abziehen, ist die Krise plötzlich da – eine
Bestätigung für die »Experten«. Ohne Prophezeiung wäre aber
möglicherweise wenig bis nichts passiert.

Wenn wir auf einen Türsteher mit einer angespannten Haltung zukommen, die ausstrahlt: »O Gott, meine Turnschuhe! Hab
ich damit überhaupt eine Chance, reinzukommen? Hilfe! Hilfe!«,
ist die Wahrscheinlichkeit groß, dass wir tatsächlich abgewiesen
werden, weil unser ganzer Körper verrät, dass wir gern etwas
verbergen würden – unsere Turnschuhe nämlich. Doch wenn wir
ganz easy-peasy bleiben und denken: »Vielleicht komm ich ja
rein – und wenn nicht, kein Weltuntergang«, wette ich, dass das
Entree deutlich einfacher wird.

Let your body talk – Selbstbewusstsein durch selbstbewusste Körperhaltung

Für mich ist es immer wieder ein kleines Wunder, wenn ich feststelle: Unsere Psyche wirkt fast augenblicklich auf den Körper. Angst macht zum Beispiel kalte Hände und Füße, Spaß rosige Wangen. Umgekehrt funktioniert das aber genauso! Sobald wir uns gerade halten, mit stolz erhobenem Kopf, nach hinten gezogenen Schultern und aufrechtem Rücken, fühlen wir uns augenblicklich souveräner und weniger angreifbar. Toller Nebeneffekt: Wir sehen auch viel besser und schlanker aus als jemand mit zusammengesunkener Quasimodo-Haltung. Außerdem quetschen wir unsere inneren Organe nicht über Gebühr, sodass die dadurch reibungsloser arbeiten können. Das ist logischerweise viel gesünder. Doch leider sinken viele von uns unbewusst im Sitzen oder Stehen immer wieder in sich zusammen. Das muss nicht sein! Um immer so eine selbstbewusste Körperhaltung zu behalten, ist ein gut trainiertes Muskelkorsett von unschätzbarem Vorteil. Ganz besonders gut sind dafür Sportarten, die nicht nur Muskeln aufbauen, sondern auch tatsächlich die Haltung schulen wie Tanzsportarten (ich verdanke meine Haltung immer noch dem Ballettdrill als Kind), Yoga oder Kampfsport. Letztere geben obendrein noch der Psyche Auftrieb, denn wenn wir immer wissen, dass wir uns im Notfall mit dem eisenharten Handkantenschlag und gnadenlosen Roundhouse-Kick Respekt verschaffen könnten wie Uma Thurman als »Braut« in »Kill Bill«, verleiht uns das die Aura einer Superheldin. Ha!

Auch Placebo-Medikamente sind quasi sich selbst erfüllende Prophezeiungen in Pillenform. Die Placebos, also Fake-Pillen ohne Wirkstoffe, werden von den Patienten nämlich in dem Glauben eingenommen, sie seien »echt«. Das häufige Resultat: Die prophezeite Wirkung tritt ein, obwohl die Placebos nicht mehr sind als reine Zuckerdragees. »Nur« weil die Leute daran glauben, scheint der Körper von selbst alles dranzusetzen, die versprochene segensreiche Wirkung auch herbeizuführen. Na wenn das kein Beweis für die Macht unserer Gedanken ist!

> *Eine sich selbst erfüllende Prophezeiung ist eine Annahme oder Vorhersage, die lediglich durch ihre Existenz das vorhergesagte Ereignis verursacht und so sich selbst »beweist«.*
> PAUL WATZLAWICK

In der sechsten Klasse hatte ich natürlich noch keinen Schimmer von solchen Mechanismen. Trotzdem habe ich damals, quasi ohne es zu wissen, Bekanntschaft mit dem SFP-Phänomen gemacht. Und zwar gleich doppelt: Lange hatte ich es als »Tatsache« angesehen, dass die anderen in der Klasse insgeheim etwas gegen mich hatten. Ich war mir vollkommen sicher, dass sie mich für eine eingebildete Balletttussi hielten. Dadurch verhielt ich mich noch schüchterner, als ich sowieso schon war – schließlich galt es, vor möglichen Angriffen auf der Hut zu sein! Ergebnis: Ich hatte tatsächlich bald den Ruf weg, arrogant zu sein und mir etwas auf mein »Tutu-Rumgehopse« einzubilden. Aber, hey, das war natürlich Wasser auf meine Mühlen! Hatte ich es nicht vorhergesehen? Die anderen waren doof und mochten mich nicht! Siehe da: Meine Annahme hatte sich auf (gar nicht so) wundersame Weise erfüllt. Dass das vor allem das Ergebnis meines eigenen Verhaltens war, sah ich natürlich nicht. Stattdessen zog ich mich noch mehr in mein Schneckenhaus zurück. Die Folge davon: Die anderen hielten mich für noch eingebildeter. Ein Teufelskreis!

Etwas Ähnliches, nur andersrum, passierte, als ich schließlich die Spirale durchbrach: Meine Fröhlichkeit war zunächst reine Notwehr – wurde aber schnell zu einer ganz echten Fröhlichkeit. Denn je ungezwungener ich mich verhielt, umso besser drauf waren die anderen in meiner Gegenwart. Dadurch wurde wiederum ich noch lockerer und fühlte mich auf einmal wirklich besser. Eine echte Aufwärtsspirale! In diesem Fall hatte sich die Fröhlichkeit sozusagen selbst erfüllt.

🔶 Was lernen wir also daraus? Genau: Es ist schlau, an unsere guten Eigenschaften zu glauben und sie vor allem gezielt zu pflegen. Wir werden so, wie wir glauben, dass wir sind.

Ah, ein Zwischenruf! Sie meinen, das steht im Gegensatz zu unserer Authentizität? Mitnichten! Nicht authentisch sind wir nämlich nur dann, wenn wir eine Rolle spielen, von der wir glauben, dass sie von uns erwartet wird. Das ist etwas absolut anderes, als wenn wir in das Schatzkästchen unserer Persönlichkeit greifen und die Juwelen zutage fördern und polieren, bis sie blinken. Also: Schauen wir nach, welche Schätze da bei uns so im Verborgenen schlummern – es lohnt sich!

Zum Sich-selbst-Mögen gehört aber noch ein ganz wichtiger Aspekt:

Gönnen wir uns etwas Gutes – das steigert sofort das Selbstwertgefühl!

Ein Häuslebauer weiß: Wenn er in sein Eigenheim investiert, steigt der Wert der Immobilie. So ähnlich ist das auch mit unserem Selbstwertgefühl. Wenn wir uns selbst ein bisschen verwöhnen und unsere Bedürfnisse ernst nehmen, wird auch das ganz schnell zu einer raffinierten Selffulfilling Prophecy. Damit funken wir an unsere Psyche: »Hey, wenn wir so umsorgt werden, müssen wir doch ziemlich wichtig sein. Achtung: Selbstbewusstseinsregler hochfahren!« Darum fragen Sie sich bitte:

◆ Was tut mir so richtig gut?

Das ist individuell natürlich total verschieden. Der eine liebt eine einsame Mountainbike-Tour durch den Herbstwald, die andere lebt beim Shoppingbummel mit ihren Mädels so richtig auf. Es gibt massenhaft Wege, gut zu sich zu sein: sich selbst ein tolles Essen kochen, einen Tag in einem Spa verbringen, einen Ausflug machen, Kuchen backen, Freunde treffen ... Egal was wir mögen und was uns entspannt, es ist wichtig, sich regelmäßig Zeit dafür zu neh-men. Am besten jeden Tag. Denn eins sollten wir nie vergessen:

◆ Wir sind der wichtigste Mensch in unserem Leben.

,, *Das, was du heute denkst, wirst du morgen sein.*
BUDDHA

Zaubertrank-Zutat Nummer zwei:
Du bist nicht (nur), was du gerade tust!

Noch eines der Geheimnisse meines Selbstbewusstseins:

◆ Ich wahre immer eine gesunde Distanz zu dem, was ich mache.

Sie können sich vielleicht denken, was ich manchmal über mich selbst zu lesen bekomme. Von einem Frankfurter Magazin wurde ich zum Beispiel unter die zwanzig peinlichsten Frankfurter gewählt und mit dem Titel »Flaschenkind« bedacht. (Ja, ich trinke mein heiß geliebtes Malzbier aus der Flasche!) Und ich denke: Na und? Das ist zwar nicht gerade nett, aber solange ich mich mag und mit mir selbst prima klarkomme, muss mich nicht jeder andere mögen. Das hilft mir auch, wenn ich in der Zeitung »Nettigkeiten« lese wie die, ich hätte den IQ einer Zimtschnecke. So was kommt fast immer von jemandem, dem ich nie begegnet bin.

Dann weiß ich, dass da jemand mein Produkt – die »TV-Sonya« inklusive des Inhalts der Sendung – mit der Frau dahinter verwechselt. Führte ich durch eine Intellektuellensendung wie das »Literarische Quartett«, hielten mich garantiert alle gleich für superschlau. Leute in Schubladen zu stecken ist nicht besonders clever, aber menschlich. Und wenn man sich das bewusst macht, ist alles halb so schlimm.

> *Ein Image und ein Mensch sind zweierlei. Es ist*
> *verdammt schwer, einem Image gerecht zu werden.*
> ELVIS PRESLEY

Die mit Extensions, Make-up und jeder Menge Tricks aufgebrezelte Sonya im Fernsehen ist nur ein Teil von mir – nämlich der, der seinen Job so gut macht wie möglich. Ich liebe, was ich tue, aber ich identifiziere mich trotzdem nicht mit meiner Dienstleistung. Ich bin und kann mehr und anderes als das, auch wenn das für andere nicht unmittelbar zu sehen ist. Ein Tischler oder eine Kosmetikerin liefern im Job ja auch ein Handwerk ab, aber dass sie mit ihren Händen arbeiten, bedeutet noch lange nicht, dass die Birne stillgelegt ist und dass sie sich nicht auch für Literatur, Politik oder Wissenschaft interessieren können. Und eine Hausfrau und Mutter hat ihr Gehirn nicht zwangsläufig im Kreißsaal gelassen.

So eine Haltung funktioniert am besten, Sie ahnen es, wenn man sich selbst mag. Durch diesen Puffer breche ich nicht bei der leisesten Kritik zusammen – die betrifft ja nur meine Tätigkeit. Außerdem bin ich so in der Lage, die Sache beim nächsten Mal besser zu machen. Das ist nicht nur professionell, sondern auch für das zarte Pflänzchen meiner Psyche ein Riesenvorteil. Denn ich muss ja nicht mich und meine Identität ändern, sondern ich kann einfach etwas daran ändern, wie ich den Job ausführe. Das ist ein himmelweiter Unterschied! Da breche ich mir keinen Zacken aus der Krone und kann weiter ruhig schlafen, ohne als am Boden zerstörte Persönlichkeit zum Psychiater rennen zu müssen.

> *Jemand, der immer wieder über sich selbst lachen*
> *kann, wird niemals ohne Freunde sein.*
> SHIRLEY MACLAINE

Einer meiner ersten Senderchefs hat mal gesagt: »Weißt du, Sonya, das Schöne an dir ist, dass du so überhaupt nicht beratungsresistent bist.« Was er meinte: Ich höre mir Kritik an und überlege, ob da was dran ist. Ob ich etwas besser machen kann. Die eben erwähnte »Flaschenkind«-Beleidigung ist nicht konstruktiv, sondern nur polemisch – diese »Kritik« nehme ich mir nicht zu Herzen, und sie perlt an mir ab.

◆ Zu erkennen, wann Kritik berechtigt ist und wann nicht,
   ist eine Trainingssache! Je besser man weiß, was man
   kann – und was nicht –, desto besser kann man das ein-
   schätzen.

Aus den meisten Kritikpunkten kann man etwas mitnehmen, ohne sich verunsichern zu lassen. Selbst aus der harschen Bemerkung meiner ersten Bookerin (wir berichteten), die meinte, ich hätte »hängende Mundwinkel«, habe ich etwas gelernt: dass ein arroganter Gesichtsausdruck auf Fotos nicht besonders gut ankommt. Vielleicht hat sie aus meinem späteren Erfolg auch etwas gelernt: nämlich, dass die ersten Bewerbungs-Posing-Fotos eines Laien-Models möglicherweise noch nicht so besonders aussagekräftig sind und sie dem Mädchen demnächst besser mal ins Gesicht guckt.

Leute, die dagegen beratungsresistent sind, lassen sich nichts sagen. Die nehmen alles persönlich, sind sofort beleidigt und wissen alles besser. Leute, die beratungsresistent sind, lernen nicht aus ihren Fehlern, weil sie ihre Fehler ignorieren. Das heißt, Beratungsresistenz führt dazu, dass man nie besser wird in dem, was man tut.

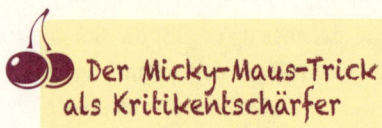

Der Micky-Maus-Trick als Kritikentschärfer

Sie sind ein Mimöschen und neigen dazu, jede Kritik persönlich zu nehmen? Keine Angst, kritische Worte der lieben Mitmenschen zu nutzen, lässt sich trainieren. Wenn das nächste Mal jemand über irgendetwas motzt, was Sie getan oder nicht getan haben, ist der wichtigste Leitspruch erst mal: Ruhig, Brauner, ruhig! Auf keinen Fall jetzt wie ein wild gewordener Stier sofort automatisch zum Gegenangriff übergehen, als hätte jemand ein rotes Tuch gezückt. Und bitte auch nicht schmollend in der Ecke verkriechen. Bevor ich irgendwas tue, denke oder überhaupt irgendwie reagiere, atme ich ruhig weiter und zähle innerlich bis zehn. Falls ich merke, dass ich tatsächlich sauer werde – auch bei mir kommt das schon mal vor –, stelle ich mir den anderen mit den großen Ohren von Micky Maus vor – die nervige Ich-mach-alles-richtig-Maus ist schließlich der »Vater« aller Klugscheißer. Das nimmt nämlich dem vermeintlichen Angriff sofort die Bedrohlichkeit (Achtung: Nicht kichern!). Statt den eigenen Standpunkt zu verteidigen, jetzt erst mal die Kritik von Besserwisser Micky in eigenen Worten wiederholen (Vorsicht, zickiger oder genervter Unterton ist kontraproduktiv): »Du meinst also, dass sich die Zwiebeln besser schälen lassen, wenn ich sie in heißes Wasser lege? Warum ist das so? Kannst du mir das mal zeigen?« Dadurch ist die ganze Atmosphäre sofort ganz sachlich, der andere fühlt sich ernst genommen – das stärkt die Beziehung zwischen Ihnen. Ihr Gegenüber muss aber gleichzeitig seine Kritik durch Fakten untermauern. Das kann er oder sie nicht? Nun, dann wissen Sie gleich mehr: Dann ist die Kritik sehr wahrscheinlich heiße Luft, und er wollte sie nur provozieren. Klingt seine Präsentation einleuchtend: Glückwunsch, wieder was dazugelernt. In jedem Fall geht der Orden für Coolness und Souveränität an Sie!

Zaubertrank-Zutat Nummer drei: Wahrheit – (m)eine Droge!

Während manche Leute hinter betonter Extrovertiertheit irgend-etwas verstecken wollen, bin ich trotz meiner »Hoppla, jetzt kommt Sonny«-Mentalität ein Riesenfan der Wahrheit! Ehrlich-keit ist (m)ein absolutes Erfolgsrezept, das ich nur weiteremp-fehlen kann. Denn wer immer ehrlich bleibt und nicht irgendwas zu verstecken versucht, der ist nicht angreifbar und muss auch nie lange überlegen, welche Ausrede er jetzt vorschützt und was er denn jetzt sagen oder tun soll. So wie meine Bekannte Vicky, die bei einer kleinen Party den Champagner dankend ablehnte und sagte: »Nein, vielen Dank, ich rühr das Zeug nicht an. Mein Vater war Alkoholiker, und ich habe gesehen, wohin das führen kann!«

Da kann ich nur sagen: Hut ab! Zu so einem Statement gehört erst mal Mut. Aber ich weiß aus Erfahrung: Es ist wahnsinnig befreiend. Denn dann muss man nichts mehr erklären!

🍋 Ehrlichkeit stärkt so vor allem auch unser Selbstbewusstsein! Denn wenn wir offen und ehrlich sind und auch vor ande-ren aus unseren kleinen Schwächen keinen Hehl machen, werden wir immer nur für das geschätzt und geliebt, was wir wirklich sind – und nicht für irgendein mühsam aufgebautes falsches Image.

Wäre doch blöd, wenn man das Gefühl haben müsste: Ach, wenn die mich kennen würden, wie ich wirklich bin, dann würden die mich bestimmt nicht lieben. Das ist absolutes Gift fürs Selbstbewusstsein! Darum habe ich zum Beispiel auch überhaupt keine Probleme, meine Beauty-Tricks mitzuteilen. Ich gebe von jeher freimütig zu, dass ich vor der Kamera eine »Mogelpackung« bin – mit hoch getapten Brüsten, falschen Wimpern, verlängerten Haaren und natürlich trickreichem Make-up (zu Details bemühen Sie bitte meine extra für die interessierte Leserin verfasste Beauty-Bibel »Baustelle Body«, erschienen ebenfalls im Lübbe Verlag).

 Ganz und gar man selbst zu sein kann schon einigen Mut erfordern.
SOPHIA LOREN

Aber ich gebe es zu, auch bei der Ehrlichkeit gibt es zuweilen Nebenwirkungen: Hin und wieder dirigiert mich meine Wahrheitsliebe zielsicher in das ein oder andere Fettnäpfchen ...

WIE ICH AUS VERSEHEN ZUR GIFTSPRITZE WURDE – ODER: TOXISCHES SCHOCKSYNDROM AUF DEM ROTEN TEPPICH

Aufgedonnert bis unter die Haarkante schwebte ich über den roten Teppich und zog den Bauch ein. Darin befand sich seit Kurzem mein süßes Geheimnis, das gefälligst auch topsecret bleiben sollte, zumindest bis es sich partout nicht mehr verheimlichen ließ. Ich wollte dem Wesen darin einfach Ruhe gönnen und vermeiden, dass jetzt schon wie bei Google Streetview seine Behausung gefilmt und fotografiert werden würde. Außerdem war mir, trotz Glückseligkeit, sehr wohl bewusst, dass mir noch eine lange Brutzeit bevorstand. Sollte irgendetwas – Gott bewahre! – schiefgehen, was für ein Horror wäre es dann, die Presse am Hals zu haben...

Doch solch schlimme Gedanken schob ich schleunigst weg. Stattdessen schmunzelte ich vergnügt in die TV-Kameras und ließ mich, ohne zu zicken, von den Fotografen ablichten.

»Gut schauste aus!«, rief mir Michael, ein Dauergast und alter Bekannter im Pool der Peoplepresse, zu.

»Merci!« Ich warf ihm ein Küsschen zu und freute mich heimlich weiter. Recht hatte er! Die Östrogen-Bombe, die in mir explodiert war, stand mir wirklich gut. Ich hatte ein paar Kilo zugenommen und war dadurch ein wenig »weicher« geworden. Vor allem im Gesicht, das bei mir normalerweise ziemlich hager, hart und hohlwangig ist, sah das recht gesund aus. Alles war irgendwie drall und prall, ganz ohne »technische« Hilfsmittel wie Push-up oder Ähnliches. Ich stand im Saft der Weiblichkeit! Aufgehen wie 'ne Dampfnudel würde ich wohl auch noch, dann irgendwann platzen und ein kleines süßes Würmchen...

»Frau Kraus, Frau Kraus...!« Ein Kamerateam schnitt mir den Weg ab und riss mich jäh aus meinen Gedanken. »Dürfen wir Ihnen ein paar Fragen stellen?«

Geblendet vom Headlight der Kamera sah ich zuerst einmal nichts, konnte dann aber ein schwarz-gelb gestreiftes Mikro ausmachen. Mist! Fast hatte ich es vom roten Teppich runtergeschafft, ohne in die »Wespe« zu laufen. Dass ein Mikrofon einen Spitznamen erhält, ist schon eine sehr EXKLUSIVe, fragwürdige Ehre. Aber das Ding hier vor meiner Nase war tatsächlich ein Wespenstachel. Die Boulevard-Redakteure, die es in der Hand hielten, verfuhren nach dem Prinzip: Egal was du sagst oder tust, Schätzchen, du wirst immer gestochen.

Zumindest wenn man, wie ich, zum falschen Verein gehörte.

Das Feld der Privatsender spaltet sich nämlich in zwei Lager, die sich ungefähr so lieb haben wie Borussia Dortmund und Schalke 04. Ich spielte seit über zehn Jahren bei Schalke und wurde von den Schwarz-Gelben ständig gefoult.

Gerade mal zwei Wochen zuvor hatte man strategisch geschickt, rechtlich unangreifbar und ziemlich bösartig das Gerücht in die Welt gesetzt, ich hätte mir Wangen und Lippen aufpolstern lassen, würde aber nicht dazu stehen.

Fies, denn in Baustelle Body gibt's einen lustigen Schwank aus meiner frühen Modelzeit mit dem Titel »Sündige Lippen«. Offener geht's ja wohl nicht. Das große kosmetische Novum an mir im Moment: Ich trug knallroten Lippenstift. Die Hautärztin meines Vertrauens war also gänzlich unschuldig. Mein Gynäkologe hätte da vielleicht schon eher Gründe liefern können, warum ich so saftig aussah. Und da musste ich schon wieder glücklich schmunzeln ...

»Frau Kraus, Sie sehen ja mal wieder toll aus! Wie geht es Ihnen?« Das war so ehrlich gemeint, als wenn Ahmadinedschad behauptet, er würde die Atomenergie nur friedlich nutzen wollen.

Ich hätte einfach nur »Danke. Gut!« und »Tschüss« sagen sollen. Mein Gehirn musste durch das ständige Baucheinziehen wohl unter Sauerstoffentzug leiden. Statt den Tonmann über den Haufen zu rennen und stiften zu gehen, blieb ich stehen.

Und dann ging's los: »Frau Kraus, was halten Sie von Botox?« Arrrrggggh! Langweilig. Ich gähnte innerlich.

Meiner Wahrheitsmaxime gemäß hatte ich noch nie einen Hehl daraus gemacht, dass ich ein Botox-Fan bin. Also erzählte ich zum hundertsten Mal, was ich auch schon in »Baustelle Body« geschrieben hatte: »Botox ist das Einzige, was tatsächlich gegen

Denker- und Zornesfalten auf der Stirn hilft!« Mir war natürlich klar, was jetzt kam.

»Heißt das, Sie lassen sich Botox sogar in die Stirn spritzen?«

Nein Schätzchen, ich lass mir das Zeug in den Hintern blasen. Hey, die Gedanken sind frei! Doch anstatt frei und frech, antwortete ich artig: »Logo!« Obwohl ich gerade nur von der Restwirkung der letzten Dosis von vor ein paar Monaten »zehrte«, der Faltenvorbeuger machte bei mir ja gerade Babypause. Ups, da war es schon wieder, das verbotene »B«-Wort! Und der geheime Gedanke blockierte blöderweise mein Gehirn. Es brauchte viel zu lange, um nach meinem Botox-Outing den Befehl »Okay, das reicht. Jetzt bitte das Programm ›schonungslose Wahrheit‹ sofort stoppen. Lügen nicht notwendig, Fresse halten genügt« an meine Zunge zu funken. Wie in Trance hörte ich mich selbst gut gelaunt plaudern: »Botox ist doch ganz normal. Ich glaube nicht, dass hier viele Mädels in meinem Alter die Stirn runzeln können.«

Kaum hatte ich es ausgesprochen, zischte die Dame am anderen Ende des Mikrofons ein frohlockendes »Danke!«, und das Kameralicht wurde ausgeschaltet.

Man ließ von mir ab? Jetzt schon? Ohne die obligatorischen Fragen wie »Na, Frau Kraus, was ist denn heute wieder alles angeklebt?« oder »Sie gehen ja jetzt auch schon stark auf die vierzig zu, planen Sie demnächst ein Lifting?«

Nein, tatsächlich! Das Fernsehteam schwirrte ab, die Wespe suchte ein neues Opfer. Halleluja! Also, nicht dass ich den verbalen Kampf gescheut hätte, aber die Erfahrung hatte ja gezeigt, was die daraus schneiden würden: Die Kraus hat 'ne neue Beauty-OP, nur eine Gehirnhälfte oder zur Not auch eine Affäre mit Roberto Blanco!

Wunderbar, so konnte ich an der Bar noch schnell ein paar

Piña Coladas exen – Virgin, sprich: alkoholfrei, versteht sich! Mein Magen verlangte nämlich schon wieder dringend nach Kohlehydraten. Doch auch die zuckrige Pantsche vertrieb dieses flaue Gefühl im Magen nicht. Super! Würde ich heute hier anfangen mit dem »Unwohlsein«, das mir bisher erspart geblieben war? Dann konnte ich ja nur auf schallgedämmte Klo-Kabinen hoffen, wenn ich die Schüssel düngte. So prall, wie ich gerade aussah. War wohl nix mit: »Ich? Schwanger? Nein! Ich kotze immer nach dem Essen.«

Aber irgendwie war mir auch nicht wirklich schlecht, da war eher dieses seltsame Bauchgefühl... Wo war eigentlich die Blutsaugertruppe mit dem Wespen-Mikro abgeblieben? Mein Blick glitt suchend über die Menge der Premierengäste. Keine zehn Meter entfernt hatten meine »Freunde« gerade einen der Stars des Abends, die weibliche Hauptdarstellerin, in der Mangel. Die funkelte das Fernsehteam gerade bitterböse an, schüttelte heftig den Kopf und rauschte von dannen.

Ja, Kräuschen, schön hingucken und lernen! So wird's gemacht. Entdecke die Diva in dir! Die war aber in mir leider schlichtweg nicht existent. Und so begnügte ich mich damit, der vorbeirauschenden Dame bewundernd hinterherzuschauen. Bekam ich jetzt auch noch Halluzinationen, oder hatte die Lady mich gerade hasserfüllt angeblitzt? Mhm...

Die Redakteurin mit dem Wespenstachel hatte schon das nächste Opfer, eine meiner Kolleginnen, in den Fängen. Sie zeigte mit dem Finger auf mich und wandte sich dann wieder der Moderatoren-Kollegin zu.

Was war denn da los? Ich setzte mich in Bewegung, drängelte mich durch die Menge und bekam gerade noch mit, wie sich das TV-Team mit den Worten »Sonya Kraus hat gesagt, alle hier ver-

wenden Botox. Würden Sie für uns bitte mal die Stirn runzeln?«
auf den nächsten weiblichen Promigast stürzte. Shit! Schlagartig
wurde mir bewusst, dass ich nicht nur mich selbst freimütig zu
Botox bekannt hatte – sondern aus Versehen sämtliche anwesenden Kolleginnen über 30 geoutet hatte!

Geschockt und voller Gewissensbisse musste ich zusehen, wie
die Wespe Blut geleckt hatte und die Jagd auf Ü-30-Frauen en-
thusiastisch fortsetzte.

Machen wir's kurz: An diesem Abend sammelte ich in der Branche jede Menge »Sympathiepunkte« bei meinen Geschlechtsge-
nossinnen. Alle mussten dran glauben! Die Einzige, die noch
ihre Stirn runzeln konnte, war Gundis Zambo. Und die trägt Pony.

,, *Es ist durchaus nicht dasselbe, die Wahrheit über*
sich zu wissen oder sie von anderen hören zu müssen.
ALDOUS HUXLEY

Immerhin hat meine »Die Wahrheit und nichts als die Wahrheit«-
Botox-Panne keinen schlimmeren seelischen Schaden angerichtet
und dem Konkurrenzsender mal zu ein bisschen unterhaltsamem
Sendematerial verholfen (ich kann fies sein, oder?). Aber sie war
doch eine kleine Warnung, dass es etwas anderes ist, über sich
selbst die Wahrheit zu sagen oder andere »zwangszuouten«. Und
auch in anderen Zusammenhängen muss man schon mal vorsich-
tiger mit der Dame Wahrheit umgehen. Denn:

◆ Ehrlichkeit heißt nicht, dass man allen und jedem schonungs-
los alles vor den Latz knallen sollte. Die Grundregeln der
Höflichkeit und die wichtige Maxime, unser Gegenüber nicht
unnötig zu verletzen, sollten unbedingt gewahrt bleiben!

Und, ich gebe es zu, in besonderen Situationen sind manchmal doch »White Lies« vonnöten. Das sind Notlügen, als Schutzschild vor der Neugier und der Einmischung anderer. Manche Dinge gehen einfach niemanden etwas an, und zuweilen muss man sich und das eigene Seelchen auch schützen – vor radikalen Reaktionen der lieben Mitmenschen. Wie vertrackt das allerdings ist und wie schmal der Grat ist, auf dem man in einem solchen Fall wandelt, habe ich nach dem Tod meines Vaters erfahren…

Die Zigarette danach brachte es ans Licht!

Die Kinder in meiner Klasse wussten, dass mein Vater gestorben war – davon, dass er sich umgebracht hatte, hatten sie keinen Schimmer. Das war für sie auch eine irrelevante Information; das fand nicht nur meine Mutter, der Ansicht war auch ich. Die anderen brauchten nicht mehr zu wissen, als dass mein Papa tot war. Das war schließlich schon schlimm genug. Meine schützende Notlüge damals lautete: Mein Papa hat einen Herzinfarkt gehabt. Basta! So war das Thema in einer Minute abgehakt. Ein Herzinfarkt war schlimm, aber nichts Besonderes, so was kam vor. Diese kleine Lüge schützte mich vor Rückfragen und vor voyeuristischer Neugier, vor »Warum denn das?« und vor »Erzähl doch mal«. Neugier ist zwar menschlich, aber solche Fragen und Spekulationen hätten mich noch mehr belastet als das Mitleid ohnehin schon.

Allerdings habe ich dieses »Märchen« nicht nur meinen Klassenkameraden erzählt, sondern in der ersten Zeit auch meinen Freunden. Auch das hatte seine Berechtigung: Ich musste den Tod meines Vaters erst einmal für mich verarbeiten und mir selbst wichtige Fragen beantworten, die in meinem Kopf kreisten: Warum hat Papa Mama und mich alleingelassen? Warum war er zu feige, sich seinen Problemen zu stellen? Hätten wir das verhindern können? Wie konnte es sein, dass Papa doch nicht der starke Held war, für den ich ihn immer gehalten habe? Und so weiter. Mit dieser ganzen Problematik wollte ich meine Freundschaften nicht belasten. Selbst meinen langjährigen und damals allerbesten Freund Marc klärte ich darum nicht auf.

Und so zogen die Tage ins Land, und das Wasser floss den Main hinab. Ich dachte nicht mehr jeden Tag an den Tod meines Vaters, und das war auch gut so. Nun war es aber so, dass mein Kumpel Marc nicht nur höllisch heiß aussah, sondern das auch ausnutzte – er war ein Aufreißer vor dem Herrn. Womanizer »Marky Mark« hatte sich wohl zum Ziel gesetzt, die gesamte weibliche Weltpopulation mit seinen Liebhaberqualitäten zu beglücken – das heißt, mit Ausnahme von mir, wir waren einfach gute Kumpels. Und irgendwann, es war Jahre nach dem Selbstmord meines Vaters, brachte der kleine Playboy den Geniestreich fertig, auf einem seiner Pimper-Beutezüge meine Nachbarin Kathrin zu »erlegen«. Kathrin war sage und schreibe sechs Jahre älter als er. Die »reife Dame« von 22 hatte nun aber die ganze Geschichte mit meinem Papa damals aus erster Hand mitbekommen. Bei der Zigarette danach kamen die beiden irgendwie auf mich – Kathrin wusste, dass Marc und ich eng befreundet waren –, und so erzählte sie ganz arglos: »Ist ja auch krass, was die Sonya mitgemacht hat, als sich ihr Vater umgebracht hat.«

Was passierte also? Marc stand kurz darauf ganz geknickt bei mir vor der Tür: »Mensch, Sonya, wieso hast du mir das denn nicht erzählt? Ich dachte, wir wären Freunde.«

Und da war ich erst mal in Erklärungsnot! Aber als ich Marc jetzt alles »beichtete«, merkte ich, wie mir ein Stein vom Herzen fiel. Endlich! Ich liebe die Wahrheit mehr als alles andere – jetzt konnte ich die Notlüge endlich offiziell abstreifen, denn auf meiner Seele war inzwischen eine schützende Hornhaut gewachsen. Dass Marc mich »trotzdem« mochte, war eine absolute Befreiung.

Ich stellte fest, dass ich inzwischen die Kraft hatte, anderen Menschen auch in diesem Fall die Wahrheit zuzumuten – und dem anderen aber auch gleich den sorgenvollen Wind aus den Segeln zu nehmen, weil ich deutlich mache: Das ist ewig her, und ich komme damit klar. Das hätte ich mit elf nicht gekonnt. Aber:

◆ Es ist wichtig, Schutzlügen nur zu benutzen, wenn wir sie wirklich brauchen – wenn wir nämlich einen Schutzschirm für unser wundes Seelchen benötigen. Alles andere gilt nicht!

Es gibt Leute, die lügen aus Gewohnheit – und wissen irgendwann gar nicht mehr, was die Wahrheit ist. Das zerreißt irgendwann innerlich. Lassen wir es nicht so weit kommen!

Futter fürs Selbstbewusstsein: Leuchtende Vorbilder

In »Bridget Jones – Schokolade zum Frühstück« stellt sich Protagonistin Bridget in schwierigen Situationen immer die Frage »Was würde Madonna tun?« Madonna ist Bridgets leuchtendes Vorbild in Sachen Souveränität, Erfolg und Sich-nicht-unterkriegen-lassen. In »Baustelle Mann« nenne ich das den »Madonna-Effekt«. Ich finde: Vorbilder sind eine großartige Sache und können einem wirklich helfen, der Mensch zu sein, der man von ganzem Herzen sein möchte. Wie? Indem man sich an den guten Eigenschaften des Vorbilds orientiert! So ein Vorbild muss kein Star sein, das kann auch die eigene Mutter sein, weil die immer gelassen bleibt und einen lustigen Spruch auf den Lippen hat. Oder eine Freundin. Vielleicht auch eine Schriftstellerin. Jemand, der vielleicht eine ganz andere Lebenssituation hat als man selbst, den man aber dafür bewundert, was er oder sie daraus macht. Es geht ja nicht dadrum, jemanden zu kopieren. Es geht um Inspiration. In so einem Fall werden andere Menschen zu Mutmachern, zu Beispielen für »Ja, es geht, wenn man wirklich will!«

Ein Vorbild für mich ist zum Beispiel die gebürtige Somalierin Ayaan Hirsi Ali, die das Buch »Ich klage an« geschrieben hat, ein »Plädoyer für die Befreiung der muslimischen Frauen«, wie es im Untertitel heißt. Ayaan Hirsi Ali wird immer wieder von radikalen Islamisten bedroht, und trotzdem macht sie weiter. Das ist für mich heroisch! Ihr Leben ist ein völlig anderes als meins. Aber was sie tut, bestärkt mich darin, meine Meinung zu sagen! Und es macht mich dankbar – für mein Leben und meine Freiheit.

Andere Frauen, die mich inspirieren, sind zum Beispiel Grace Jones für ihre kompromisslose Verrücktheit, Alice Schwarzer für ihren Intellekt und ihre Courage, die Klappe aufzumachen, auch wenn sich alle Kerle sofort ängstlich ans Gemächt greifen. Ich bin dankbar, dass es Leute gibt wie sie, die unermüdlich gegen Ungerechtigkeit kämpfen. Sie sehen: Frauen, die mich begeistern, sind oft ganz anders als ich, aber trotzdem geben sie meinem Leben einen Funken, weil sie für eine Sache brennen! *Aber Achtung: Mit Vorbildern kann man es auch übertreiben! Jemanden zu kopieren in jedem Detail bis hin zum Look hat nichts mit Inspiration zu tun – dann wird man zum Plagiat!*

Zaubertrank-Zutat Nummer vier: Money, Money, Money ... finanzielle Unabhängigkeit!

Bis jetzt war ja eher die Rede von psychologischer Unabhängigkeit. Davon, zu wissen, was man kann, und davon, sich selbst super zu finden, egal was die anderen sagen oder denken. Nun kommen wir in einem kleinen C(r)ash-Kurs zu einer Quelle des Selbstbewusstseins, die gerade bei Frauen ein bisschen verpönt ist: zum schnöden Mammon. Okay, Einwurf stattgegeben, es ist allgemein bekannt: Geld allein macht nicht glücklich. Das ist wahr! Aber wahr ist auch: Geldsorgen machen definitiv unglücklich! Ich behaupte nicht, dass jeder Reichtümer anhäufen muss. Aber genügend Geld zu haben für die wichtigsten Dinge des Lebens ist ähnlich grundlegend, wie satt zu sein und genügend Schlaf zu bekommen.

Zu den wichtigen Dingen zähle ich das Wohnen (und zwar nicht irgendwie, sondern so, dass man sich wohlfühlt), Essen und Trinken (nicht nur genug, sondern auch gesunde und leckere Nahrungsmittel von guter Qualität), Entspannung und Spaß und Mobilität.

Von jemand anderem finanziell abhängig zu sein, schränkt die eigene Wahlfreiheit bereits in diesen Grundbereichen enorm ein. Ich habe in meinem Leben gelernt, dass es ein paar sehr wichtige Dinge gibt, die man mit Geld tatsächlich kaufen kann und die definitiv glücklich machen:

- Unabhängigkeit
- Selbstbestimmung
- Schuhe

Mädels, sorry, vergessen wir mal kurz die Schuhe. Speziell die Punkte eins und zwei wurden mir bald klar, nachdem sich mein Vater aus der Verantwortung verabschiedet hatte und meine Mama unser Zuhause, meine sichere, kuschlige Höhle, verkaufen musste. Nicht nur sein Tod, auch der Hausverkauf war ein Trauma. Ich kapierte plötzlich, wie wichtig es war, dass meine Mama ihren Job als Lehrerin nicht aufgegeben hatte – sie wollte nie von meinem Vater finanziell abhängig sein. Wie wichtig Kohle ist, war mir – verständlicherweise – nie aufgefallen, es lief ja alles. Doch ohne die Hilfe meines Daddys konnten wir nicht so weiterleben wie bisher. Ich fühlte mich damals im wahrsten Sinne des Wortes ohnmächtig – ohne Macht! Und ich begriff: Hätte ich genügend Geld, hätte ich jetzt die Macht, unseren Auszug zu verhindern. Damals, mit elf Jahren, habe ich mir nicht nur das Ziel gesetzt, auf ein Haus zu sparen. Ich habe mir die Priorität gesetzt: Ich will immer genügend Geld haben, dass andere nicht über mich bestimmen können!

> **Die Freiheit eines Menschen liegt nicht darin, dass er tun kann, was er will, sondern dass er nicht tun muss, was er nicht will.**
> JEAN-JACQUES ROUSSEAU

Finanziell unabhängig zu sein bedeutet nämlich auch: Man belastet niemand anderen mit sich. Weder die Eltern, noch einen Mann, noch den Staat und damit die Gemeinschaft. Damit will ich übrigens nicht arrogant sagen, dass Dinge wie Sozialhilfe nicht sinnvoll sind – als Sicherung für den Notfall, wenn gerade wirklich nichts anderes geht. Aber niemandem etwas schuldig zu sein, fühlt sich einfach nur verdammt gut an!

Viele Leute glauben, dass jeder, der mit seinem Konterfei auf der Glotze auftaucht, ausgesorgt hat bis ans Ende seiner Tage. Hier darf ich mit einem Mythos aufräumen: Sorry, falsch gedacht! Es geht mir sehr gut, aber ich bin weit davon entfernt, die Füße hochlegen zu können. Richtig ist allerdings: Ich habe mir ein Polster erackert. Trotzdem muss ich weiter auf meine Kohle achtgeben. Als bekennende Schuhfetischistin besitze ich trotzdem keine Manolo Blahniks und kaufe auch keine Taschen für zweieinhalbtausend Euro. Ich habe keinen Ferrari, und ich trage keine diamantenbesetzte Uhr am Handgelenk.

Es bereichert auch mein Privatleben enorm, dass ich nicht am Geldhahn (m)eines Mannes hänge. *Der unglaubliche Luxus hier liegt in meiner Freiheit.* Ich könnte jederzeit gehen, ohne in ein existenzielles Loch zu fallen.

> *Ein ordentliches Einkommen*
> *ist das beste Glücksrezept, das ich kenne.*
> JANE AUSTEN

Böse Falle: Gier

Beim Aufbau der eigenen finanziellen Unabhängigkeit sollte man sich unbedingt vor einem fiesen kleinen Monster hüten: der Gier. Den Hals nicht vollzukriegen verführt schnell dazu, dass man in etwas investiert, worin man sich nicht auskennt. Dazu habe ich natürlich ein Mini-Anekdötchen: Wir schrieben das Jahr 2000, es war auf dem Höhepunkt des New-Media-Dot-

Com-Hypes. Damals arbeitete ich noch bei »Glücksrad«, und ich sah endlich Licht am Ende des Häuslebauer-Tunnels: eines Tages, so im Jahr 2030, würde ich mein Eigenheim tatsächlich abbezahlt haben! Ich arbeitete fleißig weiter und brachte meine sauer verdiente Kohle ganz altmodisch auf die Bank. Wenn ich was übrig hatte, legte ich das in fest verzinslichen Wertpapieren und anderen risikoarmen Geschichten an.

Währenddessen waren die Investments meiner »Glücksrad«-Mannschaft in irgendwelche Internet-Start-ups *das* Thema in der Kantine, in der Maske, eigentlich überall. Und ich wurde von meinen Kollegen, den Kameramännern, dem Technikteam ausgelacht, als ich irgendwann einmal bekundete, dass ich keine einzige Aktie besäße. Ach ja, das dumme Blondchen! Zum Glück durfte ich nur die Buchstaben umdrehen! Der Grund, dass ich keine Aktien hatte, war aber ein ganz simpler: Ich hatte zu wenig Ahnung davon und hatte auch keine Zeit, mich eingehend damit zu befassen. Das ganze Aktiensystem kam mir rätselhaft vor, und ich vertraute niemandem genug, als dass ich mich auf seine Empfehlungen verlassen hätte. Und ich wollte mich schon gar nicht kirre machen lassen von einem momentanen Boom. Also wurde ich weiter gehänselt ... Bis zu diesem einen Morgen, als ich ins Foyer vom »Glücksrad« trat. Dort lief auf einem Fernseher immer n-tv mit den aktuellen Börsenkursen. An diesem Tag sah ich gestandene Männer weinen! Dieselben Männer, die mir vorher stolz berichtet hatten, dass sie 25 000 Mark an einem einzigen Tag gemacht hätten.

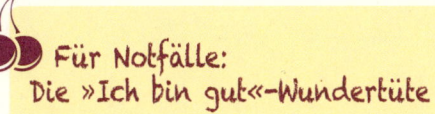

Für Notfälle:
Die »Ich bin gut«-Wundertüte

Ein »Feel-good-Rezept« von einer Freundin – und sie schwört drauf. Immer, wenn ihr jemand ein Kompliment macht – dass sie eine tolle Freundin ist, für ihren guten Geschmack, für ihre Arbeit, ihre kurvige Figur, ihre umwerfenden Augen, ihren gut erzogenen Johnny (so heißt ihr Dobermann), was auch immer es ist: Sie schreibt es ordentlich auf und packt das Ganze in einen Ordner auf ihrem Computer, der »Akte Ich« heißt. Klingt im ersten Moment selbstverliebt, und natürlich sollten wir unser Selbstbewusstsein nicht von außen beziehen. Aber uns daran erinnern zu lassen, was für ein klasse Mensch wir sind, das ist absolut legitim. Der Ordner meiner Freundin führt die meiste Zeit ein schlummerndes Dornröschendasein. Erst, wenn ihr Selbstvertrauen wirklich einen Push braucht, wird die Wundertüte geöffnet. Dann schaut sie nach, was andere an ihr mögen und lieben. Das wirkt zuverlässig: In dem Moment erinnert sie sich selbst daran, dass sie doch ein ziemlicher Knaller ist!

Der folgende Abschnitt ist für meine Leserinnen reserviert, okay, gut die Jungs dürfen auch mal gucken, aber seid gewarnt: Hier sind die Mädels die Protagonistinnen – und zwar speziell die Damen »Ü-30«.

Der gute Jahrgang: Wir Frauen werden nicht älter, sondern besser!

In unserer kleinen Bar gibt's natürlich nicht nur großartige Mix-Getränke, sondern auch tolle Weine – die werden, bei sachgemäßer Lagerung, mit den Jahren bekanntlich immer besser. Ich habe eine Super-Nachricht: Das gilt auch für uns Mädels – wir können selbstbewusst in die Zukunft schauen. Eigentlich.

Denn, das gebe ich zu, diese Erkenntnis wird uns erst mal nicht einfach gemacht, schließlich regiert der Jugendwahn nach wie vor in der Gesellschaft und in den Medien. Speziell wir Ladys kriegen schnell den Eindruck, dass wir nur als junges Knackgemüse etwas wert sind. Spätestens, wenn wir plötzlich »die böse 3« vorn stehen haben, kommt zum ersten Mal der Gedanke, dass das mit der Jugend ja irgendwann vorbei sein könnte. Dann rufen wir uns zur Vernunft: Halt, stopp, keine Panik! Wir als selbstbewusste emanzipierte Frau, werden uns doch von so was nicht aus der Ruhe bringen lassen. Lieber halten wir es mit Tante Trude:

> *In unserem Innern haben wir immer dasselbe Alter.*
> GERTRUDE STEIN

> *Frauen um die vierzig sind entspannt. Es ist eine wundervolle Phase. Ich finde, die sinnlichste Zeit im Leben einer Frau.*
> SHARON STONE

Wenn wir ganz ehrlich sind, fühlen wir uns heute viel besser als früher. Wir wissen, dass wir was können – und vor allem, was. Mit 20 waren wir uns da nicht so sicher, da waren wir ja noch in der Rohbauphase. Das Leben liegt heute nicht mehr unberechenbar vor uns, wir haben gelernt, dass wir Dinge beeinflussen können. Nach unserem Gusto! Wir wissen, was wir wollen. Und wir freuen uns drauf, was das Leben noch so alles in petto hat. Wir denken an Tilda Swinton, Helen Mirren, Uschi Obermaier, Susan Sarandon, Iris Berben, Marianne Faithful und andere Spitzenweiber, die ganz offensichtlich auch im »fortgeschrittenen Alter« noch Spaß haben – und sogar super aussehen dabei. Die meisten sogar ohne allzu offensichtliche Hilfe vom Onkel Doktor.

Hurra: Wir sind so jung, wie wir (uns) denken!

Unser Köpfchen ist ein echtes Kraftwerk! Es gibt viele Wissenschaftler, die mittlerweile der Ansicht sind, dass wir mittels unserer »Brain Power« jede Menge Vorgänge in unserem Körper beeinflussen können. Und zwar auch die des vegetativen Nervensystems, die lange als nicht bewusst steuerbar galten. Spätestens das sogenannte »Biofeedback« hat aber bewiesen, dass es tatsächlich funktioniert, bewusst auf normalerweise automatisch Ablaufendes Einfluss zu nehmen.

Beim Biofeedback wird ein Proband mit einem Computer »verkabelt« und dadurch werden Körperprozesse, wie etwa Puls oder Blutdruck, auf dem Bildschirm sichtbar gemacht – als Muster oder »Landschaften«. Dann bekommt der Patient die Aufgabe, sich zu entspannen, um zum Beispiel seinen Blutdruck zu senken. Das Bild auf dem Bildschirm verändert sich und zeigt sofort, ob und wie sich welche Gedanken auf den Blutdruck auswirken und ob er höher oder niedriger wird. So lernt der Proband, was er tun – oder besser gesagt: denken – muss, um seinen Blutdruck aktiv zu beeinflussen. Spannend, oder? Die Macht unserer Birne erklärt auch den Placebo-Effekt – also die Wirkung eigentlich wirkungsloser Medikamente – oder Fälle von Selbstheilung durch Visualisierung.

Andere Wissenschaftler gehen noch weiter und sagen, dass wir zum Beispiel Drüsen wieder aktivieren können, die im Laufe des normalerweise automatisch ablaufenden Alterungsprozesses eigentlich nach und nach ihre Funktion einstellen. Mit anderen Worten: *Wir können uns per Gedankenkraft sogar verjüngen* – indem wir uns zum Beispiel immer wieder ganz intensiv in unsere Jugend zurückversetzen, inklusive aller Gefühle!

Dass das funktioniert, dieser Ansicht ist, unter anderen, zum Beispiel Madonnas Guru Deepak Chopra (der übrigens, nicht ganz zufällig, auch das große Vorbild meines Think-Pink-Freundes Julius ist). Chopra hat nicht nur jede Menge Bücher über das Erlangen von persönlichem Glück, Erfolg und Gesundheit geschrieben und kennt sich mit der indischen Heilkunst Ayurveda bestens aus, er hat auch ganz seriös in Harvard Medizin studiert. Sein Schwerpunkt lag dabei auf Endokrinologie – also der Lehre vom Hormonhaushalt – und Innerer Medizin. Aber Chopra ist nicht der Einzige, der so hoffnungsvoll in die Zukunft blickt.

Die faszinierende Geschichte von den »falschen Fuffzigern«

Eine andere Wissenschaftlerin, Dr. Ellen Langer, Psychologin an der Harvard-Universität, hat schon in den Siebzigerjahren ein Experiment gemacht, bei dem sie zwei Gruppen alter Männer um die siebzig für eine Studie in ein Ferienheim schickte.

Die eine Gruppe wurde dabei auf eine echte »Zeitreise« geschickt: Alles im Hotel war auf Fünfzigerjahre getrimmt. Die Fünfziger waren die Zeit, in der die Probanden im »besten Alter«

gewesen waren. Die Möbel und die Zeitschriften und Zeitungen stammten aus den Fünfzigern, ebenso die Musik. Die Männer wurden dazu aufgefordert, sich nur über Themen zu unterhalten, die in den Fünfzigern aktuell waren – und zwar nicht in der Vergangenheitsform, sondern als seien sie *jetzt gerade* die Breaking News. Obwohl einige von ihnen schon ein bisschen gebrechlich waren, mussten sie ihre Koffer selbst auf ihre Zimmer bringen. Es wurde erwartet, dass sie nach dem Essen abräumten und in der Küche halfen, anstatt sich bedienen zu lassen. *Kurz: Sie wurden einfach in jeder Hinsicht so behandelt, als seien sie noch zwanzig Jahre jünger.*

Weil die Männer sich vorher nicht kannten, gab es über jeden von ihnen ein Info-Blatt. Die Biografien der Männer waren im Präsens verfasst, ihre persönliche Geschichte hörte 1958 auf – eben »jetzt«. Auf dem Blättchen prangte auch jeweils ein Foto vom zwanzig Jahre jüngeren Selbst des Betreffenden. Die Männer durften keine Bücher, Zeitschriften oder Familienfotos mitbringen, die jüngeren Datums als von 1958 waren. Sie »waren« noch einmal ihr früheres Ich.

Eine Kontrollgruppe fuhr eine Woche später in das gleiche Ferienheim; auch hier blieb die Umgebung auf die Fünfziger getrimmt. Aber diese alten Herren sollten sich eben nicht komplett in ihr jüngeres Selbst versetzen. Ihre Bios waren in der Vergangenheitsform geschrieben, sie unterhielten sich über »damals« und die »gute alte Zeit« und *erinnerten* sich an die Fünfziger statt in den Fünfzigern zu *sein*. Sie wurden quasi ständig daran erinnert, dass sie jetzt alt waren und damals jung. Die Zeitreise war also gar keine echte.

Das Ergebnis war erstaunlich: Langer und ihre Studenten machten Tests mit den Probanden – jeweils vor und nach der Ferienwoche. Außerdem machten sie Fotos. Beide Gruppen hörten nach der Woche besser, und ihr Erinnerungsvermögen war deutlich besser.

Beide Gruppen hatten etwas zugenommen, was in der Altersgruppe 70+ eher positiv zu werten ist. Ihr Händedruck war messbar fester geworden.

Die erste Gruppe, die richtig in ihre »Jugend« eingetaucht war, zeigte aber noch erstaunlichere Ergebnisse. Die Beweglichkeit der Jungs war größer, ihre Finger waren länger geworden, weil die Arthritis wundersamerweise verschwunden war, und die Feinmotorik der Herren hatte sich verbessert. 63 Prozent hatten einen höheren IQ als zuvor. Die meisten Teilnehmer waren »gewachsen«, weil der Körper mehr unter Spannung stand, der Gang war federnd und die Haltung besser. Unabhängige Beobachter bewerteten die Fotos der Männer und schätzten die Bilder, die nach der Ferienwoche entstanden waren, bei der ersten Gruppe um Jahre jünger ein – die Kontrollgruppe sah vorher und nachher gleich alt aus.

Die Studie von Ellen Langer war eine der ersten, die den Einfluss unserer Gedanken auf unseren Körper nachwies (komplett nachlesen können Sie sie hier: Ellen J. Langer »Counterclockwise. Mindful Health and the Power of Possibility«). Und diesen Effekt kann man sich ganz einfach zunutze machen – lesen Sie die Cocktailkirsche!

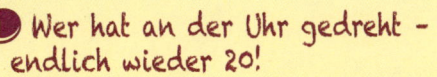 Wer hat an der Uhr gedreht – endlich wieder 20!

Hatten Sie mit 20 ein Lieblingsparfüm, das Sie heute nicht mehr tragen? Besorgen Sie sich das Zeug wieder. Es ist ihr Turbotreibstoff in die Vergangenheit! Einmal dran schnuppern, und Sie sind gefühlsmäßig schlagartig zurück in der damaligen Zeit, nichts kann uns wirkungsvoller »zeitreisen« lassen als unser Riechkolben. Machen Sie sich zusätzlich eine

Playlist mit den Songs, die damals aktuell waren. Während Sie die Songs hören, überlegen Sie sich ein paar Situationen, die Sie damals erlebt haben und in denen Sie besonders glücklich waren. Und dann ab in die Zeitmaschine! Das heißt: bequem hinlegen, Augen zu – und dann eine damalige Situation so detailliert nachempfinden, wie es nur geht. So als wäre sie jetzt! Schauen Sie sich nicht von außen an. Seien Sie Ihr früheres Selbst. So intensiv, dass Sie erwarten, in der damaligen Umgebung zu sein, wenn Sie jetzt die Augen öffneten. Diese kleine »Selbsthypnose« wirkt am besten vor dem Schlafengehen, und wenn Sie das ein paar Tage hintereinander machen, werden Sie das Ergebnis im Spiegel sehen.

(Frei nach einer Übung aus Deepak Chopras »Ageless Body, Timeless Mind: A Practical Alternative to Growing Old«. Auf Deutsch gibt es ein Hörbuch auf vier CDs: Deepak Chopra »Länger leben und jung bleiben«.)

,, *Alter spielt sich im Kopf ab,*
nicht auf der Geburtsurkunde.
MARTINA NAVRATILOVA

Unsere Hormone, Wunderstöffchen mit Verfallsdatum? Oder: So genießen wir auch die »Aftershow-Party«!

Für dieses Buch bin ich fleißig wie ein Eichhörnchen auf Info-Suche gegangen und habe jede Menge Nüsschen für Sie gefunden. Ein ganz besonders dickes und schmackhaftes Exemplar ist mir ausgerechnet zum sonst gar nicht so attraktiven Thema »Wechseljahre und Menopause« in die Hände gefallen.

Ich bin jetzt 37 und das sogenannte Klimakterium, wie die Wechseljahre medizinisch heißen, ist für mich – gefühlt – noch viele Lichtjahre entfernt. Das liegt vielleicht auch daran, dass in meiner Umgebung niemand darüber redet.

Nun ja, außer wenn es bei den üblichen Stammtischwitzen wieder auf Kosten von »Frauen jenseits der Menopause« geht. Die Mädels kommen, sehen wir den Tatsachen ins Auge, in den Geschichtchen der Männer immer ausnahmslos verhärmt, spaß-gebremst und extrem unsexy rüber. Und dazu wollen wir ja nun wirklich nicht gehören. Jawohl, Wechseljahre und alles, was dazu gehört, rangieren als Smalltalk-Thema ungefähr auf Höhe von Stuhlinkontinenz, Popeln und Fußpilz.

Fakt ist aber, da müssen wir jetzt ganz stark sein: Irgendwann blühen sie uns ja doch! Zumindest wenn wir nicht vorher das Zeit-liche segnen. Und das habe zumindest ich nicht vor. Im Schnitt fängt die Sache zwischen 45 und 50 an; Abweichungen nach oben und unten sind möglich. Eine Freundin einer Freundin ist sogar schon mit 34 in die Wechseljahre gekommen, mit allen fiesen Begleiterscheinungen: Hitzewallungen, Depressionen, Gesund-heitsprobleme. Mit 38 war dann die Menopause da. Schrecklich? Nein: wahr! Angesichts dieser Tatsachen habe ich mich mehr oder weniger gezwungen, mich mit diesem auf den ersten Blick unschö-nen Thema auseinanderzusetzen. Ich habe mir die Frage gestellt:

- Bedeuten Wechseljahre tatsächlich nur, dass wir keine Kinder mehr bekommen können? Oder gibt es noch andere Auswirkungen?
- Und: Kann man »danach« auch noch Spaß haben – oder ist dann alles vorbei?

Die gute Nachricht vorab: Man kann. Aber man sollte Bescheid wissen, worauf man sich da »einlässt« oder besser: zwangsweise

»eingelassen wird«. So, jetzt anschnallen und Helm auf, der nächste Abschnitt ist nämlich nix für zarte weibliche Nerven.

Wechseljahre – muss das eigentlich sein?
Antwort: Jein!

Mir ist ein interessantes Büchlein mit dem ketzerischen Titel »Wechseljahre, nein danke!« einer amerikanischen Ingenieurin für Bio-Medizin in die Hände gefallen, und ich dachte: Sonya, das klingt interessant! Ich sag's vorab: Was ich hier gelesen habe, ist so sensationell und gleichzeitig wissenschaftlich fundiert, dass ich Ihnen das nicht vorenthalten möchte. Beth Rosenshein beschreibt in der Einleitung, wie sie mit 43 von einem Tag auf den anderen in die Wechseljahre kam – und sich die reinste Hölle für sie auftat: Sie konnte ihren Mann nicht mehr riechen, hatte keine Lust mehr auf Sex, bekam Depressionen, nahm zu... Sie wurde ein kränkelndes Häufchen Elend.

Ihr Arzt verschrieb ihr, wie das üblich ist, gegen die Beschwerden künstliche Hormone; das half ein paar Tage, ließ sie dann aber nur umso mehr abstürzen.

Machen wir es kurz: Die erste Hälfte des Buches ist dass reinste Horrorszenario! Eine Realität, an der ich auch mit angestrengtem Think Pink nichts Tolles finden konnte. Ms Rosenshein erklärt, was eigentlich im Körper passiert, wenn wir in die Wechseljahre kommen – und was sich bereits Jahre davor im Hormonhaushalt verändert. Ja, reden wir ruhig Tacheles: Unsere Eierstöcke stellen nach und nach ihre Tätigkeit ein, und erste Verschleißerscheinungen zeigen sich schon mit Mitte 30! Wenn die Dinger schließlich überhaupt nicht mehr funktionieren, können wir aber nicht nur keinen Nachwuchs mehr kriegen. Dadurch fehlen uns bestimmte Hormone (und zwar nicht nur Östrogen!), die bisher die Eierstöcke gebastelt haben und die sich der Körper jetzt, so gut es eben geht, aus anderen Hormonen zusammenbaut, von denen wir dann logischerweise wiederum ein Defizit haben. Was dann wieder auf Kosten anderer Hormone »ausgeglichen« wird ...

Diese hormonelle »Reise nach Jerusalem« hat einen Rattenschwanz an Gesundheitsrisiken: Das Risiko für Krebs, Herz-Kreislauf-Erkrankungen, Diabetes, Depressionen, Osteoporose, Übergewicht (an komischen Stellen wie um die Taille), Beschwerden beim Sex und alles Mögliche andere steigt um ein Vielfaches.

Mit anderen Worten: Die Wechseljahre und die Zeit danach sind für uns Frauen höchst ungesund! Und doch wird uns seit Ewigkeiten (vor allem von Männern) erzählt, sie seien etwas »ganz Natürliches«.

> *Die Menschen glauben viel leichter eine Lüge,*
> *die sie schon hundertmal gehört haben,*
> *als eine Wahrheit, die ihnen völlig neu ist.*
> ALFRED POLGAR

Beth Rosenshein vertritt dagegen die revolutionäre Meinung: Sie sind weder natürlich noch unnatürlich. Die Evolution ist mit ihrer Entwicklung ganz einfach nicht hinterhergekommen, weil wir Menschen auf einmal so alt werden. Eigentlich logisch: Schließlich hätten wir vor ein paar Hundert Jahren mit Mitte 40 längst die Radieschen von unten wachsen sehen; da musste auch nix mehr funktionieren.

Die Bio-Ingenieurin sieht das Ende der Eierstocktätigkeit nüchtern als Organversagen an, das behandelt werden muss. Und zwar mit den Hormonen, die fehlen. Für mich klingt das logisch. Wenn unsere Zähne kaputtgehen, ersetzen wir die ja auch.

Doch die Behandlung war bisher ein Problem: Die sogenannte »Hormonersatztherapie« mit den künstlichen Hormonen, die die

Pharmaindustrie zur Behandlung von Beschwerden in den Wechseljahren und danach anbietet, hat schlimme Nebenwirkungen. Das beweisen unzählige Studien. Ein eklatant erhöhtes Brustkrebsrisiko ist nur eines davon. Der Grund: Die »Hormone« der Pharmaindustrie sind aus Patentgründen eigentlich nur hormonähnlich – aber nicht identisch mit den echten Hormonen.

Okay, ich gebe es zu, spätestens an dieser Stelle hatte ich wirklich keine Lust mehr und wollte kaum noch weiterlesen! Wenn das meine Zukunft war – na, gute Nacht! Lieber noch schnell das Leben genießen, solange es noch geht. Aber ich bin ja neugierig. Also zwang ich mich zur Depri-Lektüre über meine düstere Zukunft.

Und siehe da: Die Düsternis hellte sich auf. Frau Rosenshein war als Bio-Ingenieurin zum Glück vom Fach! Und fing in ihrer Verzweiflung an, zu experimentieren: mit Hormonen, die chemisch 100 Prozent mit den körpereigenen Hormonen identisch waren, im Labor hergestellt aus pflanzlichen Rohstoffen (nicht zu verwechseln mit Phytohormonen!). Und damit ersetzte sie dann die bei ihr fehlenden Hormone. Und sie hatte Erfolg! Sie sagt, sie sei heute wieder ganz die Frau, die sie vorher war. Ihre Schlussfolgerung: Es wäre am gesündesten, es gar nicht erst zu den Wechseljahren kommen zu lassen. Und zwar, indem man mit 30 oder spätestens 35 anfängt, sein Hormonniveau zu überwachen und dann immer die Hormone zuführt, die fehlen. Denn schon in diesem »zarten« Alter beginnen die Hormonlevel peu à peu zu sinken – im Grunde ist man ab 35 in der »Prä-Menopause«.

Die revolutionäre These von Ms Rosenshein will ich Ihnen nicht vorenthalten: Sie ist der Ansicht, mit der richtigen Vorbeugung müssten Frauen theoretisch erst mit weit über 70 in die Wechseljahre kommen. Klingt nach Jugendwahn? Nö. Klingt für mich eher nach dem Wunsch, gesund und »ganz man selbst« bleiben zu wollen. Dass hier (hoffentlich) niemand propagiert, mit 60 noch

Kinder in die Welt zu setzen, die dann mit 20 oder früher Waisen werden, sollte selbstverständlich sein.

Halten wir einfach fest:

◆ Es gibt heute die Möglichkeit, mit naturidentischen Hormonen Wechseljahresbeschwerden und Gesundheitsrisiken wirkungsvoll zu beheben – und zwar ohne größere Gefahren.

Ein weiteres Buch, das ich gefunden habe, konzentriert sich ebenfalls auf die »Natürliche Hormontherapie« (verfasst von der deutschen Ärztin Annelie Scheuernstuhl und der Heilpraktikerin Anne Hild). Dort ist genau erklärt, wie welche natürlichen Hormone wirken und was künstliche Hormone – auch die Pille – langfristig im Körper anrichten. Ein weiterer Pionier auf dem Gebiet der naturidentischen Hormone ist der deutsche Arzt Dr. Volker Rimkus (»Die Rimkus-Methode: Eine natürliche Hormonersatztherapie für die Frau«).

Um Missverständnissen vorzubeugen:

◆ Das bedeutet nicht, dass man gegen jedes Zipperlein nur ein Pillchen mit dem passenden Hormon einwerfen muss – selbst wenn es »ganz natürlich« ist!

Es sollte immer nur darum gehen, Fehlendes auszugleichen. Denn unser faszinierender Körper funktioniert umso länger wie geschmiert und produziert auch ganz von selbst länger die Hormone, die uns gesund und jung und nicht zuletzt auch formschön erhalten, wenn wir ihn ordentlich »warten«. Und dazu gehören vor allem die folgenden Punkte:

◆ Genügend Bewegung. Regelmäßige Bewegung hält den Hormonspiegel stabil. Ein halbstündiger Spaziergang ist schon ein super Anfang. Dazu noch ein bisschen Krafttraining Bauch-Beine-Po und Konsorten – und die Hormone sprudeln wieder.

◆ **Gesunde Ernährung** mit viel Obst und Gemüse. Studien haben gezeigt, dass fleißige Grünzeug-Jüngerinnen, insbesondere wenn sie viel grünes und gelbes Gemüse essen – etwa Brokkoli, Spinat, Peperoni, Bohnen, Kohl und Karotten – damit die Wechseljahre um fast zwei Jahre hinauszögern.

◆ **Nicht rauchen!** Raucherinnen kommen Jahre früher in die Wechseljahre – und da wirken sich sogar schon zwei, drei Zigaretten am Tag aus.

◆ **Ausreichend schlafen** – denn im Schlaf werden die meisten Anti-Aging-Hormone gebildet.

◆ **Alkohol einschränken** – ein Gläschen Wein sollte für uns Mädels das Limit sein. Alkohol ist Gift für die Eierstöcke und für alle weiteren Organe.

Falls Sie jetzt immer noch nicht genug vom Thema haben, zu guter Letzt noch die Empfehlung für zwei unterhaltsame Ratgeber: »Mein letzter Tampon: Wenn böse Mädchen in die Jahre kommen« und »Bis jetzt haben wir nur geübt: Das Liebesbuch für Frauen ab 45«. Beides von Monika von Ramin. Lustig!

Jung, jünger – Hormon-Yoga

Die Brasilianerin Dinah Rodrigues hat ihr Leben lang Yoga praktiziert. Als sie mit über 60 bei ihrem Gynäkologen einen ganz normalen Check-up machte, fielen dem Doc ihre für ihr Alter unglaublich guten Hormonwerte auf. So wurde Hormon-Yoga geboren – besondere Yoga-Übungen und Atemtechniken, die den Level der weiblichen Hormone so lange wie möglich hocherhalten, ohne jede Einnahme von irgendwas. Die enorme Wirksamkeit des Hormon-Yoga nach Dinah Rodrigues wurde in mehreren unabhängigen Studien nachgewiesen, aber der beste Beweis ist Señora Rodrigues selbst, die mittlerweile über 80 ist, fit wie ein Turnschuh und vor Energie sprüht wie kaum eine 20-Jährige. Kurse gibt es in vielen Yoga-Schulen und werden bereits Frauen ab 35 empfohlen. Das dazugehörige Buch: »Hormon-Yoga«

> *Natürlich gibt es einen Jungbrunnen: deinen Verstand, deine Talente, die Kreativität, mit der du dein Leben und das deiner Lieben füllst. Wenn es dir gelingt, aus dieser Quelle zu schöpfen, dann hast du das Alter wirklich besiegt.*
> SOPHIA LOREN

Wer kommt am Türsteher vorbei – und wer fliegt von der Gästeliste? Gäste, Crew und VIPs

Nachdem wir unserem Selbstbewusstsein eine vorbildliche Hochglanzpolitur verpasst haben (zwischendurch immer mal nachpolieren nicht vergessen!), wenden wir uns den Gästen und VIPs zu, die in unserer Bar ein und aus gehen. Schließlich sind wir nicht allein auf der Welt. Falls wir nicht gerade auf einer Bergspitze im Himalaya meditieren oder einem Job wie Leuchtturmwärter nachgehen, turnen täglich diverse Leute um uns herum: unser Lover, die liebe Familie, Freunde, Kollegen, Bekannte, aber auch die Bedienung an der Käsetheke, der Verkäufer am Kiosk, unser Lieblingskellner Luigi in unserer Stammpizzeria… Jeder, dem wir so täglich begegnen, kann potenziell unsere Stimmung heben – oder sie bei entsprechendem »Talent« leider auch unter den Gefrierpunkt senken. Umgekehrt können wir unseren Mitmenschen den Tag vergolden – oder ihnen die Laune verhageln.

Wie bitte? Nein, ich leide noch nicht unter Alzheimer. Sie haben das im vorherigen Kapitel schon richtig gelesen: Ich habe davon gefaselt, wie wichtig es ist, unabhängig zu sein! Der Umkehrschluss lautet aber nicht, dass wir mit unseren lieben Mitmenschen in unserer Umgebung gar nix mehr zu tun haben sollen – ganz im Gegenteil. Es ist eine Superidee, das Beste aus den wie auch immer gearteten Beziehungen zu unserer Umwelt zu machen. Denn alle »Beziehungen« haben das Potenzial, in uns schlummernde Glückskräfte zu wecken.

Wichtig: die angenehme Bar-Atmosphäre!

Eins meiner Grundprinzipien, mit dem ich der Welt entgegentrete, kennen Sie bereits: Offenheit! Ich bin wie ein Hund, der freundlich mit dem Schwanz wedelt, nicht wie einer, der sich ängstlich bereit zum Angriff macht. (Kleine Warnung: Kräftig zubeißen kann ich selbstverständlich trotzdem – wenn es nötig sein sollte!) Dazu muss man übrigens keinesfalls extrovertiert sein, man kann auch als ganz stiller Mensch offen sein.

◆ Es geht hier eher um eine innere Haltung, die nach außen »ausstrahlt«: Neugier auf andere Menschen und Respekt auch für alle, die anders sind als man selbst.

Ich habe gelernt, dass ich es anderen Leuten einfacher mache, mit mir locker und freundlich umzugehen, wenn ich erst mal alle Pipelines geöffnet lasse. Die anderen müssen keine schwer bewaffneten Festungsbrücken überwinden, um mit mir in Kontakt zu treten. Die meisten Menschen, die mich persönlich kennenlernen, fühlen sich in meiner Gegenwart wohl und entspannen sich schnell – das höre ich immer wieder. Mich beruhigt das ungemein, denn ich könnte auf andere auch einschüchternd wirken: Erst war ich das fast 1,80 Meter große Model, dann plötzlich auch noch »die Frau aus dem Fernsehen«.

Ich freue mich immer wie eine Schneekönigin, wenn ich es in Autogrammstunden schaffe, die Leute von einer angespannten Körperhaltung zum entspannten Stehen und zum Lächeln zu bringen. Um es auf den Punkt zu bringen:

In meiner kleinen Bar herrscht immer eine lauschige Atmosphäre, in der jeder willkommen ist!

So eine gute Stimmung ist kein Zufall – die kann man als »Haus-herrin« ganz gezielt beeinflussen. Wie? So:

Tag der offenen Tür oder der »Good-Vibrations-Day«

Versuchen Sie mal einen Tag lang, niemanden zu beurteilen, dem Sie begegnen. Kein »Boah, die ist aber dünn«, kein »Die guckt aber giftig« und auch kein »Was für eine Kartoffelnase!«. Deak-tivieren Sie die »Kommentarfunktion« heute komplett (in Ihrem Denkapparat, nicht nur auf Facebook oder bei MySpace). Stoppen Sie bereits den kleinsten Kommentargedanken, selbst wenn Män-ner in Gesundheitslatschen mit Socken wirklich nicht Ihr Ding sind. Sie sollen die anderen einfach nur so akzeptieren, wie sie sind (selbstverständlich nur, solange sie Ihnen oder anderen nicht unverschämt ans Bein pinkeln!). »Erlauben« Sie den anderen heu-te, einfach so zu sein, wie sie sind. Egal ob schön, hässlich, dick, dünn, laut, aufdringlich, geschmacklos oder elegant. *Setzen Sie stattdessen einen Röntgenblick auf: Gucken Sie durch die Schale hindurch – und stattdessen in die Augen! Und jetzt wieder: Lä-cheln!* Das hat einen enormen Effekt. Ein Team aus deutschen und britischen Forschern am Institute of Cognitive Neuroscience der University College London hat nämlich herausgefunden, dass direkter Augenkontakt glücklich macht! Wenn uns eine Person in die Augen schaut, deren Äußeres wir als angenehm empfinden – egal welchen Geschlechts – wird im Gehirn eine Belohnungsregion aktiviert. Das Tolle dabei: Wenn wir gleichzeitig lächeln, wirken wir fast automatisch »angenehm«. Ich habe es mir außerdem an-gewöhnt, mit ein paar herzlichen Kommentaren das Eis zu brechen. Auch wenn Sie eher schüchtern sind: Vielleicht schaffen Sie es ja, Ihrem Gegenüber ein ehrliches Kompliment zu machen – der Sitznachbarin in der U-Bahn für ihren tollen Rock, der Wurstverkäuferin für ihre langen Wimpern oder dem Tankwart für sein heißes Tattoo. *Offen*barung garantiert!

Okay, stimmt: Natürlich gibt es ein paar ewige Miesepeter, die finden solche Offenheit geradezu obszön und »wahllos«. Ich weiß nicht, wie es Ihnen geht, aber ich kann die leicht verschmerzen. Wenn die Klemmis meinen, mir deswegen mit überheblicher Arroganz gegenübertreten und mich von oben herab behandeln zu müssen, können die gerne zu Hause in ihrem Kühlschrank bleiben. Anders gesagt:

◆ Wer am Eingang meiner Bar pöbelt, weil ihm die anderen Leute nicht passen (oder ich), den sortiert der Türsteher leider aus – so simpel ist das. Selber schuld!

Ich habe mich nun mal entschieden, mein Lokal freundlich und einladend zu gestalten, im Hippie-Style mit Herz. Je entspannter meine «Gäste» sind, um so entspannter bin auch ich wiederum – ein absoluter Pingpong-Effekt. Freundliche Offenheit funktioniert nämlich auf einer ganz subtilen Ebene:

◆ Andere Menschen wittern unsere Stimmung und tunen sich darauf ein. Das ist wie bei einem Radio.

Meine freundliche Grundhaltung hat noch einen anderen tollen Nebeneffekt: Alle Leute in meiner Umgebung wissen, dass ich grundsätzlich easy-going bin. Sobald ich dann nur eine Nuance distanzierter und ruhiger werde, weil ich mit irgendjemandem ein Hühnchen zu rupfen habe, ist es gleich, als hätte man in meiner Bar das grelle Putzlicht angemacht. Und das mache ich nicht an, wenn der Boden nicht dreckig ist. Dann sind alle gleich alarmiert – und das führt dazu, dass man mir zuhört. Ein verdammt gutes Gefühl!

Meine kleine VIP-Lounge:
Diese Leute bekommen den Backstage-Pass!

Es ist also empfehlenswert und gut für unsere ganz persönliche Glücks-Stimulation, wenn wir grundsätzlich freundlich und unvoreingenommen sind. Das bedeutet allerdings nicht, dass wir mit jedem, dem wir begegnen, auch gleich ganz dicke befreundet sein müssen. *Ganz im Gegenteil, hier zählt Qualität statt Quantität!* Darum gibt es in meiner lauschigen Bar einen großen Raum, in dem alle Gäste willkommen sind – und darüber hinaus ein kuscheliges Separee für meine VIPs.

> *Ich fühle mich von innerer Schönheit erfüllt,*
> *wenn ich mit meinen Freundinnen zusammen sein*
> *kann und wir eine »Göttinnenrunde« bilden.*
> JENNIFER ANISTON

So einen Backstage-Pass bekommt man bei mir allerdings nicht so ohne weiteres. So »open-minded« ich normalerweise bin, so unglaublich selektiv bin ich mit meiner raren Freizeit, meiner Loyalität und meiner Zuneigung. Letztere muss man sich verdienen, oft über Jahre, bevor ich wirklich Vertrauen fasse, aber das lohnt sich. Denn wen ich einmal in den Inner Circle aufgenommen habe, der bleibt dort – bis auf wenige Ausnahmen – für alle Zeiten.

Ich würde mein letztes Hemdchen für meine Crew geben – sogar dann, wenn das zufällig von Armani sein sollte. Weder meine Mama, noch mein Freund, noch auch nur eine(r) meiner besten Freundinnen und Freunde hat auch nur ein Fünkchen negative Ausstrahlung! Liebenswerte Macken und lustige Spleens haben sie dafür reichlich. Und jeder und jede meiner verrückten Chaos-Kings und -Queens ist absolut unverwechselbar. Ein paar Beispiele? Aber bitte, gerne doch!

◆ Steffi ist mein »Buddha«. Sie ruht noch dann in sich selbst, wenn ihr gerade quasi die Bahn vor der Nase wegfährt und ich sie energisch mit den Worten »Mensch, Steffi, mach hin! Die warten nicht!« in Bewegung bringen muss.

◆ Nadja, die Freundin, die auch meine wunderbare Website gemacht hat, ist unheimlich laut, hat die größte Klappe seit Erfindung großer Klappen. Sie ist so schrill und durchgeknallt wie man nur sein kann und trägt den Spitznamen »Die verrückte Naddi«. Dabei ist sie wirklich liebenswert und kreativ hoch zehn.

◆ Alexia, meine griechische Göttin der Emotion, mit einem Herzen, so groß wie der A 380 (das immer auf ihrer Zunge geparkt ist) und einem 10-jährigen Sohn, den sie seit dem Schlüpfen ganz allein hochgepäppelt hat.

◆ Julius, den »Zauberer von Oz«, hatte ich schon mehrfach erwähnt. Er ist ein totaler Chaot, vergisst manchmal seinen eigenen Kopf, ist dabei aber wahnsinnig großzügig, lustig und unglaublich erfolgreich in allem, was er anpackt. Julius macht Wunder wahr! Er hat mir kürzlich wieder erzählt, dass sein Guru Deepak Chopra sagt, dass man, wenn man nur einen einzigen Freund hat, der so richtig glücklich ist, eine fünf Mal höhere Wahrscheinlichkeit hat, selbst Glück zu empfinden – weil Gefühle ansteckend sind.

Damit haben wir eine super Erklärung dafür, warum ich fast immer so gut gelaunt bin: Meine VIPs sind nämlich so eine Art »Think Pink«-Clübchen par excellence, eine nie versiegende sprudelnde Glücksquelle – und der beste Beweis, dass die rosarote Denke ein Superkonzept ist. Wenn ich mal nicht so gut drauf bin, brauche ich nur einen meiner Freunde anzurufen und schon sieht die Welt gleich viel heller aus.

Was unsere besondere Beziehung zueinander ausmacht? Das, was meiner Meinung nach jede wirkliche, gute Freundschaft auszeichnet. Nämlich:

Die Zutaten für den Cocktail »Golden Friendship«

Zu jeweils gleichen Teilen:

- **Ehrlichkeit:** Vor allem, wenn man die Chance hat, Freunde oder Familienmitglieder vor Fettnäpfchen, unnötigen Ausgaben und anderem Ungemach zu bewahren. Darum kommt Freunden auch ein wichtiger Part beim »Reality Check« (S. 155 ff.) zu. Echte Freunde warnen, bevor man mit Spontanblindheit provozierenden Klamotten auf die Straße tritt. Sie akzeptieren allerdings ebenfalls, wenn der Freund trotz Warnung auf dem Atze-Schröder-Outfit besteht – Geschmäcker sind nun mal verschieden. Gute Freunde weisen auch vorsichtig (!) darauf hin, wenn der oder die andere ganz offenbar dabei ist, sich in eine verhängnisvolle Idee zu verrennen. Etwa, wenn die neue Affäre mit dem Katastrophentypen (wahrscheinlich) keine Chance hat. Nützt die Warnung nix, kennen echte Freunde ihre Pflicht: Sie leisten Beistand. Und sie sparen sich hinterher das feixende »Hab ich dir doch gleich gesagt!«. Wer möchte, dass andere ehrlich zu ihm sind, für den muss es aber auch selbstverständlich sein, für sich zu behalten, was ihm anvertraut wurde! Sämtliche pikanten Geheimnisse meiner »Mannschaft« sind bei mir so behütet wie im Safe der Schweizer Nationalbank. Zur Ehrlichkeit gehört übrigens auch, sich entschuldigen zu können, wenn man mal Mist gebaut oder sich im Ton vergriffen hat. Das ist unter echten Freunden halb so schlimm, denn der nächste Punkt ist die:

◆ Toleranz: Mag sein, dass wir manches nicht wirklich nachvollziehen können, weil unsere Lieben das Sexualverhalten der Regenwürmer beobachten, im Keller Bier brauen oder mit einem Typen zusammen sind, neben dem Al Bundy wie ein intellektueller Überflieger wirkt – lassen sollten wir sie trotzdem. Toleranz ist der Wille, den anderen 100 Prozent so zu akzeptieren, wie er oder sie ist. Das gilt für alle zwischenmenschlichen Beziehungen, aber für Freundschaften im ganz Besonderen. Diese Großzügigkeit darf man zur Belohnung dann auch vom anderen erwarten! Wenn der aber ausdauernd versucht, einen umzukrempeln (ehrliche und wohldosierte Warnungen – siehe oben – fallen nicht unter diesen Tatbestand!), darf man sich dagegen wehren – das hat mit Intoleranz nix zu tun! Echte Freunde schulmeistern nicht und versuchen nicht, den anderen umzuerziehen. Wer tolerant ist, ist übrigens auch nicht nachtragend und akzeptiert Entschuldigungen schnell.

◆ Echtes Interesse: Wer Freunde nur als williges Publikum missbraucht, das der eigenen Story devot applaudieren muss, hat den Sinn von Freundschaft nicht verstanden. Natürlich darf und sollte man von sich erzählen und die Freunde am eigenen Leben teilhaben lassen. Aber, hey, die Sache ist wie ein Pingpong-Spiel! Wichtig ist, dass der Ball in Bewegung bleibt und nicht nur einer redet, sondern man auch gut zuhören kann. Interesse heißt natürlich auch, dass man sich selbst in stressigen Zeiten hin und wieder beim anderen meldet. Per SMS. Per Anruf. Per Postkarte. Oder per Blitzbesuch. Übrigens: *Wann haben Sie eigentlich zuletzt einen Brief geschrieben? Keine E-Mail, einen echten Brief, auf Papier? Probieren Sie's aus und schreiben Sie Ihrer besten Freundin – ein von Hand verfasster Brief wirkt heutzutage wie ein seltenes Geschenk!*

Dazu noch jeweils ein Schuss:

◆ **»We are family!«** Wenn ich mich einmal entschieden habe, mit jemandem befreundet zu sein, dann gilt das ohne jegliche Einschränkung. Ohne »Ich hab jetzt aber gerade keine Zeit«. Ohne jedes Wenn und Aber! Meine VIPs dürfen mich mitten in der Nacht anrufen, wenn die Hütte brennt. Weil die Katze im Baum sitzt und nicht runterkommt, weil der Exlover vor der Haustür randaliert oder auch nur, weil der selbst gebackene Kuchen zusammengefallen ist (was ja bei PMS schon mal eine Katastrophe sein kann). Meine persönlichen VIPs dürfen mich selbst dann behelligen, wenn ich gerade von Jetlag geplagt am anderen Ende der Welt sitze.

◆ **»Alles wie immer«-Gefühl.** Wer mindestens einen echten Freund hat, kennt das: Selbst wenn man sich ewig nicht gesehen hat, fühlt sich beim nächsten Treffen trotzdem alles an wie immer. Die Zeit dazwischen existiert dann einfach nicht. So eine längere Sendepause kann schon mal vorkommen, wenn der beste Freund plötzlich in Australien oder Südafrika lebt. Natürlich bemühe ich mich, alle meine Leute, so oft es geht, zu sehen oder wenigstens zu sprechen. Das klappt oft trotzdem nicht, weil wir alle unheimlich »busy« sind und gern überall in der Weltgeschichte herumjetten. Zur gleichen Zeit am gleichen Ort zu sein ist das erste Problem – und dann auch noch Zeit zu haben, das nächste. Aber eine robuste Freundschaft, so meine Erfahrung, kann das ab. Und wenn nicht? Dann ist es eben keine robuste Freundschaft!

Und noch ein VIP-VIP: Unser Mentor

Andere Leute haben Schutzengel, ich habe mein Management-Team. Auf die Mädels und Jungs bei »Pool Position« in Köln kann ich mich immer verlassen. Das Team schützt mich und meine Umgebung auch manchmal vor mir selbst und meiner Arbeitswut. Als ich im sechsten Monat schwanger war, war ich – unter Volldampf wie immer – drauf und dran, ein neues Engagement am English Theatre zu unterschreiben. Das hätte bedeutet: Auftritte sechs Tage die Woche, dazu noch Fernsehen und das zu einem Zeitpunkt, wenn mein Baby ein gutes halbes Jahr alt wäre. Hallo? Frau Kraus? Noch jemand zu Hause im Birnchen? Meine Leutchen haben mich zu Recht darauf hingewiesen: «Äh, du, Sonya, dein Fleiß in allen Ehren. Aber du weißt noch nicht, wie viel Arbeit so ein Würmchen bedeutet – möchtest du nicht lieber erst mal gucken, wie sich das anfühlt?» Ergebnis: Ich – da ja bekanntlich nicht beratungsresistent – habe das Engagement schweren Herzens abgesagt. Und heute mache ich drei Kreuze. Wie hätte das gehen sollen? Die Sache ist jetzt zwar nicht aufgehoben, aber aufgeschoben – bis mein kleines Baby ein bisschen größer ist. Ich behaupte: Jeder braucht ein Management oder einen Mentor. Suchen Sie sich jemanden in Ihrem Arbeitsfeld, auf dessen Meinung Sie vertrauen und der Ihnen eine Nasenlänge voraus ist und bitten Sie ihn (oder sie) Ihr persönlicher Coach zu sein. Seien Sie sicher, damit offene Türen einzurennen. Es gibt kaum ein größeres Kompliment als den Satz: »Ich brauche deinen Rat.«

Wir müssen draußen bleiben:
Nörgler, Lästermäuler und sonstige Stimmungs-Randalierer!

Jeder kennt sie: *Die Menschen mit der zutiefst negativen Aura, die an allem etwas zu motzen finden* und die den berühmt-berüchtigten »Flurfunk« dazu »nutzen«, um über alles und jeden ausgiebig herzuziehen. *Sie sind die Zitronen unter den Zeitgenossen!* Gut, ich gebe es ja zu: Gerüchte mögen hin und wieder einen Funken Wahrheit enthalten, und manchmal erweisen sich Informationen auch als nützlich, die man quasi »im Vorbeigehen« aufschnappt. Ein bisschen (!) Tratsch ist menschlich! Trotzdem:

- Andere Leute ständig zu beurteilen, zu verurteilen oder überhaupt ständig zu urteilen, ist eine sehr schlechte Angewohnheit.

Vieles ist nicht, wie es erst mal aussieht. Und wir blockieren uns mit vorschnellem Lästern den Weg, herauszufinden, wie etwas oder jemand wirklich ist. Lästern ist das Gegenteil von Offenheit! Gerade böse Gerüchte entwickeln schnell eine negative Eigendynamik, die bis zum Mobbing reichen kann. Zugegeben, wenn alle im Büro über die neue Kollegin herziehen, ist es schwierig, dem zu widerstehen. Tun Sie es trotzdem! Sonst glauben wir irgendwann selbst, dass sie strunzdoof ist – ohne je ein Wort mit ihr gewechselt zu haben, wie vermutlich 80 Prozent der Lästermäuler. Und wenn Ihnen der zehnte Kollege mitteilt: »Mensch, haste schon gehört, der Jürgen hat wahnsinnigen Mundgeruch«, dann gehen Sie einfach nicht drauf ein. Sollte sich so ein Gerücht bewahrheiten und Sie sind mit Jürgen so gut bekannt, dass Sie ihm auch mal etwas im Vertrauen sagen können: Klären Sie *ihn* auf, warum der halbe Betrieb einen Bogen um ihn macht! Natürlich tun Sie das nicht vor versammelter Mannschaft – Sie wollen ja niemanden bloßstellen.

Wie falsch man übrigens mit einem vorschnellen Urteil liegen kann und dass man Freunde manchmal nicht auf den ersten Blick erkennt, habe ich übrigens gemerkt, als ich einmal als »Accessoire« gebucht wurde.

DIE LIGA DER AUSSERGEWÖHNLICHEN GENTLEMEN

Es war Mitte der Neunzigerjahre. Damals, als Fotografen Fotomontagen noch mit Nagelschere und Tesa bastelten, man unter »Photoshop« ein Geschäft für Kamerabedarf verstand und Topmodels tatsächlich auch solche waren. Ein hochkarätiger italienischer Herrenmodehersteller buchte sieben der bestbezahlten Männermodels auf einen Schlag und schickte diese Herrenriege für drei Tage nach Mallorca zum Foto-Shooting. Das glorreiche Konzept einer findigen Werbeagentur sah vor, den kostspieligen Luxus-Zwirn gruppenweise an noch kostspieligeren Jungs zu fotografieren.

Eine geniale Idee, um garantiert jegliches Budget zu sprengen. Doch die Kreativen benötigten zusätzlich noch ein weibliches

Model mit der Anforderung: Körper geil, Gesicht egal, Gage günstig! Man buchte zu den hochkarätigen Herren ein gut gebautes preiswertes Accessoire, dessen Beine, Rücken, Dekolletee und Füße fototauglich waren.

Und, Sie ahnen es, da kam ich ins Spiel! Jetzt hätte ich natürlich zutiefst beleidigt sein können, dass meine Visage auf keinem der Fotos zu sehen sein würde. Stattdessen freute ich mich auf ein paar Make-up-freie Tage. Das man nur einzelnen Körperteilen von mir das gewünschte Niveau zutraute, war für mich kein Problem. Ganz im Gegenteil, dieser Job sollte sich als eine Lektion fürs Leben herausstellen, als eine aktive Impfung gegen jegliches Schubladendenken ...

Mein Reisewecker klingelte erbarmungslos Punkt fünf Uhr morgens! In Trance schob ich meinen müden Körper unter die Dusche, klemmte mir die E-Zahnbürste zwischen die Kiemen und fand beulige Beweise, dass ich den nächtlichen Kampf gegen die mallorquinischen Moskitos verloren hatte. Es stand drei zu zwei für die Blutsauger: drei Stiche auf meinen Wangen gegen zwei zermatschte Biester an der Zimmerwand. Völlig wurscht, mein Gesicht war ja auf den Fotos sowieso unerwünscht!

Eine gewisse Schadenfreude konnte ich mir bei dem Gedanken, dass meine hoch bezahlten Kollegen schon vor einer Stunde beim Visagisten antreten mussten, nicht verkneifen. Normalerweise hieß es beim Modeln »Ladys first«, und wir Mädels mussten mitten in der Nacht zur Fassadensanierung antreten. Genüsslich kratzte ich noch ein wenig an meinen Stichen... mhm, herrlich!

Leider war ich am Vorabend so spät angekommen, dass ich nur noch die Kampftrinker des Teams (den Fotografen und seine Assistenten) ziemlich volltrunken an der Hotelbar angetroffen hatte (Normalzustand auf Fotoreisen). Die lieben Modelkollegen lagen schon brav in ihren Bettchen und zelebrierten ihren Schönheitsschlaf. Ich war also gespannt auf die Liga der außergewöhnlichen Gentlemen ...

Der Morgen auf Malle war noch nicht ganz erwacht, und ich auch nicht, als sich vor dem Hotel ein berggroßer Schatten auf mich stürzte und eine sonore Soul-Stimme mir entgegenschmeichelte: »Hi, I'm Dustin.« Ich wurde von zwei Schraubstöcken gepackt, an eine leicht bekleidete Schwimmerbrust gedrückt, um Sekunden danach, aus der Umarmung befreit, nett angelächelt zu werden. Mein geschocktes Herz beruhigte sich. Mir stand ein riesiges zuckersüßes Schokocrossi gegenüber, politisch korrekt auch »Afroamerikaner« genannt. Ein Mann mit einem Teint im Farbton Nougat, den edlen Gesichtszügen eines Wüstenprinzen und der körperlichen Perfektion eines Panthers. Galant schnappte sich Naomi Campbell in männlich meine Tasche und warf sie sich locker über die muskulöse Schulter. »Let's hurry, sweetheart! We're quite late.« Sprach's, spuckte seinen Kaugummi auf den Boden und schob mich mit der Zärtlichkeit eines Gabelstaplers in Richtung Teambus.

So, so. Das war also das Topmodel mit der Startnummer 1, für die Liebhaberinnen des exotischen Looks und der robusten Behandlung.

Das Bordell für die Dame

Im Bus traf ich auf die Kandidaten zwei bis sieben. Beim Gang durch den Bus konnte man sich als heterosexuelle Frau nur wie ein Kokser im Warenlager des Medellin-Kartells oder der Drogenfahndung fühlen. Hier wurde einfach jedes Beuteschema bedient:

Ganz vorne die Startnummer 2: Typ »Nordisch-Blond« mit Husky-Augen. Allerdings kam dieses Prachtexemplar von Wikinger weder aus Schweden, Norwegen oder Dänemark, noch hieß es Thor oder Sören. Ich hatte das Vergnügen mit Jeff from Australia, bekleidet mit Schlangenleder-Cowboyboots im Crocodile-Dundee-Style. Okay, die Stiefel musste er dringend loswerden, und ich war auch kein Fan von blonden Boys, aber darin war ich mir sicher: Der Kerl wäre der Renner als Zuchtbulle in jeder Samenbank!

In Reihe zwei saß Kandidat Nummer 3: Das Beste aus Richard Gere und George Clooney, für die Liebhaberin echter Eleganz mit grau melierten Schläfen und lässiger Körpersprache. Der Hollywood-Beau hing am Handy und telefonierte lautstark auf Hardcore-Schweizerdeutsch, was seinem kosmopolitischen Look einen kleinen Kratzer bescherte.

Schräg gegenüber döste der vierte Kleiderständer: Ein wettergegerbter Surferboy mit kinnlangem Wuschel-mich-durch-Haar in sonnengesträhntem Dunkelblond. Der Naturbursche schenkte mir ein müdes, aber trotzdem ziemlich sexy Zahnlückenlächeln und raunte mir ein kehliges »Russel« entgegen.

Wow! Das war hier wie im Bordell: Für jeden Geschmack war was dabei. Und beim Anblick des nächsten Herzbuben auf Startplatz 5 knurrte mein Magen. Da saß doch glatt James Dean! Oder besser gesagt, sein optimiertes generalüberholtes Body Double: Werner aus Österreich. Vor Jahren hatte ich schon einmal die Ehre gehabt, mit ihm zu arbeiten. Möglichst gelassen winkte ich ihm zu: »Hi Werner! Mensch wie lang ist das wohl her?« Seine Reaktion war bombig: Die Augenbrauen zogen sich zusammen, die Stirn warf sich in Denkerpose, und ich wurde wie ein bekloppter Fan gemustert. »Sorry, i weiß' ned …« Arschloch! Tja, Frau Kraus, typischer Fall von Selbstüberschätzung. Wie kam ich bloß auf die Idee, dass world famous Werner sich an so eine wie mich erinnern würde? James Dean war für mich soeben ein zweites Mal gestorben.

Der Anblick des Kerls auf dem Sitz dahinter tröstete mich über dieses Unglück hinweg. Nummer 6 war ebenfalls Sex pur und löste bei mir einen sofortigen Anfall von Gina-Wild-Schnappatmung aus. Er war der Inbegriff des Latinlovers. Dunkle, braunglänzende Haare, Schlawinerlächeln und Glutaugen, die südamerikanisches Temperament versprachen. Olé! Stier, ich zieh ein rotes Kleid an, und du nimmst mich auf die Hörner! Ich hatte soeben meinen Lieblingsmann im Modelharem erwählt. Innerlich bebend und beinahe sabbernd hechelte ich ein obligatorisches »Hi!« in Richtung Zielobjekt. Und siehe da, von arroganter Zurückhaltung war hier keine Spur! »Ciao bella! I'm Massimo…!« Ich wurde links und rechts stürmisch feucht geknutscht. Ein Italiener? Gut, ich hatte mich mal eben im Herkunftsland vertan, aber dafür war der Name anscheinend Programm. Von »kleiner Italiener« konnte bei diesem Kerl auch keine Rede sein. Er war ein stattliches Zwei-Meter-Teil, und wenn der liebe Gott etwas von Proportionen verstand, war die Makkaroni hier auch. »massimo«. Aus meiner Zeit in Milano wusste ich außerdem, dass im Pastaland eine »bella bionda tedesca« hoch im Kurs stand. Die drei Arbeitstage versprachen äußerst kurzweilig zu werden.

Ich fühlte mich wie Alice im Wunderland und konnte gut verkraften, dass Model Nummer 7 auf der hintersten Bank so gar nicht mein Typ war. Ziemlich schmal und schlaksig – jedenfalls im Vergleich zur Schrankwand Dustin und Ma-Ma-Massimo – hatte es sich da ein rothaariges Männlein gemütlich gemacht und las Zeitung. Während sich Dustin vom Gang auf einen Doppelsitz plumpsen ließ, legte der Rotschopf seine Lektüre beiseite, stand höflich auf und schmetterte mir ein gut gelauntes ultrabritisches »Good Morning!« entgegen. »Ick bin de Peanuts!«

Hatte sich ein erwachsener Mann jetzt ernsthaft bei mir als »Erdnuss« vorgestellt? Na ja, vielleicht lag es auch an der totalen Überdosis Mann auf nüchternen Magen, die ich hier verpasst bekam, und ich halluzinierte? Noch etwas deutete darauf hin, dass die Matrix mir einen Streich spielte: Wie konnten so viele Sommersprossen auf ein und demselben Gesicht Platz finden? Ich blinzelte, aber Pumuckel verschwand nicht. Der Mensch sah wahrhaftig aus, als hätte man ihn feucht-fröhlich angepupst. Schön? Nein. Lustig! Der Naturbursche verkörperte den gespuckten Iren, als wäre er direkt aus der Kerrygold-Reklame gepurzelt. Für einen waschechten Briten war das natürlich eine Majestätsbeleidigung. Wer sich von der gesprenkelten Gesichtstapete nicht allzu sehr ablenken ließ, konnte dahinter edle Gesichtszüge erkennen. Ein Hauch von englischer Aristokratie. Das Nüsschen war definitiv kein Flirtmaterial für mich, aber nett schien er zu sein.

Erschöpft vom Flanieren durchs Schlaraffenland, okkupierte ich eine freie Sitzreihe und atmete erst mal tief durch. Sieben auf einen Streich waren selbst für die tapfere Sonya zu viel des Guten.

Nur zwei Stunden später waren, neben James Dean (der hatte es ja gar nicht erst in die letzte Runde geschafft), noch drei weitere Kandidaten bei meiner ganz persönlichen Castingshow unwiderruflich ausgeschieden.

Die Jury tagt

Startnummer 3, der Schweizer Handyman, flog raus, ohne dass er überhaupt ein Wort mit mir wechselte. Als er endlich aufgehört hatte, lautstark mit seinem Broker zu telefonieren, folgte ein Referatsvortrag an das versammelte Kollegium über Geldanlagen und den damit zu akkumulierenden Wohlstand. Der Gere-Clooney-Mix unterstrich das Gesagte durch einen Stapel Fotos seiner Errungenschaften. Der »Mein Auto, mein Boot, mein Haus«-Typ aus der Werbung war ein Scheißdreck gegen diesen Angeber und mir schon ganz schlecht vom Zuhören und Fremdschämen.

Der australische Nordmann aus Reihe eins eliminierte sich durch seine ganz eigene Sportschau. Kaum hatte unser Bus an der ersten Location Halt gemacht, zog Blondi blank. Gegen einen kleinen Strip hatte ich grundsätzlich gar nichts einzuwenden. Oben ohne hängte er sich an den nächstbesten stabilen Ast, bildete den Body durch Klimmzüge und versüßte uns das idyllische Zirpen der Grillen mit rhythmischem Stöhnen. Dann wurde die Isomatte ausgerollt, die Bauchmuskeln mussten jetzt gepimpt werden. Alles noch tolerierbar. Doch als das Frühstücks-Catering aufgebaut wurde und mein leckeres Serrano-Schinken-Brötchen von ihm als Fettfalle denunziert wurde, war er raus.

Russel, der sexy Surfer, zelebrierte dagegen exzessive Gelassenheit. Es war noch ziemlich früh am Morgen, als er sich auf den Busstufen niederließ und völlig entspannt, in Sichtweite von Kunde, Kollegen und Crew, einen Joint drehte. Wohlgemerkt, es war der erste, aber lange nicht der letzte an diesem sonnigen Arbeitsmorgen. Im 30-Minuten-Takt räucherte er das Team ein, bot allen bereitwillig die Tüten zum Teilen an und betörte durch den Duft nach »Eau de Hanf«. Somit war auch der Surfer, nach nicht einmal zwei Stunden, mit viel Qualm in den Fluten des Cannabis-Rausches versunken.

Das waren ja mal positive Aussichten: Es war noch nicht mal Siestazeit, und vier von sieben »Traummännern« hatten sich schon als echte Flops erwiesen. Ich castete hier ja nicht ernsthaft den zukünftigen Vater meiner Kinder, sondern suchte maximal eine kommunikative Begleitung fürs Abendessen. Jetzt schon mit nur drei verbliebenen Kandidaten im Topmodel-Finale angekommen zu sein, war dramatisch. Im Rennen waren jetzt noch:

– Dustin, der Schrank aus Ebenholz, made in USA
– Peanut, der gepunktete, britische Pumuckel

Und – Hurra! Hurra! – Massimo, der Latinlover mit italienischer Salsa in den Adern. Wenigstens entsprach somit einer der drei meinem Beuteschema.

Ein echter Vorteil, mit so vielen Kerlen zu arbeiten, war die Verpflegung. Es gab nicht nur Salat und Obst zu beißen, sondern reichlich Reichhaltiges, das tatsächlich schmackhaft war.

Meine Flanke hatte seit dem Morgen ganz selbstverständlich der dunkle Dustin eingenommen, so auch beim Lunch. Dass Dustin jedes Möbelstück mit ausgekauten Kaugummis dekorierte, war zu ertragen. Seine, nennen wir es mal diplomatisch, »typisch entspannte amerikanische« Körperhaltung am Mittagstisch – einarmig, mit auf den Tisch gestützten Ellenbogen, tief über den Teller gebeugt – war schon ziemlich gewöhnungsbedürftig. Nur die Prügel, die er dem flirtenden Massimo nach dem Lunch androhte, gingen zu weit! Er hatte wohl nicht kapiert, dass »Sweetheart« nicht beschützt werden musste, und vor allem nicht beschützt werden wollte. Da waren's nur noch zwei!

Meine ursprünglichen Bedenken, dass bis zum Feierabend unklar bleibt, mit wem ich dinieren wollen würde, waren wohl unbegründet. Wahrscheinlicher war, dass der Abend, wie so oft auf Fotoreisen, mal wieder einsam mit der Bestellung beim Roomservice endete...

Die Erdnuss entsprach zwar so gar nicht meinem Gusto, war

aber wunderbar selbstironisch, uneitel und persiflierte mit spitzer Zunge seine Berufsgenossen, was zum Totlachen komisch war.

Massimo hingegen bekam hundert Gummipunkte für die optische Erscheinung. Er war sexy, sich darüber allerdings auch genauestens im Klaren. Er war Mr Charming himself, manchmal allerdings mit einem Tröpfchen zu viel italienischem Olivenöl versehen, was den Flirt recht glitschig gestaltete.

Hau den Lukas!

Schlag auf Schlag fiel dann auch die Entscheidung zwischen rot und rassig...

Meine sieben Jungs waren frisch umgezogen und sahen in ihren Anzügen sehr distinguiert aus, irgendwie nach extrem elitärem, internationalem Herrenclub. Das war Sinn der Sache.

Tagträumend stand ich im engen kleinen Schwarzen zwischen den hochgestylten Herren herum und wartete drauf, dass der Fotograf mich auf meine Position stellte. Getreu des Konzepts natürlich mit dem Rücken zur Kamera – als ich plötzlich eine Berührung an meiner linken Gesäßhälfte spürte. Erstmal cool bleiben, das kann ja in dem Gewusel mal... Hallo? DAS nicht! Da war definitiv eine beherzt zupackende Hand auf meinem Hintern!!! Und die löste in Millisekunden meinen guten alten Selbstverteidigungsreflex aus: MIR rutschte die Hand aus!

Nun ja, um bei der Wahrheit zu bleiben, es war die Faust. Was sollte ich machen? Das Training auf Frankfurter Schulhöfen steckt nun mal tief in mir. Meine Donnerfaust wirbelte herum und traf mit schlafwandlerischer Sicherheit das Kinn des Kerls, der an der Grabschhand hing. Er ging zu Boden. Mein Gehirn nahm seine Arbeit wieder auf und machte mich darauf aufmerksam, dass mein Wunschkandidat für jegliche Form des Zeitvertreibs auf diesem Fototrip im Staub lag: Massimo. Ich hatte mir soeben alle Fantasien zerschossen. Da lag er hingestreckt, wunderschön und mich mit weit offenen Kinderaugen anstarrend. Bevor ich jedoch weiter um den Verlust trauern und mir Gedanken um Regressansprüche oder beschädigte Klamotten machen konnte, erschallte von allen Seiten donnerndes Lachen. Das ganze Team schmiss sich weg, und diesmal wurde anerkennend meine Schulter getätschelt, der Po blieb gänzlich unberührt. »Nice job!«, ertönte es von allen Seiten. Da mussten wohl hinter meinem, der Kamera zugewandtem Rücken einige Späße auf meine Kosten gelaufen sein. Selbst Dustin, dem ich eben noch eine Standpauke von wegen »... aggressive Männer gehen gar nicht ...« gehalten hatte, war wieder mit mir versöhnt. »Atta girl!«, lobte er mich, was in dem Fall so viel hieß wie: »Braves Mädchen!« Es hatte also Prügel für Macho Massimo gesetzt. Grabschende Typen gingen nämlich genauso wenig! Scheiß auf Gleichberechtigung, aggressive Amazonen? Die sind natürlich obergeil ...

Nachdem wir meinen ehemaligen Traummann – inklusive seines zertrümmerten Selbstbewusstseins – vom Boden gekratzt hatten, alle Einstellungen im Kasten waren und wir wieder friedlich im Bus zurück zum Hotel saßen, machte ich mir beim Blick durchs Fenster auf die mallorquinischen Landschaften so meine Gedanken.

Der einzige Kerl dieser leckeren Topmodel-Truppe, der einigermaßen normal zu sein schien, war Peanut, das Pumuckelchen! Ein Mann, der ungefähr so erotisierend auf mich wirkte wie mein bester schwuler Freund ... Toll.

Optisch hatten alle Jungs in ihren Kategorien die volle Punktzahl erreicht. Aber das allein reichte nun mal nicht. Das reichte leider für gar nix, außer fürs Modeln.

Flirten war mit Peanut ein Unterfangen, das von einer Million Sommersprossen torpediert wurde, auf die ich leider nicht so stand. Trotzdem hatte ich mit der Erdnuss, die eigentlich Percy hieß, viel Spaß, spannende Diskussionen und erfrischend offene Gespräche. Noch heute, gute fünfzehn Jahre später, telefonieren wir ab und zu. Und heute noch profitiere ich von dieser so lustig anmutenden Erfahrung: Treffe ich auf Menschen, blockiert mein Gehirn heute alle Sensoren für Optik. Und das hilft ungemein, sich im Leben zurechtzufinden.

Der Baseballschläger unterm Tresen: Unser kleiner rhetorischer Selbstverteidigungs-Kit

Ja, Leute, es ist leider so: Es wird immer Leute geben, die uns nicht mögen und uns an den Karren fahren wollen. Da ist es gut, wenn man dann ein paar schlagfertige Grundregeln beherrscht. Mein Freund benutzt in Auseinandersetzungen immer sehr gern die »Technik« der *Gegenfrage*: »Ach, und wann hast du zuletzt den Müll rausgebracht?« Und ich muss (in diesem Fall: leider) zugeben: Es funktioniert. Damit erkauft man sich immer Zeit, und manchmal lenkt man das Gegenüber auch ab, sodass es den Angriff vergisst.

Hervorragend eignet sich auch das *Hakenschlagen*: ein abrupter Themenwechsel, ohne auf das ursprüngliche Streitthema einzugehen. Das wirkt ganz verblüffend! Probieren Sie es aus! Eine eher buddhistisch orientierte »Zen«-Methode ist es, *dem*

Gegenüber seine Meinung zu lassen – wie ungerechtfertigt die auch sein mag – und erst gar nicht zu versuchen, ihn oder sie vom Gegenteil zu überzeugen. Denken Sie immer dran: Sie sind ein freier Mensch, leben Ihr eigenes freies Leben und sind nicht verpflichtet, sich jedem Hinz und Kunz gegenüber zu rechtfertigen – ab 18 auch nicht mehr Ihren Eltern gegenüber. Im Zweifelsfall klappt das Überzeugen sowieso nicht, und irgendwann geht's gar nicht mehr um die Sache, sondern nur noch ums Rechthaben, und der Streit ist in vollem Gange. Halten Sie es wie die Briten: *Never complain, never explain!*

Auch gut: Dem Angreifer, der uns mit Sticheleien provozieren will, mit Tacheles von Vornherein den Wind aus den Segeln nehmen: »Du hast recht! Ich habe Mist gebaut!« Wie ich schon sagte: *Ehrlichkeit* macht weniger verwundbar.

Und in jeder Lage wichtig: Bevor man sich in seinen eigenen Emotionen verliert, ist es gut, die Situation von außen zu betrachten, wie ein neutraler Beobachter, und dann zu entscheiden, wie man reagiert.

Bei indiskreten Interview-Fragen hat sich für mich die *Ich-weiß-es-noch-nicht-Methode* bewährt. Vor der Geburt meines Zwockels wollten zum Beispiel alle Journalisten wissen, ob ich mein Baby auf natürlichem Weg oder mit Kaiserschnitt zur Welt bringen würde, und ich habe immer gesagt: »Ganz ehrlich, ich weiß es selbst noch nicht. Aber wenn, dann erfahren Sie es als Erster.« Da war sofort klar, dass die Frage indiskret war – und das, ohne dass ich »kein Kommentar« gesagt habe.

Zu guter Letzt noch ein Buchtipp zum Thema: »Das NonPlus-Ultra der Schlagfertigkeit: Die besten Techniken aller Zeiten« von Matthias Pöhm.

Lästern macht hässlich!

Das wurde mir zum ersten Mal klar, als mir meine Freundin Vicky Fotos von ihrem Klassentreffen zwanzig Jahre nach dem Abi zeigte. Ich deutete auf ein Grüppchen Frauen, die muttchenhaft und deutlich verhärmter aussahen als die meisten anderen, und fragte: »Wer ist denn das hier? Waren das Lehrerinnen?«, und Vicky lachte. »Nee, du wirst es nicht glauben, aber das war die Beauty-Queen-Clique. Früher waren die Mädels die schärfsten Schüsse vor dem Herrn, die haben die Typen reihenweise abgeschleppt.« Dann erzählte Vicky, wie besagte Damen auf dem Klassentreffen sofort angefangen hatten über jeden – und speziell jede – verbiestert herzuziehen, sobald er oder sie außer Hörweite war. Und genau so sahen sie auch aus: verbiestert!

Danach habe ich aus Neugier angefangen, verstärkt darauf zu achten, und stelle seitdem immer wieder fest: Der Spruch, dass man ab einem gewissen Alter selbst für sein Gesicht verantwortlich ist, stimmt auffallend. Leuten, die kein gutes Haar an ihren Mitmenschen, der Welt und dem Dasein an sich lassen, ist ihre Negativität fast immer buchstäblich ins Gesicht gefräst! Statt sympathischen Lachfältchen haben diese Miesmacher jede Menge Schlechte-Laune-Furchen und obendrein eine geduckte Körperhaltung. Lassen Sie es nicht so weit kommen! Denken Sie immer dran: Think Pink macht schön!

Schwieriger wird's, wenn die Energieräuber sich in der Familie tummeln oder im Freundeskreis auftauchen. Hier kann die Angelegenheit um einiges prekärer sein, weil Ausweichen schwieriger wird.

Immer wieder fallen mir zum Beispiel in meinem Bekannten-kreis anstrengende »Freundschaften« (und Beziehungen!) auf. Ich wurde wiederholt Zeugin, wie eine Bekannte ihrem Ehemann am Telefon Befehle entgegenbellte (das ist nicht etwa übertrieben!), wann er den gemeinsamen Spross wo abzuholen habe. Während des ganzen Gespräches fiel nicht ein freundliches Wort, und ich fragte mich schon, wie das arme Kind eigentlich zustande gekom-men war. Eine Minute nach dem unterkühlten Gespräch klingel-te das Handy noch mal. Plötzlich hatte sich der Tonfall meiner Bekannten komplett geändert, von ungenießbar zu zuckersüß. Am Apparat war allerdings ganz offensichtlich diesmal nicht der Ehemann: »Mensch, Melanie, wie geht es dir? Was machst du so? Erzähl!«

Okay, ich will nicht ungerecht sein. Vielleicht habe ich hier eine Ausnahmesituation mitbekommen. Vielleicht hatten die Be-kannte und ihr Mann am Morgen Zoff, und das waren noch die Ausläufer des Streits. Mag sein. Trotzdem:

🔶 Wo ist denn da die »Upside«? Das ist eine Frage, die man sich ruhig immer mal wieder stellen sollte. Insbesondere, wenn sich die Beziehung zu einer Person im Umfeld vor allem nur noch eines anfühlt: anstrengend.

Weil ich auf die »Upside«-Frage keine Antwort mehr fand, habe ich im vergangenen Jahr mit einem Mädel, das ich schon aus Teenagertagen kenne, »Schluss gemacht«. Und das kam so: Vol-ler Begeisterung und Enthusiasmus hatte ich sie, nennen wir sie Larissa, angerufen und ihr die große Neuigkeit verkündet: »Stell dir vor, Larissa! Ich geh unter die Mamas: Ich bin schwanger!«

Die überraschende Antwort: Schweigen. In der Leitung war es totenstill, bis ich irgendwann sagte: »Hallo? Larissa? Bist du noch da?« Und, jawohl, sie war noch da. Als sie wieder sprach, fielen die folgenden Worte: »Ach! Schön, dass ich das auch mal erfahre.« Larissas Tonfall klang nach lebensfeindlicher Permafrostzone. Jetzt war ich erst mal sprachlos vor Schreck – denn ich war nicht etwa im neunten Monat kurz vor der Niederkunft (und selbst wenn …). Nein, ich informierte Larissa über meine Schwangerschaft exakt zum gleichen Zeitpunkt wie alle anderen.

Mein einziger Gedanke war: Oh, wie schön, dass du dich so mit mir freust! Nach einer weiteren Pause ging die Tirade sofort weiter: »… und überhaupt: Du hast ja gar keine Zeit mehr für mich.« Dann bekam ich noch zu hören, ich interessierte mich nicht für sie und ihre Belange, redete angeblich immer nur von mir selbst – dazu hätte ich allerdings erst mal zu Wort kommen müssen.

Meine Freunde wissen, dass ich im Notfall immer für sie da bin – aber ich will nicht den Gang nach Canossa antreten müssen, nur weil ich mich mal drei Wochen nicht gemeldet habe. Forderungen haben in einer Freundschaft nichts verloren.

Der beste Weg, das zu bekommen, was man sich wünscht, führt immer darüber, genau das zu geben, was man grundsätzlich auch gerne selbst haben möchte: Aufmerksamkeit, Seelentrost, Hilfe beim Umzug …

Allerdings, und das ist für viele schwer zu akzeptieren, ohne dabei direkt die Gegenleistung zu erwarten. Ständig wie ein Buchhalter mit »offenen Rechnungen« im Hinterkopf rumzulaufen, macht nämlich nur eins: unglücklich und vergrätzt.

Warum ich das alles erzähle? Weil jeder ab und zu mal überprüfen sollte, ob sich in seiner Umgebung nicht solche *energieabsorbierenden »Gremlins«* eingeschlichen haben. Auf manchen Leuten könnte man Etiketten anbringen wie auf Zigarettenschachteln: »Achtung, die Negativität dieser Person fügt ihr selbst und den Menschen in ihrer Umgebung erheblichen Schaden zu.«

Um Missverständnissen vorzubeugen: Ich habe absolutes Verständnis dafür, wenn es jemandem wirklich schlecht geht. Etwa, weil er gerade in einer schlimmen und schwierigen Situation steckt. Weil jemand gestorben ist, weil er oder sie im Job gemobbt wird, weil der Lover fremdgegangen ist oder weil sonst irgendeine Katastrophe passiert ist. Oder auch nur, weil er oder sie heute mit dem falschen Fuß zuerst aufgestanden ist und die Welt einfach nur grau sieht.

Sich ausheulen ist etwas, was Freunde immer dürfen! Zuzuhören und Trost zu spenden gehört einfach – siehe oben – zum Anforderungsprofil guter Freunde! Kennt man doch: Manchmal braucht man eben ein Ventil und jemanden, der die Klappe hält und einfach nur die Öhrchen spitzt!

Nur vor den chronisch schlecht Gelaunten, die ihre Umgebung mit ihrem Gemecker und mit Lamentieren verpesten – sozusagen den beratungsresistenten Jammerern – sollten wir uns schützen! Manchmal hilft man übrigens auch Freunden mit Langzeit-Blues, indem man für ein länger andauerndes und ernstes Psycho-Problem eben nicht mehr als Seelenmülleimer zur Verfügung steht – weil das (hoffentlich) den Anstoß gibt, sich endlich professionelle Hilfe beim Psychologen zu holen. Wer ständig Zahnschmerzen hat, dem kann schließlich auch nur der Doc wirklich helfen!

 ## Macht sofort sympathisch: Hot Stuff!

Wenn Sie jemand kennenlernen und sofort einen guten Eindruck hinterlassen möchten, gibt's nur eins: Servieren Sie ein schön heißes Getränk – und zwar möglichst in einem Gefäß ohne Henkel, das mit beiden Händen umfasst werden muss! Ob heißer Kaffee, Glühwein oder Grog: Forscher von der Uni

Yale haben herausgefunden, dass wir andere Menschen gleich netter finden, wenn wir bei der Begegnung ein warmes Getränk in der Hand halten. Die Vermutung dahinter: Emotionale und körperliche Wärme werden in der gleichen Hirnregion verarbeitet. Also: Setzen Sie schon mal das Teewasser auf.

Sex on the Beach – Liebe, Leiden-
schaft und die Mär vom Traumprinzen

Hach ja, Amore, l'Amour, die Liebe! All you need is love! Und Mr oder Mrs Right. Wir Mädels hätten da gern ein verständnisvolles Herzblatt, das immer eine »Schulter zum Anlehnen« bietet – und dafür gern die Sportschau und das Training sausen lässt. Dabei sollte der Traummann natürlich kein mimosiger Warmduscher sein, sondern sich auch heutzutage noch als »echter Kerl« erweisen, der im Alleingang ganze Bauernhäuser »Schöner Wohnen«-tauglich renovieren kann.

Zum klassischen Heimwerker darf sich aber gerne auch ein zweiter Jamie Oliver am Kochtopf gesellen, der nach dem Zubereiten des Fünf-Gänge-Menüs logischerweise auch die Küche aufräumt und den Müll rausbringt – wir Mädels sind schließlich emanzipiert. Erfolg im Job schadet selbstverständlich nicht, und dazu sieht der perfekte Prinz Charming mindestens so gut aus wie David Beckham. Er hat hervorragende Umgangsformen, ist überdurchschnittlich intelligent und überzeugt auch im Bett als einfühlsamer Superlover. Ach ja, fast hätt ich's vergessen, natürlich soll er Kinder lieben und irgendwie bitte auch noch so was ganz Besonderes haben, was ihn aus der Masse heraushebt. Vielleicht macht er etwas Kreatives wie Malen oder Musik. Und treu wie Gold ist er selbstverständlich auch.

Ja, nee, is' klar: Wenn's weiter nichts ist...

Das weibliche Idealbild der Hetero-Herrenwelt nimmt sich

ebenso bescheiden aus! Die Jungs hätten traditionell gern eine Frau, die Mutterersatz, Hure und Haushälterin in einer Person ist. Dabei sieht sie absolut bombe aus – auch ohne Make-up, versteht sich, denn Männer wollen ja gern was »Natürliches«. Dass so eine Traumfrau bei aller Natürlichkeit niemals in Jogginghose auf dem Sofa lümmelt, ist eh klar. Dafür darf sie dann auch gern etwas simpler gestrickt sein, Abi braucht sie jedenfalls nicht unbedingt. (Letzteres enthüllte jedenfalls – sinngemäß – eine Studie der Online-Partnerbörse Parship über die Wunschträume der deutschen Männer.)

Für beide Geschlechter gilt: In Gegenwart des Traumpartners setzen augenblicklich Streichorchester ein, alle Probleme lösen sich in Luft auf, und das Leben wird zum herrlichen Märchen...

Halt! Stopp! Klappe!

Kleine Erinnerung: Was waren Märchen noch mal? Genau: Geschichten aus dem Land der Mythen und Sagen, die mit der Realität nichts zu tun haben, genauso wie die oben skizzierten Anforderungsprofile an den Traumpartner. Klar, natürlich gibt es Ausnahmen!

Vor allem gibt es Frauen, die zumindest versuchen, den oben beschriebenen Anforderungen der Männer zu genügen. Manche Ladys stellen sich sogar doof, damit ihr Männe schön zufrieden ist – und wenn sie endlich die Schnauze voll haben davon, sich derart zu zerreißen, schmeißen sie entnervt die Brocken hin. Falls sie noch dazu kommen und ihr Kerl sie nicht längst für ein Mädel abserviert hat, das weniger weichgespült und damit dann doch noch ein bisschen aufregender ist (denn was Männer in Umfragen erzählen und was sie sich insgeheim erträumen, sind wohl doch zwei Paar Schuhe).

Auch Jungs wie die oben beschriebenen gibt es tatsächlich! Ich kenne sie sogar. Der eine von beiden ist schwul – und den zweiten lernen Sie jetzt kennen.

EIN GUCCI-TÄSCHCHEN AUF ZWEI BEINEN

O mein Gott, war der schön! Nicht hübsch, nicht sexy, nicht interessant, nicht süß, und er hatte auch keine Visage, die man diplomatisch als »Charaktergesicht« bezeichnen würde. Nein, der Kerl war einfach schön. Wie der schaumgeborene Adonis. Man konnte hier getrost von einer männlichen Version der Nofretete sprechen. Er hatte genau diese lange schmale, und absolut gerade Nase, die Professor Mang niemals so hinbasteln könnte, hohe edle Wangenknochen, einen vollen und perfekt geschwungenen Mund über einem kernigen Kinn, das von einem zarten Bartschatten geziert wurde. Dazu kam noch ein sanft gebräunter Teint, den man normalerweise nur tausend Kilometer südlich von Baden-Württemberg fand, und dichtes braunes halblanges Haar mit natürlichen hellen Reflexen, wie bei einem Surfer. Was für eine Mischung!

Das Highlight aber waren die Augen … In tiefem Moosgrün mit goldenen Tupfen blitzten sie unter dichten langen geschwungenen Wimpern hervor. War Gott schwul? Oder warum beschenkte er ausgerechnet Kerle immer mit Klimperleisten, für die wir Mädels töten würden?

Ich schluckte. Vermehrter Speichelfluss! Lag es vielleicht daran, dass ich seit Jahren das erste Mal wieder Single war? Nee, dieser Typ war einfach das Perfekteste an Mann, das ich in den letzten zehn Jahren gesehen hatte. Ich war sprachlos – und das passiert selten.

Kurz zur Orientierung:

Man schrieb das Jahr 1997, und mein magerer Modelkörper saß in einem Maskenstuhl in einem Fotostudio östlich von Mailand, wo er von Profis für das Shooting bearbeitet wurde. Bei mir war eine stundenlange Fassadenkomplettrenovierung nötig, um mich fototauglich zu tunen – ganz im Gegensatz zu dem überirdisch schönen männlichen Wesen, das gerade in die Garderobe geschwebt war.

Davide, unser glatzköpfiger stockschwuler Visagist, würde das Schätzchen wohl nur Millisekunden zum Fummeln in die Finger bekommen. Ich hingegen sah völlig nach Baustelle aus: Meine Haare waren aufgedreht, die Segelohren somit freigelegt. Es war erst eine falsche Wimper montiert, was mir im Großen und Ganzen den schiefen Charme von Quasimodo verlieh.

Seltsam! Normalerweise war es mir doch so was von egal, wie meine männlichen Kollegen mich zu sehen bekamen. Hilfe, was war denn los mit mir?

Eigentlich sollte ich nach einer Dekade im Modelbusiness immun sein gegenüber körperlicher Perfektion. Männliche Models sahen zwar gelegentlich lecker aus, waren aber meist selbstverliebte Arschlöcher, stockschwul oder furzblöd!

Dieses Testosteron-Teilchen allerdings ließ meine Östrogene Boogie tanzen. Etwa 1,90 Meter wohlproportioniertes Männerfleisch in Jeans, Chucks und weißem T-Shirt streckten mir wohlerzogen eine feingliedrige Klavierspielerhand in XXL-Format entgegen.

»Hallo, ich bin der Tobi!« Sprach's, öffnete die perfekt geschwungenen Lippen und präsentierte mir dabei zwei makellose Reihen Beißerchen, die jeden Zahnklempner in Ekstase versetzt hätten.

Jetzt war ich völlig verwirrt ...

Erstens: Wo gab's bitte schön diese perfekte weiße Kauleiste zu kaufen? Und was musste man dafür hinblättern? Oder gab es tatsächlich Menschen, die mit so was geboren wurden?

Zweitens: Male-Models schlabberten einem grundsätzlich schon beim Begrüßungs-Bussi-Bussi »erotisch« das Ohr aus. Schätzungsweise um sich schon mal für einsame Hotelnächte zu bewerben. Dieser Adonis hatte mir jedoch gerade brav wie Schwiegermutters Liebling das Pfötchen gegeben.

Drittens: Wie konnte so ein Kerl bloß »Tobi« heißen?

Normalerweise nannten sich Kerle dieses Kalibers in der Branche Fernando, Lawrence oder Jay, auch wenn in Wahrheit ein Franz, Lars oder Jochen dahintersteckte.

Klare Sache, der Typ war Frischfleisch im Gewerbe, unerfahren und unverdorben! Er hatte anscheinend noch nie in den Spiegel geguckt, und er hatte keine Ahnung, dass er beim weiblichen Geschlecht einen spontanen Eisprung auslöste.

Während Tobi gerade fasziniert die klorollengroßen bunten Lockenwickler auf meinem Kopf inspizierte, fiel mir ein, dass es – nach etwa 90 Sekunden – vielleicht mal Zeit wäre, zu antworten ...

»Hi, bin die Sonya.« Keep it simple, ich wollte das Leckerchen ja nicht überfordern.

Tobi deutete auf die riesigen Klettwickler auf meinem Haupt.

»Luschtig sehn die aus!«

Bingo, wusste ich's doch: ein Anfänger! Er hatte solche Teile anscheinend noch nie gesehen. Und noch was: Hörte ich da nicht einen Hauch Boris-Becker-Slang raus?

»Wo kommst'n du her?«, fragte ich neugierig grinsend.

»Aus Tonbach im Schwarzwald.«

Hört, hört! Wenn im dunklen Wald alle Kerle so stramm wuchsen wie diese deutsche Eiche, dann würde ich auf der Stelle auf Forstbetrieb umsatteln.

»Oh, ein Kirschtörtchen ...«, säuselte ich witzig-charmant. Stopp, war ich gerade ernsthaft dabei, mit einem Model zu flirten!?

Tobi lächelte gequält. »Ach, erwähn's bloß nicht, ich bin seit drei Wochen hier und hab jetzt schon tierisch Heimweh! Ich hasse Mailand.«

Wie war der denn drauf? Das passte nun absolut gar nicht ins Klischee. Jedes männliche Model liebte Mailand. Massen von Model-Mädels, die alle meilenweit weg von zu Hause unter Einsamkeit litten und sich nach Zweisamkeit sehnten ... Die Rotlicht-Ladys auf St. Pauli waren schwieriger rumzukriegen!

Tobi mochte es hier nicht? Während ich noch darüber nachgrübelte, ob er vielleicht schon von gierigen Kolleginnen vergewaltigt worden war, hatte Davide, unser Puderluder, mir die Wickler vom Kopp gerissen und toupierte entrückt meine Flusen auf Peggy-Bundy-Volumen, während er unser Aphrodisiakum durch den Spiegel des Schminkplatzes anschmachtete.

»Davide?« Ich räusperte mich. »Are you dreaming?«

»Oh, yeeees, Baby!« Davide grinste anzüglich in Richtung Tobi und hatte es plötzlich verdammt eilig, mich loszuwerden. Mit wedelnden Armen schwang er den Rougepinsel über meine Wangen, würdigte mich keines Blickes und schrie: »Tutto perfetto!«

Was mir da im Spiegel entgegenblickte, war weit entfernt von perfekt, aber ich räumte demütig das Feld. »Tobiii, come hierrre!« Wie Rumpelstilzchen hüpfte der rosarote Römer voller Vorfreude um seinen Maskenstuhl herum.

Tobi nahm's gelassen. Geschmeidig wie ein Prinz bestieg er

den Thron. Zeitgleich zwinkerte Davide mir zu und schnitt Grimassen, die selbst ein Autist bei Scharade als Trockenorgasmus hätte deuten können.

Während Davide seine Beute in Beschlag nahm, konzentrierte ich mich darauf, nicht weiter hinzugaffen und stattdessen angestrengt Desinteresse zu heucheln.

Doch zwei funkelnde Smaragd-Augen fixierten mich und rissen mich aus meiner Trance. »Wo kommst du denn her?«

»Frankfurt. Und übermorgen geht's endlich mal wieder heim.«

Auch mir ging das Leben in der Modemetropole ordentlich auf den Keks, und ich freute mich tierisch auf meine multikulturelle Heimatstadt. »Oh, Hilfe! Frankfurt! Ist ja hart...«

Sofort war die Lokalpatriotin in mir auf Krawall gebürstet. »Was soll denn das bitte heißen? Kennst du Frankfurt denn?«

»Nee, ich bin aber auch nicht so der Stadtmensch.«

»Soso...«, entfuhr es mir schmunzelnd. Bei der Landpomeranze war wohl nix mit ›Sex and the City‹. Vielleicht ›Bauer sucht Frau‹?

»Du, Frankfurt hat zwar einen beschissenen Ruf, ist aber voller Gegensätze und wirklich spannend.«

»Oh, toll, in drei Wochen fliege ich über Frankfurt. Vielleicht hast du ja Zeit für eine kleine Stadtrundfahrt?«

»Logo...« Für die Reputation Frankfurts würde ich auch Frankenstein auf eine Führung durch Downtown schleppen.

Während wir noch weiter smalltalkten und Tobi-Törtchen mich nach meiner Nummer fragte und mir das Datum seiner Ankunft in Frankfurt einbläute, dämmerte es mir langsam: Hatte der mir gerade eine Verabredung abgeluchst? Ja. Ich hatte ein Date. Mit einem Model. Einem fucking heißen Model! Heiliger Bimbam!

Im Geiste ging ich meine Mädels durch. Die Hälfte war Single und würde mir den Jungen sicher dankbar abnehmen, denn, hey, *sharing is caring*!

Und jetzt: Sex in the City!

Drei Wochen später hatte ich Mr Schwarzwald stundenlang von Sehenswürdigkeit zu Sehenswürdigkeit geschleift und war mit ihm im Schlepptau auf dem Weg zu meinen Hühnern. Der Freitagabend wurde traditionell in Steffis winziger Zwei-Zimmer-Wohnung mit Vorglühen eingeläutet, wozu sich regelmäßig bis zu fünfzehn wilde Weiber versammelten.

Normalerweise schaffte es nur das Auftauchen einer sündhaft teuren Designertasche, die Lautstärke des Gegackers der Horde zu dimmen. Kaum hatte ich jedoch mit Tobi am Händchen das vollgequalmte Wohnzimmer betreten, verstummte jedes Gespräch schlagartig. Okay, auch ich verfiel bei seinem Anblick noch regelmäßig in stumme Anbetung, aber konnten meine Damen sich nicht ein wenig beherrschen? Das war ja so peinlich! Meinem Gucci-Täschchen auf zwei Beinen schien seine durchschlagende Wirkung glücklicherweise überhaupt nicht bewusst zu sein.

»Ladys, das ist der Tobi«, stellte ich meine Begleitung der schockgefrosteten Meute vor.

»Der Tobi« hob brav das Pfötchen, hauchte »Hallo!«, und winkte wie eine chinesische Glückskatze in die Runde. Danach lächelte er mich glücklich an. Irgendwie erinnerte er mich dabei an meinen Hund, wenn er brav ein Kunststückchen vollführt hatte und auf ein Leckerchen wartete. War mein Leckerchen vielleicht ein bisschen doof? Nein, widersprach ich mir lautlos, er war eben nur nicht eingebildet, sondern einfach total lieb. Er hatte ja auch Abitur und studierte nebenbei noch BWL. Das war immerhin mehr, als man von mir behaupten konnte!

Steffi, die ich bezüglich seiner optischen Qualitäten schon vorgewarnt hatte, erholte sich als Erste und erlöste mich von meinen Grübeleien. Routiniert verfiel sie in die Rolle der Gastgeberin.

»Schön, dass ihr da seid. Tobi, pflanz dich doch zu Naddi und Jule aufs Sofa! Sonya, du kannst mir in der Küche bei den Drinks helfen.«

Die Schwarzwälder Kirschtorte klemmte sein süßes Popöchen zwischen meine dämlich grinsenden Freundinnen, und ich verdrückte mich mit Steffi in die Küche.

»Himmel! Ich brauch 'nen Kurzen.« Steffi kippte sich einen Limer hinter die Binde und starrte mich mit erweiterten Pupillen an. »Wenn du bei deinem Blödsinn bleibst von wegen ›Ich fange nix mit einem Model an‹: Ich nehme ihn!«

Szenenwechsel zurück ins Wohnzimmer. Es war klar, dass diese Aussage für sämtliche Anwesenden zutraf. Haarmähnen wurden geschüttelt, Beine überschlagen und Lippen frisch mit Lipgloss benetzt. Das Frappierende: Egal wo ich mit Tobi an diesem Abend auftauchte, die Reaktionen waren immer die gleichen. Die Mädels staunten, die Kerle raunten. Trotzdem war er extrem freundlich, superlieb und sympathisch immun gegenüber all dieser Aufmerksamkeit. Das mochte daran liegen, dass seine ungeteilte Aufmerksamkeit mir galt. Merkwürdig!

Gut, der Temperamentvollste war er nicht, vielleicht fand er meine wuselige Art einfach unterhaltsam? Ich fühlte mich jedenfalls zutiefst geschmeichelt.

Ansonsten fühlte ich… leider nichts! Nur wenn ich dieses

Michelangelo-Gemälde von einem Mann anschaute, verfiel auch ich in tranceähnliche Anbetung. Dann stimmte die Chemie!

Nachdem wir unsere Beute (denn eine von uns würde den Schwarzwaldburschen auf jeden Fall reißen) wie eine Trophäe durch diverse Discos geschleift hatten, wurde der maulfaule Tobi plötzlich ziemlich redselig: »Sag mal, Sonya, kann ich bei dir auf der Couch pennen?«

Schlagartig wurde mir flau im Magen. Shit, die leidige Übernachtungsfrage. Ich hatte gehofft, die Antwort auf ein paar Promille später zu vertagen. »Logo...«, antwortete ich und hatte glatt gelogen!

Das war gar nicht logo und mir irgendwie nicht recht.

Bloß warum? Was war mit mir los? Der weltschärfste Typ servierte sich mir auf dem Silbertablett – und ich wollte nicht mal kosten?

»Aber Steffis Couch ist viel bequemer, die hat so ein Ausziehding! Ich frag mal, ob die heute Nacht schon belegt ist.«

Ohne meinen Beau und sein plötzliches Regengesicht weiter zu beachten, sauste ich Richtung Steffi.

»Spinnst du? Der himmelt doch dich an!« Steffi war nicht zu überreden. »Der hat sich seine Herrin und Gebieterin schon längst selbst ausgesucht.«

»Wie soll ich denn das bitte verstehen?«

Meine Steffi grinste anzüglich. »Ich glaube, unser Adonis steht auf taffe Frauen, und von uns bist du mit Abstand die taffste. Schnapp dir deinen Lustknaben!«

Leicht geschockt – hatte ich etwa den Charme einer Domina? – dackelte ich zurück zu Tobi. Da stand er in voller Pracht, ziemlich enttäuscht. »Du, Sonya... Ich kann auch mit dem ersten Zug vom Hauptbahnhof aus zum Flugha...«

»Quatsch, du schläfst bei mir!« Warum kam ich mir kein bisschen vor wie die Retterin in der Not, sondern sehr viel mehr wie die Kobra, die ein unschuldiges Häschen zu sich nach Hause einlädt?

»Super!« Tobi strahlte wie zehn Kernkraftwerke. »Ich bin auch schon ziemlich müde!«

Oje, Nachtigall, ick hör dir trapsen!

Zu Hause parkte ich Tobi brav auf meiner Couch, wo er ungefähr so sicher war, wie eine Eiscremepackung im Tiefkühlfach vor einer Fresssüchtigen mit Heißhungerattacken.

So viel sei verraten: Auch ich bin nur eine Frau. Tobi wurde vernascht, gerissen, erlegt – und er genoss es ...

Die Schwarzwälder Kirschtorte entpuppte sich in allen Belangen als Sahnekrönchen der Schöpfung: Wo andere ein Sixpack hatten, war er mit einem unglaublichen Eightpack ausgestattet. Jaaaa, und auch an der Wursttheke hatte der liebe Gott ihn gefragt, ob's denn »ein biss'l mehr sein dürfte. Er wusste zwar noch nicht richtig damit umzugehen, doch in meiner recht direkten Art trieb ich ihm die Idee, ein Hoppel-Häschen zu sein, schnell aus.

Näääää, wat romantisch!

Auch ansonsten war Tobi ein Traum: Er schickte mir entzückende Karten mit Gedichten von Hermann Hesse, verwöhnte mich fürstlich mit kleinen Präsenten und erwartete mich mit frischen Erdbeeren und Sprühsahne bei Kerzenlicht in der Badewanne.

Ach, wat schöööön: Mein Männermodel entpuppte sich als echter Romantiker! Von narzisstischem Arschloch weit und breit keine Spur. Er war lieb und – wie heißt es so schön in Zeugnissen – bemühte sich stets. Und sie lebten glücklich und zufrieden bis an ihr Lebensende? Nun, na ja, fast!

Aus unerfindlichen Gründen rumorte es immer wieder in mir, als hätte ich zehn Knoblauchknollen roh auf nüchternen Magen gefressen. Mich gelüstete also stark nach einem klärenden Magenbitter, und ich bestellte unterstützenden Beistand in puncto »über den Lover lästern«. Doch das war in meinem Freundeskreis gerade out. Sein Fanclub war zahlreich und fanatisch. Sowohl meine schwulen Jungs wie auch meine Mädels beneideten mich maßlos. Leider.

Denn sonst wäre mir vielleicht aufgefallen, dass hier ein Entscheider sich still zurückgezogen hatte: mein Herz. Ich war einfach nicht verliebt. Aber mein Kopf beharrte, dass das ja wohl nicht sein konnte – bei diesem Mann.

Überall um mich herum hysterische Begeisterung: »... der ist so sexy/sensibel/der Traummann.« Fehlte nur noch, dass sie ihn lobten, er könne so gut zuhören. Jaaaaa, verdammt, auch das konnte er ganz bombe. Mein liebstes »He's Mr Perfect – Sonya, halt gefälligst die Schnauze«-Argument war allerdings: »Ach, hast du ein Glück! Ich sag dir, so einen bekommst du nie wieder...!«

Würg. Spätestens jetzt hatte ich Blähungen. Was war bloß los mit mir undankbarer Kuh? Es war wie verhext. Ich verstand mich selbst nicht mehr. Er war doch Tarzan, Rocco Siffredi und Superman in the mix!?

Irgendwann jammerte Tobi am Telefon über die schlimme Modebranche, und ich ertappte mich dabei, wie ich genervt die Augen verdrehte. Genau, das war es: Stand mein Beau nicht in Fleisch und Blut und in voller Schönheit vor mir, war sein Zauber unwirksam. Dann war er nur ein Frosch, kein Prinz – jedenfalls nicht für mich. Hilfe! War ich tatsächlich so oberflächlich? Der Schönheit so verfallen? Nein. Ich doch nicht! Hallooooo? Er war schlau. Er hatte einen ganz wunderbaren Charakter. Er war der Mann zum Heiraten.

Dass ich aufs Heiraten nicht scharf war, hatte ich wohl irgendwie vergessen. Denn eine Woche später wurde ich zickig, Tage später aggressiv, und nach vier Wochen beendete ich meine Affäre mit dem wohl schönsten, perfektesten Mann der Welt auf die einzige für mich mögliche Art und Weise. Nämlich »stilvoll« am Telefon, mit den einfühlsamen, geschrienen Worten: »Du machst mich so aggressiv!!! Ruf mich nie wieder an.«

Ich gebe es zu, ich könnte ein bisschen Nachhilfe in Diplomatie gebrauchen. Und mit Männern übers Telefon Schluss zu machen ist nicht die feine Art. Aber in diesem Fall hatte ich einfach keine Wahl: Wenn ich ihm persönlich gegenübergetreten wäre – ich hätte es mit Augenbinde tun müssen. Trotzdem: Ich hatte dafür erst mal eine andere Lektion gelernt: dass ein Traummann für mich sich nicht darüber definierte, wie meine lieben Mitmenschen ihn fanden. Sondern darüber, wie ich mich fühle. Und für mich gilt: Zu perfekt ist langweilig.

> *Der mutigste Akt ist immer noch der, für sich selbst zu denken.*
> COCO CHANEL

Ein Kind – die Krönung der Liebe?

Papi, Mami, Kind – von dieser vermeintlichen Idylle träumt vor allem der weibliche Part der Bevölkerung ja gern bereits im Kindergartenalter. Aber auch die Herrenwelt hängt ab einem gewissen Alter häufig der Cowboy-Romantik an, dass ein echt kerniger Mann im Leben »einen Baum pflanzen, ein Haus bauen und ein Kind zeugen« muss. Ich sage: Obacht! Ich habe absolut nichts gegen Kinder, sie sind ohne Frage ein großes Abenteuer, und ich liebe mein Baby über alles. Aber wer sich vom Nachwuchs das große Glück verspricht, der wird sehr wahrscheinlich nicht nur das arme neue Erdenkind mit dieser unbescheidenen Erwartung überfordern, sondern auch eine herbe Enttäuschung erleben. Und eine bröckelnde Liebe kitten Kinder schon mal gar nicht – ganz im Gegenteil, sie beschleunigen eher deren Ende! Eine Studie der Uni in Denver kam zu dem Ergebnis: Kinder schaden der Paarbeziehung (wobei die Wissenschaftler einräumten, dass das neue Elternglück diesen Verlust zum Teil auffangen kann).

Einer Studie der Uni Zürich zufolge, die die Lebenszufriedenheit von Singles und Paaren mit und ohne Sprösslinge verglichen hat, zeigte allerdings eindeutig, dass Ehepaare *mit* Kindern am unzufriedensten mit ihrem Leben waren – unabhängig davon, dass sie ihre Brut natürlich niemals wieder zurückgeben wollen würden. Am glücklichsten waren – Überraschung – dagegen Paare *ohne* Nachwuchs, von denen beide Partner im Beruf aufgingen. Achtung: Das heißt nicht, dass ich auch nur das Geringste dagegen habe, Kinder in die Welt zu setzen. Aber so wunderbar die Kleinen sind, man braucht sie nicht zwingend zum Glück.

Ja, Leute, Ihr habt schon gemerkt: So pink ich das Leben sonst gern sehe, so nüchtern bin ich in puncto Liebe. Und das kann ich auch jedem anderen ans Herz legen. Glauben Sie der erfahrenen Paarberaterin Dr. Dr. Kraus:

Es kann nicht immer Romantik sein: Zu hohe Erwartungen killen die Liebe!

Zu hohe Erwartungen sind der Express zur Enttäuschung (siehe auch die »Wenn-dann«-Falle auf S. 126). Überzogene Ansprüche sind außerdem ein exzellentes Mittel für Singles, um sicherzustellen, dass sie dauerhaft allein bleiben oder von einer Enttäuschung in die nächste stolpern! Entweder werden selbst eigentlich geeignete Kandidaten nach kürzester Zeit die Beine in die Hand nehmen und rennen – oder sie werden von vornherein auf Abstand gehen (nähere Erläuterungen zu diesem speziellen Themenkomplex finden Sie in meinem Frühwerk »Baustelle Mann«, darum gehe ich auf die Kontaktanbahnung hier nicht mehr en détail ein).

Bitte nicht missverstehen! Liebe ist toll! Und Verliebtsein ist eins der großartigsten Gefühle der Welt. Doch sich von der Liebe nonstop den Himmel auf Erden zu versprechen ist – entschuldigen Sie bitte, dass ich hier Tacheles rede – genauso naiv, als wenn man dem Irrglauben verfällt, dass ein Kind eine angeschlagene Beziehung kittet. Ich habe es im Kapitel »Wer ist hier der Boss?« schon angedeutet: Glücklich machen kann uns nichts und niemand anderes. Keine Freunde, kein Kind und eben auch kein Kerl (oder keine Frau). Glücklich machen können wir uns nur selbst! Das ist etwas, was wir uns gar nicht oft genug, so fett wie es geht, hinter die Ohren schreiben können.

An dem altbekannten Spruch, dass die Liebe die »schönste Nebensache der Welt« ist, ist aber was dran. Sie ist nämlich tatsächlich – an dieser Stelle noch mal ein herzliches »Sorry« an meine lieben Romantikfreunde – nur Nebensache. Die Hauptsache, sozusagen der Star in unserem eigenen Leben, der sind immer noch ganz allein wir selbst. Sie finden das egoistisch? Ganz im Gegenteil: Nur wenn man sich um sich selbst zuerst kümmert, kann man überhaupt eine Beziehung auf Augenhöhe führen und belastet nicht den Lebensgefährten mit den Ansprüchen, der omnipotente und alles könnende Superheld beziehungsweise Superwoman nach oben skizziertem Schema sein zu müssen.

Ich, Sonya Kraus, plädiere darum hiermit dafür, von der Liebe von Anfang an (!) nicht verklärtes Wolke-sieben-Geschwurbel zu fordern, sondern lieber ganz bewusst eine handfeste gleichberechtigte Partnerschaft in jeder Hinsicht aufzubauen. Dafür brauchen Sie vor allem eine ganz wichtige Grundzutat. Welche das ist? Ganz einfach:

Die »Basiszutat« jeder guten und haltbaren Beziehung ist...

Spannung!!! Trommelwirbel!!!

...nichts anderes als eine solide *Freundschaft.*

Für eine top funktionierende und, wie es so schön blumig heißt, »erfüllende« Liebesbeziehung gelten darum erst mal die gleichen Regeln wie für eine echte Freundschaft (siehe oben). Nicht ohne Grund sagen die meisten Langzeitpaare, die tatsächlich nach vielen Jahren noch glücklich miteinander sind, dass ihr Liebster oder ihre Liebste auch »der beste Freund« oder »die beste Freundin« sei. Folgerichtig gaben nach einer Umfrage der Ludwig-Maximilians-Universität München unter 663 zufriedenen Langzeitpaaren die Befragten »Toleranz und Akzeptanz« (32%) sowie »Vertrauen und Offenheit« (39%) als Schlüssel zu ihrem Glück an.

Ich habe mich selbst schon oft gefragt, wie mein Freund und

ich es hingekriegt haben, unsere Liebe, die logischerweise nicht
nur aus jeder Menge »Ups«, sondern ebenso aus »Downs« besteht,
so lange so gut in Schuss zu halten (schnell auf Holz klopfen: Toi!
Toi! Toi!). Jawohl, ich fühle mich sogar im Großen und Ganzen
sauwohl damit. Ich glaube, wir haben, ohne das irgendwie so zu
planen, einfach einiges richtig gemacht. Und weil ich ja ein flei-
ßiges Lieschen bin, habe ich das mal für Sie zusammengetragen
und mit ein bisschen Recherche unterfüttert.

Die 10 Kraus'schen Gebote
für die Zubereitung einer leckeren Liebesbowle

◆ **Erstes Gebot: Du sollst »Think Pink« auf deine(n) Liebste(n)
anwenden!** Think Pink in der Partnerschaft ist sozusagen
das Gegenteil von zu hohen Erwartungen. Think Pink lässt
den Liebsten so, wie er ist – statt nach Defiziten zu suchen, guckt man sich einfach die richtigen Stellen an! Es
ist extrem schlau, immer wieder den Blick bewusst auf die
wunderbaren Seiten des anderen zu lenken, in die man sich
damals verliebt hat – das sagen auch Paartherapeuten und
Psychologen. Ganz wurscht, ob das die süßen Grübchen oder
die umwerfend blauen Augen sind, die Spontaneität oder der
Einstein-IQ oder alles zusammen.
Das darf man dann gern auch mit einem Kompliment versehen! Die Sozialpsychologen Hans-Werner Bierhoff und Elke
Rohmann von der Uni Bochum, Verfasser des Ratgebers »Was
die Liebe stark macht« haben nämlich festgestellt, dass
vor allem jene Paare besonders lang glücklich sind, die sich
häufig Komplimente machen, statt herumzukritteln – empfohlen ist ein Verhältnis von 5:1. Auf fünf Nettigkeiten (auch
Lob für das Ausräumen der Spülmaschine oder für die Hilfe

beim Kochen zählen) kommt maximal eine Kritik. Außerdem sind Paare glücklicher, die sich gegenseitig oft ihre Zuneigung bekunden und in der Lage sind, sogenannte »positive Illusionen« über den Partner aufrechtzuerhalten. Setzen Sie also die rosa Brille vom Anfang wieder auf, und konstruieren Sie bewusst Ihre einstige Seelenverwandtschaft neu. Das funktioniert! Er ist eben kein mundfauler Stoffel, sondern ein geheimnisvoller Denker. Nicht angeberisch, sondern durchsetzungsstark. (Merken Sie was? Riiiichtig! Wir haben es hier wieder mit dem Reframing zu tun!) Eine Prise Dankbarkeit ist immer Trumpf! Denn selbst wenn man seinen Otto unter eine Heiratsurkunde gesetzt hat oder das Klingelschild teilt, bedeutet das keineswegs, dass der andere in den eigenen Besitz übergegangen ist. Sich immer mal wieder klarzumachen, dass der Partner kein Einrichtungsgegenstand ist, sondern jederzeit aus der Tür spazieren kann, ist durchaus heilsam!

◆ Zweites Gebot: Du sollst eigene Freundschaften pflegen! Unabhängig davon, ob die beste Freundin/der beste Freund dem Lover in den Kram passt. Wer eigene Freunde hat, betreibt gesundes »Outsourcing«. Für tiefschürfende Gespräche und Entertainment muss nicht nur der Kerl (oder die Dame) zu Hause herhalten. Unser eigener Freundeskreis ist auch eine Art Versicherung für den Notfall: Falls die Liebe in die Hose geht, wartet hier immer ein eigenes, weiches soziales Netz, das uns auffängt. Meine Hühner haben für mich jedenfalls Priorität, und ich bin sicher, dass nur der Tod uns »scheiden« kann – bei (m)einem Mann wäre ich da nie zu 100 Prozent von überzeugt (sorry, Baby!). Aber nicht vergessen, es gilt: Gleiches Recht für alle. Wenn wir uns selbst das Recht auf unsere Freundschaften einräumen, müssen wir auch unserem Partner seinen Fußballclub oder die Pokerrunde zugestehen! Und zwar bitte ohne zu murren – auch wenn's schwerfällt.

◆ **Drittes Gebot: Du sollst eigene Hobbys haben!** Die meisten Männer kämen nicht mal im Vollsuff darauf, für die Frau an ihrer Seite ihre allerliebsten Freizeitbeschäftigungen aufzugeben. Ob Triathlon, Tauchen oder Tontaubenschießen. Und das ist auch gut so! Umgekehrt kann es ja auch vorkommen, dass der Süße eifersüchtig ist auf – sagen wir – das Pferd oder die Sambatruppe seiner Liebsten. Wenn unser Hobby etwas ist, was »unser Feuer« am Brennen hält, ist das, verdammt noch mal, eine Sache, die wir mit Händen und Füßen verteidigen müssen. Und zwar nicht trotz, sondern zum Wohle unserer Beziehung. Das bedeutet allerdings keineswegs, dass man nicht auch gemeinsame Interessen haben kann, und zeitliche Kompromisse bei den eigenen Hobbys zugunsten gemeinsam verbrachter Zeit (siehe Gebot Nummer fünf) sind ausdrücklich erlaubt. Wir müssen ja nicht jeden Tag einsam in unserer »Hobbythek« verbringen!

◆ **Viertes Gebot: Du sollst an deinen Träumen festhalten!** Hobbys sind die eine Sache, aber Lebensträume haben noch mal ein anderes Kaliber. Man muss im Leben vielleicht nicht jede Schnapsidee verwirklichen, aber ausgerechnet das aufzugeben, was das Salz in der Suppe ist, ist kein Liebesdienst. Sondern gefährlich: Zu große Opfer »für« den Partner zu bringen kann nichts weniger als der Todesstoß für die Liebe sein. Auch wenn der noch so ausdauernd mosert. Also: Holzauge sei wachsam! Hier versteht es sich ebenfalls von selbst, dass wir unserem Schatzi dasselbe zugestehen. Auch anscheinend unvereinbare Pläne lassen sich oft auf einen Nenner bringen. Wenn wir zum Beispiel von einem Lebensabend im Süden träumen (wie ich), heißt das ja nicht, dass wir da ununterbrochen unsere Zeit verbringen müssen. Selten kollidieren die Pläne wirklich frontal – wenn »er« etwa auf gar keinen Fall ein Kind will, sie sich aber schon seit Ewigkeiten nach einer Familie sehnt. Ich sage es nicht gern, aber hier gilt es unter Umständen, Konsequenzen zu ziehen – und damit meine ich nicht, ohne Vorwarnung die Pille wegzulassen.

◆ **Fünftes Gebot: Du sollst regelmäßig Zeit für deinen Liebsten einräumen!** Und zwar – wichtig! – ohne Freunde, ohne Balg, ohne Schwiegereltern! Wie bitte? Sie meinen, das ist ein Widerspruch zu den vorhergehenden Punkten? Falsch! Distanz und Nähe müssen sich immer die Waage halten, unser zartes Pflänzchen »Psyche« braucht nämlich beides, Freiraum und Zweisamkeit. Und wenn wir uns nicht füreinander interessieren und keine freie Minute miteinander verbringen, können wir die Sache auch gleich sein lassen.

Trotzdem gilt hier wie bei den Freundschaften auch: *Quantität ist nicht das Entscheidende!* Auch wer relativ wenig Zeit miteinander verbringt, aber die dafür intensiv, hat beste Karten, die Liebe frisch zu halten. In jedem Fall bessere als die Leute, die vierundzwanzig Stunden stumpf aufeinanderhocken. Nebeneinander auf dem Sofa in die Glotze zu starren zählt nämlich nicht als »gemeinsam verbrachte Zeit«, und nachts parallel im Doppelbett zu schnarchen auch nicht! Denken Sie immer daran: Was du auch tust, genieße es (siehe weiter oben)! *Genießen Sie also die Zeit mit Ihrem Schatzi!* Reden Sie ganz altmodisch miteinander! Aber bitte nicht (nur) darüber, wer das Katzenklo sauber macht oder den Einkauf erledigt, sondern gern auch über das letzte Festival, ein tolles Buch oder das politische Tagesgeschehen.

Zur Erinnerung: So machen das die frisch Verliebten in der Kennenlernphase auch!

Dazu muss man natürlich erst einmal etwas haben, über das man diskutieren kann. Wer vielseitig interessiert ist und eigene Hobbys und Lebensbereiche hat (siehe Gebot zwei und drei), für den sollte es kein Problem sein, Gesprächsthemen zu finden. Toll ist es aber auch, wenn man sich über gemeinsam Erlebtes austauschen kann! Clevere Paare unternehmen darum auch trotz Alltagstrott regelmäßig etwas Besonderes gemeinsam – und zwar am besten etwas, was die Nerven ordentlich kitzelt. (Warum? Das lesen Sie auf S. 304 ff.). Das ist nicht egoistisch, und das ist sogar besonders wichtig, wenn Kinder da sind! Die haben nämlich am liebsten Eltern, die glücklich zusammen sind und sich nicht irgendwann im Streit trennen, weil sie gar nix mehr miteinander zu tun haben. Es lohnt sich schon aus diesem Grund, mindestens einmal die Woche in einen Babysitter zu investieren oder den Großeltern- oder Tanten-Kinderdienst einzuspannen!

🔶 **Sechstes Gebot: Du sollst dir ein paar Geheimnisse bewahren!**
Nein, das ist kein Aufruf zu einer Affäre oder zu anderen Lügen und zur Heimlichtuerei – so etwas ist ungesund für jede Beziehung! Es geht hier vielmehr um eine gesunde Scham und um Intimsphäre. Es ist kein Zeichen von besonderer Nähe, wenn man die Klotür bei jeder »Erledigung« offen lässt, vor dem Partner popelt und die Nägel auf dem Wohnzimmersofa schneidet. Bleiben Sie in dieser Hinsicht »geheimnisvoll«, und lassen Sie Ihren Schatz nicht dabei zugucken, wie Sie Ihre Pickel ausdrücken oder Ihre Cellulitecreme einmassieren! Das erhält den Respekt und die Spannung voreinander. Aus diesem Grund bin ich übrigens auch kein Fan von Männern im Kreißsaal – abgesehen vom Arzt.

◆ **Siebtes Gebot: Du sollst die Privatsphäre deines Partners achten!** Das Schnüffeln in Briefen, E-Mails oder Textnachrichten des anderen sollte tabu sein! Falls Sie es trotzdem nicht lassen können, weil Sie den Verdacht hegen, dass Ihr Schätzchen fremdpimpert: Scotland Yard spielen Sie immer auf eigene Gefahr! Die Gefahr dabei? Dass der Verdächtige Sie beim »Recherchieren« erwischt und zu Recht aufgebracht ist, zum Beispiel. Oder dass Sie unklare Hinweise finden, die zwar keine Gewissheit bringen, die Ihnen aber trotzdem den Schlaf rauben. Vielleicht finden Sie auch tatsächlich den Beweis für etwas, das Sie, wie sich dann herausstellt, nur sehr schlecht vertragen. Die traurige Wahrheit ist leider, dass der Großteil der Männer und Frauen auf diesem Planeten mindestens ein Mal im Leben nicht ganz treu ist. Die meisten springen sogar mehrfach zur Seite – und das, obwohl sie ihren Partner lieben und nicht im Traum dran denken, ihn oder sie zu verlassen. Ich bin der Ansicht: Solange die Beziehung grundsätzlich in Ordnung ist, schaden bewusst aufgesetzte Scheuklappen nicht. Wenn Sie mögen, können Sie Ihren Partner präventiv instruieren, dass er tun soll, was er partout nicht lassen kann – aber dass er dabei gefälligst ein Kondom benutzen soll, um sich und Sie vor tödlichen »Mitbringseln« wie HIV zu schützen. Und anschließend haken Sie das Thema ab, und schenken Sie Ihrem Partner etwas. Nämlich Vertrauen! Egal ob er's verdient hat oder nicht – denken Sie an die Selffulfilling Prophecies! Übertriebene Eifersucht hat nämlich noch nie jemanden vom Seitensprung abgehalten, ganz im Gegenteil (wie Sie Eifersucht und andere lästige Störenfriedgefühle in den Griff bekommen, lesen Sie auf S. 344 ff.).

◆ **Achtes Gebot: Du sollst erkennen, dass du dir den anderen nicht »zurechtbiegen« kannst.** Hand aufs Herz: Gerade wir

Mädels erliegen ja gerne der Illusion, dass wir uns unser Männchen nur gut erziehen und es domestizieren müssen, bis es unseren Vorstellungen vom Traumprinzen entspricht. Das funktioniert leider nur in sehr bescheidenem Umfang nach dem Leckerli-System: Erwünschtes Verhalten wird mit Sex belohnt (genauer erläutere ich diese Vorgehensweise in meinem XY-Chromosomenträger-Erziehungs-Leitfaden »Baustelle Mann«). Aber Vorsicht: Grundlegende Charakterzüge werden Sie damit aller Wahrscheinlichkeit nach nicht ummodeln! Ob Chaot, Organisationsniete oder Feigling: Nach der Pubertät ändern sich Männer (und Frauen) in der Regel nur noch wenig. Und wenn, dann nur aus Einsicht und aus eigenem Antrieb – aber niemals auf Druck von außen. Diese relative Unveränderbarkeit gilt zum Glück auch für die guten Eigenschaften! Also bitte von Anfang an ganz genau hingucken, ganz nach dem WYSIWYG-Prinzip: What You See Is What You Get!

🔶 **Neuntes Gebot: Du sollst dir eine Liebes-Landkarte malen!**
Statt den anderen ändern zu wollen, raten Paartherapeuten wie Birgit Dechmann und Elisabeth Schlumpf, Autorinnen des Ratgebers »Lieben ein Leben lang – Wie Beziehungen immer besser werden« dazu, so viel wie möglich über den anderen zu lernen, um Verständnis für Verhaltensmechanismen und Bedürfnisse zu entwickeln.
Seien Sie neugierig! Spielen Sie Detektiv! Machen Sie Interviews mit Ihrem/Ihrer Süßen! Warum tickt er so, wie er tickt? Wie kommen seine Empfindlichkeiten zustande? Ah, er war als Kind mit vielen Geschwistern nie allein und hat darum das Bedürfnis, manchmal zu fliehen! Darum geht er also gern ganz allein angeln (und nicht, weil er mich ausschließen will)! Der Psychologe John Gottman nennt so

eine Informationssammlung über den Partner »Love Map«. In diese Karte gehört nicht nur das Wissen über die Kindheit des anderen, sondern auch auf den ersten Blick unwichtig erscheinende Kleinigkeiten. Wie wurden »Die Ärzte« seine Lieblingsband? Wieso liebt sie die Romane von Paul Auster? Verständnis hilft auch immer, nicht zu schnell verletzt zu reagieren. Ein für alle Mal so eine Liebes-Karte zu erstellen, reicht aber nicht. Jeder entwickelt sich ständig weiter – also muss man dranbleiben. Das braucht Zeit (siehe noch einmal Gebot Nummer fünf).

◆ **Zehntes Gebot: Du sollst konstruktiv »streiten«!** Ich sage es ungern, aber es kann auch in der tollsten Beziehung nicht immer eitel Sonnenschein sein. Auseinandersetzungen gehören zu einer Liebe wie Stan zu Ollie. Und, mal ganz ehrlich, wer will schon die gelebte Langeweile? Trotzdem, von Ausbrüchen, die selbst den Ätna in seinen aktivsten Zeiten in den Schatten stellen, hat auf der anderen Seite natürlich auch niemand was. Schon allein, weil ein Puls über 100 das Zuhören aus physiologischen Gründen unmöglich macht! Damit man gar nicht erst auf die Barrikaden geht, haben sich in Konfliktsituationen Tricks wie konkrete »Ich-Botschaften« bewährt. Also: »Ich fühle mich etwas im Stich gelassen, wenn ich allein den Keller aufräumen muss«, statt der verbalen Atombombe »*Nie* hilfst *du* mir«.
Wichtig: Keine Verallgemeinerungen, sondern konkrete und aktuelle Situationen ansprechen und »olle Kamellen« nicht aufwärmen. Gerade wenn es hoch hergeht, sollte man sich angewöhnen, die Äußerung des anderen in eigenen Worten zu wiederholen. Dabei helfen Satzanfänge wie: »Du meinst also, dass…« Dadurch fühlt sich das Gegenüber ernst genommen, und man selbst gewinnt Zeit, sich zu be-

ruhigen. Und anschließend können wir zum Versöhnungssex schreiten...

Aber Moment, da war gerade *das* Stichwort versteckt. Kleiner Glücksrad-Tipp: Spaßige Sache mit drei Buchstaben, vorn ein »S«, hinten ein »X«. Was könnte das wohl sein? Riiiichtig! Zu unserem Freundschaftsfundament kommen noch ein paar klitzekleine andere Dinge, sonst könnten wir ja auch unseren besten schwulen Kumpel ehelichen (mit dem wir uns sowieso besser verstehen als mit jeder Hete, aber das nur am Rande).

Kommen wir also nun zur Preisfrage:
Ja, und was ist dann mit dem Sex?

Tja, das ist so eine Sache. Dass man miteinander ins Bett geht und dabei im Idealfall auch noch Spaß hat, ist der »kleine« Extrabonus, der so eine Liebe von der reinen Freundschaft unterscheidet. Ich hab mal ein bisschen nachgeforscht: Wenn wir uns verlieben, sind Pheromone im Spiel, also Sexuallockstoffe. Dann kommt der ganze Chemiebaukasten zum Einsatz, den Mütterchen Natur so in petto hat und mit dem die ausgebuffte Alchemistenhexe dafür sorgt, dass wir uns zu Beginn der Beziehung nicht nur nächtelang angeregt über Sartre unterhalten, sondern auch ausdauernd die etwas weniger intellektuellen »hervorragenden« Eigenschaften des anderen erkunden.

Sobald die Chemie stimmt und die Pheromone des Gegenübers, die uns zum Beispiel beim Küssen in die Nase steigen, ihre Wirkung entfalten, schüttet unser Körper nicht weniger als waschechte Drogen aus. Zum Beispiel die amphetaminähnlichen Substanzen Dopamin und Noradrenalin. Ergebnis: Wir wollen immer mehr vom Liebemachen. Schließlich interessiert sich die ignorante Natur nicht die Bohne für unsere intellektuelle Verbindung – ihr geht's allein um die Arterhaltung. Anders ausgedrückt: Es soll gevögelt werden, dass die Schwarte kracht! Und diesem Befehl leisten die frisch Verliebten im Allgemeinen willig Folge.

Blöd ist nur, dass das Gehirn gegenüber den Stoffen Toleranzen aufbaut. Die erzeugte Menge an »Drogen« muss immer wieder erhöht werden, der Körper kommt mit der Produktion nicht nach. Darum beginnen wir ganz sachte wieder aus dem siebten Himmel Richtung Boden der Tatsachen zu segeln. Und so verpufft nach einer Weile die Wirkung der chemischen Liebesbotenstoffe. Das Interesse am Sex lässt nach. Und wessen Beziehung nur darauf gegründet war, der hat jetzt unter Umständen ein Problem – oder sucht sich sofort einen neuen »Dealer«, mit dem die Sache wieder wie von selbst fluppt.

Vorsicht, Suchtfalle:
Verliebt in die Verliebtheit!

Meine Freundin Alexia ist jedenfalls viele Jahre immer wieder in diese Falle getappt. Unzählige Male hatte sie sich schon beklagt: »Mensch, Sonya, ich schaff immer nur zwei Jahre Beziehung. Wie machst du das bloß, ihr seid schon so lange zusammen? Und wieso komme ich einfach nicht über diese Zwei-Jahres-Hürde hinaus?«

Alexia ist ein Paradebeispiel für das weit verbreitete Phänomen »Verliebt in die Verliebtheit«. Der allererste Rausch des Chemielabors in unserer Birne ebbt leider bereits nach drei bis sechs Monaten ab. Schon das war Alexias Stolperstein! Immer wenn das erste Verliebtheitsgefühl mit dem gerade frisch angebrochenen Schnacksler weg war, hat sie zwar noch ein bisschen durchgehalten in der Hoffnung, dass die Gefühle zurückkommen. Leider vergeblich. Die Rauschsubstanzen werden zwar später von etwas »ruhigeren« und langlebigeren Endorphinen ersetzt, die auch glücklich machen. Aber das tun sie weniger im rasanten Rallye-Stil, sondern eher auf stillere Art. Aber so weit kam Alexia erst gar nicht, sie wollte eben den aufregenden Nervenkitzel...

Dass dieser Öko-Kick süchtig macht nach immer neuen Beziehungen, ist gar nicht mal selten und führt zum sogenannten »Beziehungshopping«. Dabei ist es nach neueren Erkenntnissen durchaus möglich, eine stabile freundschaftliche Beziehung zu führen, das stabilere Endorphin-High zu genießen und on top immer wieder die Nervenkitzelhormone anzufeuern. Klingt zu schön, um wahr zu sein? Stimmt. Ist trotzdem wahr!

LIEBE FÜR IMMER? DAS FUNKTIONIERT – MIT DEM Ü(BERRASCHUNGS)-FAKTOR!

Die Anthropologin Helen Fisher ist Autorin des Buches »Warum wir lieben«. Ms Fisher hat herausgefunden, dass glückliche Paare auch noch nach vielen gemeinsamen Jahren Parallelen zu frisch Verliebten zeigen: Wurde ihnen ein Foto des Partners gezeigt, loderte im Hirn-Scan der gleiche Bereich auf wie bei denen, die sich gerade erst verliebt haben.

Was sagt uns das? Jawohl, Liebe muss keineswegs aufhören, nachdem die im anfänglichen Verliebtheitsrausch automatisch gemixten Hormoncocktails versickert sind – denn die Hormone in unserer Birne lassen sich mit ganz einfachen Tricks wieder zum Sprudeln bringen!

Der US-Psychologe Arthur Aron band Paare lose an Händen und Füßen zusammen und schickte sie so durch einen Hindernisparcours in einer Turnhalle. Dabei mussten sie ein Kissen zwischen ihre Körper klemmen, das sie nicht verlieren durften. Die Paare, die diese Aufgabe gemeinsam meisterten, fühlten sich hinterher mit ihrem Lover deutlich glücklicher und einander näher als die Kontrollgruppe, die nur zusah.

◆ Erkenntnis Nummer eins: Es schweißt zusammen, gemeinsam Herausforderungen zu bewältigen.

Solche Herausforderungen können alles Mögliche sein. Etwa, gemeinsam das Bad zu renovieren, auf dem Flohmarkt Comics zu verkaufen, ein Zelt aufzubauen, dem Nachwuchs ein Möbelstück zu zimmern oder als Beachvolleyballteam zu punkten. Das stärkt das großartige Wir-zwei-gegen-den-Rest-der-Welt-Gefühl.

In einer weiteren Studie teilte Aron Ehepaare, die länger als 14 Jahre verheiratet waren, in zwei Gruppen. Gruppe A wurde verpflichtet, jede Woche anderthalb Stunden gemeinsam eine angenehme, aber nicht besonders aufregende Sache zu unternehmen. Etwa gemeinsam kochen oder einen Spieleabend bei Freunden besuchen. Gruppe B musste dagegen »aufregendere« Dinge miteinander erleben: etwa Ski fahren, Bergsteigen oder ein Konzert besuchen. Zweieinhalb Monate später wurden die Probanden befragt. Und siehe da: Während sich in Gruppe A nix am Glücksfaktor der Beziehung getan hatte, war Gruppe B wie frisch verliebt! Die Erklärung dazu liefert wiederum eine Studie der Universität Melbourne in Australien. Dort hatte man festgestellt, dass im Gehirn frisch Verliebter große Mengen an Phenylethylaminen freigesetzt werden. Dazu gehören z.B. der »Belohnungsstoff« Dopamin und der Herzklopfen-Verursacher Adrenalin. Und genau diese Stoffe sind eklatant erhöht, wenn man Achterbahn gefahren oder Fallschschirm gesprungen ist. Wenn man das dann noch mit dem Liebsten erlebt, verknüpft unser Birnchen die tollen Gefühle mit dem Partner – und zack, die Verliebtheit ist reaktiviert.

So gelangen wir zu

◆ Erkenntnis Nummer zwei: Immer wieder Unerwartetes zusammen zu erleben ist *der* Frischefaktor für die romantische Liebe!

Noch besser: Wenn man sich abwechselt darin, den anderen mit einer aufregenden Aktivität zu überraschen. Etwa mit einem Ausflug, bei dem das Ziel vorher nicht verraten wird. Super ist zum Beispiel ein Abstecher in den Freizeitpark mit – selbstverständlich – gemeinsamer Fahrt mit der Achterbahn oder mit anderen rasanten Fahrgeschäften.

Mir fällt aber noch viel mehr ein – und das meiste würde ich am liebsten sofort machen: ein paar Runden auf der Kart-Bahn drehen zum Beispiel. Auch toll: ein gemeinsamer »Flug« im Flugsimulator (gibt's zum Beispiel oft in Luftfahrtausstellungen). Eine Zeppelinfahrt. Bullriding (auf einem mechanischen »Bullen«; die echten sind dann vielleicht doch ein bisschen gefährlich). Ein Rundflug mit dem Helikopter oder einem Kleinflugzeug. Alternativ tut's eine Karaoke-Bar (Singen nicht vergessen!). Wie wäre es mit einem Ausflug ins Kasino? Ach, es darf etwas mehr sein? Dann buchen Sie doch einen Wochenendtrip nach London mit Besuch des Riesenrads »London Eye« oder eine Fahrt nach Wien mit Riesenradbesuch auf dem Prater.

> *Alles, was die Seele durcheinanderschüttelt, ist Glück.*
> ARTHUR SCHNITZLER

Sportliches hat sich ebenfalls bewährt. Körperliche Bewegung kippt nämlich noch on top ein paar Extra-Wohlfühl-Hormone in unseren Hormoncocktail. Ein Bungee-Sprung ist natürlich der Nervenkitzel schlechthin, aber ein Orientierungslauf mit Kompass im Wald reicht schon, um die Hormone anzufeuern. Oder ein Kanu-, Ruderboot- oder Tretbootausflug. Eine Klettertour im Hochseilgarten oder einen gemeinsamen Tauchkurs buchen. Ein aufregendes Squash-Match. Eine Mountainbiketour…

Ah, ich höre mal wieder Zwischenrufe.

Ist ja alles schön und gut:
Aber was ist denn nun mit dem versprochenen Sex?

Gemach! Gemach! Kommt ja jetzt! Denn nach diesem kleinen Ausflug in die Welt der Hormone können wir das gerade Gelernte auch
auf pikantere Lebensbereiche anwenden. Und sollten das auch tun.
*Denn Fakt ist, dass ein aufregendes und schönes Liebesleben enorm
zum Lebensglück beiträgt.* Mein Freund und ich leben keineswegs
wie Brüderlein und Schwesterlein zusammen. Der Beweis nuckelt
gerade an mir und ist trotz Verhütung entstanden. (Übrigens mit
einem Verhütungscomputer, der die Hormone im Urin misst. Kann
ich bei Kinderwunsch nur empfehlen!) Doch das nur am Rande.
Das Schöne ist:

◆ Die Lust aufeinander profitiert von einer angefachten
   Hormonlage – sogar wenn die Aktivitäten, die dazu geführt
   haben, komplett jugendfrei sind.

Was nicht davon ablenken soll, dass gerade die horizontale Abteilung ein bisschen Nervenkitzel verträgt. Und der kommt manchmal auf ganz ungeahnte Art und Weise.

IM REICH DER WILDEN TIERE: PUSSYCATDOLL

Mag ja sein, dass der Vaddi ganz wuschig wird, wenn die Muddi
das Zimmermädchen-Outfit vom Orion-Versand überwirft. Mein
Fall ist die »Ich strapse mich geil auf, damit ich geil flachgelegt

werde«-Masche nicht. Wahrscheinlich liegt das daran, dass ich des Öfteren in den seltsamsten Fummeln durchs »talk talk talk«-Studio hüpfe und mein Bedarf dadurch reichlich gedeckt ist. Man sollte allerdings auch nie »nie« sagen ...

Keller ausmisten gehört ja zu meinen großen Leidenschaften. Ernsthaft! Wie befreiend ist es doch, sich von Dingen, die man gefühlte hundert Jahre nicht mehr benutzt hat, zu trennen! Da geh ich sogar auf Kuschelkurs mit meinen »Lieblingstieren«, den Spinnen.

Der Vollständigkeit halber sollte ich allerdings erwähnen, dass mir gar nix anderes übrig bleibt, als im Sechs-Monats-Takt die Kellerassel zu mimen. Sperrmüll trüffeln, meine andere Leidenschaft, sprengt nämlich jegliches Stauraumvolumen. Andere können nicht an schlimmen Unfällen vorbeifahren, ohne hinzugaffen; ich kann eben nicht am Sperrmüllhaufen vorbei, ohne auszusteigen.

Diesmal musste allerdings besonders kräftig geräumt werden, denn meine Freundin Alexia zog vorübergehend bei mir ein. Zu zweit machte das Kramen in Schränken, Kisten und das Schwelgen in Erinnerungen dreimal so viel Spaß.

»Sag mal, was issen da drin?« Alexia rüttelte an einem Karton, in dem man Godzilla verstauen konnte. »Der ist ganz leicht.«

»Keine Ahnung, ist von meiner Mutter. Guck rein, die hat bestimmt wieder irgendwas gebunkert, was man in einer Million Jahren eventuell, vielleicht, unter Umständen noch mal gebrauchen könnte.«

Lexi lachte, machte sich mit dem Cutter an dem gut zugeklebten Karton zu schaffen und klappte den Deckel auf.

»Ach du Schande! Lauter totes Tier!«

Wir waren bei unseren Ausgrabungen auf Mamas Schätze aus

den Siebzigern und Achzigern gestoßen, eine Kiste voller politisch höchst unkorrekter Pelzmäntel.

Der Minikürschnerladen enthielt alles, was einen PETA-Aktivisten in einen Militaristen verwandelt: Silberfuchs, Luchs, Nerz, Ozelot und Chinchilla – der ehemalige ganze Stolz meiner Mutter. Die hatte anno dazumal lieber ein Jahr Tütensuppe gefuttert, als auf das ach so angesagte Pelzmäntelchen zu verzichten. Meine Terrordrohungen mit der gezückten knallorangenen Spraydose hatten dann aber irgendwann Wirkung gezeigt. Die armen Viecher wurden nicht mehr getragen und wie heiße Ware im Keller versteckt. Obwohl meine geläuterte Mami heute überzeugte Tierschützerin ist, hatte sie sich nie von den vom Munde abgesparten Teilen trennen können.

»Bäh, stinkt das Zeug nach Mottenkugeln. Was machen wir denn jetzt mit den Miezekatzen? Wegwerfen?«

»Bist du verrückt! Meine Mutter zieht uns das Fell über die Ohren.«

Alexia kicherte und warf sich einen Mantel über die Schultern »Dass die damit früher rumgerannt ist ... Da siehste doch aus wie 'ne Nutte.«

»War vielleicht Sinn der Sache.« Wir beömmelten uns auf Kosten meiner armen Mama.

»Tja, was machen wir bloß mit dem Zeugs?«, grübelte ich.

Ein Mantel kam auf mich zugeflogen. »Erst mal 'ne Modenschau.«

Alexia ließ die Gummihandschuhe von den Fingern schnalzen, während ich noch mit der Staubwolke aus Mottenpulver kämpfte. Klar, korrekt wäre es gewesen, die toten Tierteile pietätvoll im Garten zu beerdigen; stattdessen benahmen wir uns wie zwei Kinder, die Verkleiden spielten.

»Wow, wir sehen echt nach Porno aus!«, bemerkte ich fasziniert, als wir uns vor dem alten, angelaufenen Spiegel zwischen Kisten und Kartons bewunderten. Alexia nickte. »Puff pur!« Sie trug einen Silberfuchskurzmantel mit Puffärmeln (wie passend) im Stil von »Dallas« und »Denver-Clan«.

Moi? Mademoiselle »billig, gut und schnell« trug einen gar nicht billigen langen Luchsmantel, ebenfalls mit einem Hauch von Puff am Ärmel. »Lexi, lass uns die aufheben. In schlechten Zeiten können wir damit im Bahnhofsviertel ein Vermögen verdienen.«

Mit verführerischen Bewegungen öffnete Alexia ihren Mantel. »Klar! Vor allem, wenn wir so sensationelle verdreckte Joggingklamotten drunter tragen.«

Wir gackerten wie die Hühner. Plötzlich wurde Alexia nachdenklich. »Du solltest deinem Kerl in so 'nem Fummel einen Besuch abstatten ...«

»Im Jogger?«

Sie blitzte mich streng an: »Im Pelz! Ohne Jogger, ohne alles.«

Ich lachte. »Logo, der lässt mich glatt einweisen!«

»Der mag einiges mit dir anstellen, aber das garantiert nicht«, säuselte sie.

»Wenn er nicht vorher an Mottenpulververgiftung gestorben ist«, konterte ich.

Mein kleines Witzchen kam bei Dr. Lexi Love gar nicht gut an. Sie wurde richtig sauer.

»Ich meine das ernst. Jetzt hör mir mal gut zu, Frau Kraus! Du hast seit fast fünf Jahren eine gut funktionierende Beziehung – Betonung auf funktionierend. Da kannst du deinem Hasen ruhig mal ein bissl Chili aufs Gürkchen streuen! Dann haste wieder einen Rammler.«

Ich musste schon wieder kichern und erntete dafür einen gestrengen Blick von meiner selbst ernannten Sexualtherapeutin. »Na los, auf was wartest du denn?«

Sie feuerte ihren Mantel über den Karton und schob mich Richtung nach oben.

»Jetzt gleich? Wir wollten doch gemütlich 'ne Pizza bestellen und ›Sex and the City‹ gucken …«, protestierte ich.

»Nix da, ich nehm es auf, und du machst jetzt selber ein bisschen Sex in the City und spielst Carrie!«

Na super, darauf hatte ich jetzt ja gar keinen Bock. Während Alexia mich die Treppe hochtrieb, war Zeit für einen kurzen Bodycheck: Bekleidet mit schon erwähntem Luchs und Jogginghose, steckte ich in uralten Turnschuhen, war total verdreckt und trug das schon etwas länger nicht mehr gewaschene Haupthaar zu einem ungemein feschen Dutt auf meinem zentralen Kopfplateau. Die Wimperntusche war noch von gestern und der Nagellack an Händen und Füßen sah aus wie ein Relikt aus der Steinzeit. Über dem Ganzen schwebte eine solide Smogwolke aus Mottenpulver.

Gegen mich war Angie Merkel 'ne hundertprozentige Sexbombe.

Ich fühlte in mich hinein. Meine Libido? Die war schlichtweg nicht existent. Mit der verführerischen Stimme einer Sirene rief stattdessen die bequeme Couch meinen Namen. Mir war schwer nach einer Ausrede. Kopfschmerzen? Migräne? Menstruation!!!

»Du, Lexi, kann sein, dass ich heute Abend meine Tage bekomme …«

War noch nicht mal glatt gelogen, die waren in den nächsten 48 Stunden fällig.

»Papperlapapp, das hat noch keinen gestört. Ab unter die Dusche! Ich kümmere mich um den Mottenmief«, sprach's und zog mir die Katze vom Leib.

Ahhh, anstrengend! Ich stöhnte, bewegte aber meinen Körper

ohne weiteren Widerstand unter die Dusche und setzte jetzt bei mir zum Großreinemachen an. Auf der einen Seite musste ich über mich, die ganze bekloppte Aktion und Alexias Enthusiasmus herzlich lachen, andererseits hatte ich ziemlichen Bammel, mich in meinem haarigen Faschingsfummel vollkommen lächerlich zu machen. Energisches Klopfen an das Glas der Dusche riss mich aus meinen zweifelnden Gedanken. »Dein ›Hase‹ hat gerade angerufen. Er wartet darauf, dass wir ihn zum Kino abholen.« Durch die Nebelschwaden konnte ich Alexia erkennen. »Kino? Wieso denn jetzt Kino?«

»O Sonya, also manchmal... Ich musste ihn ja irgendwie festtackern. Sonst ist der Adler nachher ausgeflogen.«

»Ach so...« Ich kapierte.

»Da, anziehen!« Sie hielt mir etwas Schwarzes unter die Nase. »Hab ich bei deinen schicken Schlüppis gefunden. Ist noch besser als ganz ohne.«

Ich hätte es eigentlich wissen müssen – meine gute alte Freundin hatte mal eben hemmungslos indiskret meine Reizwäsche durchwühlt – so ist sie eben, so lieb ich sie. Auf der Suche »nach was Passendem« war sie tatsächlich auf Gold gestoßen: auf einen Strapsgürtel. »Haste da auch Strümpfe zu?«

Ich nickte brav. Ja, die hatte ich. Das ganze Zeug war mal von einem Fotoshooting übergeblieben, aber noch nie privat in Gebrauch gewesen. Auch auf die Gefahr hin, dass ich jetzt einige männliche Fernsehzuschauer ihrer Fantasien beraube, ich bin ein Fan von warmen Strumpfhosen! Sobald das Thermometer unter 18 Grad Celsius rutscht, was ja bei uns in Deutschland gelegentlich der Fall ist, trag ich blickdicht und zwar bis über die Nierchen gezogen. Doch heute war wohl der große Tag der Lagerware.

Nach zehn Minuten war ich gecremt, geföhnt und parfümiert,

bereit, unter Alexias fachkundiger Anleitung das Teil anzustrap-
sen. Ich werde nie verstehen, was an dem unpraktischen Ge-
bambel, das man nur mit Betriebsanleitung anlegen kann, bitte
schön so sausexy sein soll?

Nach kurzem krampfigem Kampf mit dem Mistding hatten wir
mich mit den Nylonstrümpfen vertäut. Gnädig gestand Alexia mir
und meiner Blöße noch BH plus Höschen zu. Irgendwie hatte es
meine neue Styling-Beraterin auch fertiggebracht, den Motten-
pulvermief halbwegs auszumerzen. Stattdessen stank das Ding
jetzt intensiv nach Vanille. Egal, der Plan war, es sowieso nicht
lang anzubehalten. Ein Kontrollblick in den Spiegel zeigte: Bravo,
mithilfe meiner Lackpumps sah ich jetzt endgültig nach waschechter Lustarbeiterin aus.

»Und so in eine Polizeikontrolle kommen ...«, sinnierte ich.

Ein Duftbouquet der Sonderklasse!

Eine halbe Stunde später hatte ich es – in exakt diesem Aufzug –
bis ins belebte Frankfurter Westend zur Wohnung meines Freundes geschafft. Leider noch nicht bis zu seiner Wohnungstür!

Es war Anfang September, kurz vor acht und taghell. Men-
schen bevölkerten die Bürgersteige ... Und ich saß bei 20 Grad
Außentemperatur im Pelz mit nix drunter hinterm Steuer. Hilfe!
Was für eine saudoofe Scheißidee. Wenn mich jemand so er-
kannte ... Oder, noch besser, fotografierte! Ich sah schon die
Schlagzeile ... »Kraus in der Krise?«

Panik beschlich mich. Zurückfahren? Dann wäre die ganze
Unterbodenwäsche und die Beauty-Blitzaktion umsonst gewesen,
und Alexia wäre total enttäuscht.

Warten, bis es dunkel war? Mein Pünktlichkeitsfanatiker würde ausflippen, er war ja noch auf Kino programmiert und konnte nicht ahnen, dass »Emmanuelle 1-4« höchstpersönlich zu ihm nach Hause kam.

Verzweifelt schaute ich mich im Auto um. Vielleicht hatte ich ja irgendeinen Schal oder ein Tuch im Wagen... Die Hundedecke! Ohne zu zögern, warf ich mir den Stinkelappen über, sprang glücklich verschleiert aus dem Auto und raste auf meinen Zwölf-Zentimeter-Hacken zum Hauseingang, um zu klingeln. Seufzend drückte ich den Klingelknopf und atmete tief ein. Das hätte ich tunlichst unterlassen sollen. Meine Nase implodierte: Wow! Mein Duftbouquet wurde immer interessanter: Mottenkugeln, Vanille, Haarspray und jetzt, als Herznote, auch noch nasser Hund. Scheiß auf den Geruchssinn, meine Optik musste ihm einfach alle Sinne vernebeln.

»Baby?«, kam es aus der Sprechanlage, »Ich komm runter!«

Unschuldig unterbrach ich ihn. »Äh, stopp! Nee! Ich müsste noch mal kurz für kleine Mädchen.«

Ein genervtes Stöhnen, und der Buzzer des Türöffners ertönte. Ich stemmte mich gegen die Haustür, die sich brav öffnete, und war endlich halbwegs in Sicherheit. Der Aufzug brachte mich an mein Ziel: vierter Stock, Tür rechts außen. Hastig versteckte ich noch meine Hundedeckenmief-Burka hinter dem Yucca-Palmen-Topf der Nachbarin und warf mich mit leicht geöffnetem Mantel vor die Wohnungstür in Pose. Der Klassiker: Hand am Türrahmen, Arm abgestützt und Knie aufreizend angewinkelt. Ohje, so musste man sich fühlen, wenn man Ecstasy geschluckt hat. Mein Herz schlug wie der Bass eines Techno-Rave.

Hier stand ich also im Nitribitt-Look, machte mir fast ins knappe Höschen vor Angst, dass ein Nachbar vorbeispazierte, und kam mir unendlich bescheuert vor. Doch keine Zeit zum Zweifeln. Mein »Kunde« öffnete. En garde, Sonya! Die Welt gehört den Mutigen!

Säuselnd hörte ich mich sagen: »Guten Abend, Süßer! Du hattest angerufen?«

Unverständnis in seinem Gesicht, Stirnrunzeln, gefolgt von einem: »Hä?«

Sauber! Genau die Reaktion, die ich mir gewünscht hatte. Ich war schon fast dabei, mir verschämt den Mantel zuzuknöpfen, da erhellte sich sein Gesicht, als hätte man ihm im Gehirn den Dimmer hochgeschoben. Mein »Hase« strahlte mich an, bekam ein Funkeln in den Augen, das mich doch eher an ein Raubtier erinnerte, und mit den sinnigen Worten: »Ja, aber hallo-hallo!«, wurde ich in die Wohnung gezerrt.

So viel sei verraten: Ich hatte zwar die Raubkatze an, aber der Tiger steckte in meinem Hasen. Weitere wilde Details muss ich mir an dieser Stelle leider verkneifen, sonst landet dieses Buch noch im Regal mit der erotischen Literatur oder wird mit FSK 18 zensiert.

Das tote Tier? Das habe ich nie wieder getragen. Ich hatte aber so eine ungefähre Ahnung, warum meine Mutter sich nicht davon trennen konnte …

Wo war ich? Genau:

◆ Grundsätzlich ist alles, was die 08/15-Routine »Missionarsstellung« unterbricht, spitze, um Leben in die Bude zu bringen. Ja, ich weiß. Das klingt nach Erika-Berger-Couch – aber manche Dinge sind einfach, wie sie sind. Und wo Erika recht hat, hat sie recht. »Es« in der Umkleidekabine im Schwimmbad zu tun ist vielleicht nicht besonders bequem – aber auch ganz schön verrucht. Das Gleiche gilt für Sex in der Natur – oder auch auf dem blickdichten Balkon. Und im Kino zu fummeln macht nicht nur Teenies heiß. Die lieben Liebenden dürfen auch gern den Instruktionen eines Kamasutra-Buches folgen oder einen Tantra-Workshop besuchen. Übrigens: Dagegen, mal zusammen einen Porno zu gucken oder sich auf andere Art den »Appetit« von außen zu holen, ist grundsätzlich nichts einzuwenden. Zumindest, wenn es nicht die einzige Aufwärmmethode bleibt. Es schweißt nämlich wesentlich mehr zusammen und tut darum langfristig der Liebe besser, wenn man sich auf sein Hasi einlässt – anstatt sich abzulenken. (Ein Superbuch zum Thema ist »Wenn Sex intim wird« des Therapeuten-Paars Dr. Krishnananda und Amana Trobe.)

◆ **Love is in the air!** Angeblich riechen alle Huren nach Vanille, weil dem Duft nachgesagt wird, dass er aphrodisierend wirkt – also Lust auf Sex macht. Fakt ist: Auch ich bin »drauf«. Oder besser gesagt, alle Männer, mit denen ich bisher zusammen war. Mit 16 habe ich während einer Modelreise zum ersten Mal ein Vanilleparfüm auf dem Markt von St. Tropez gekauft – und das ist seither mein Odeur. Jedes Mal, wenn ich mal das Duftwässerchen wechseln wollte, stieß das auf heftigen Widerstand meines jeweils aktuellen Lovers. »Wäh, wie riechst du denn plötzlich?«
Also bin ich dabeigeblieben. Immer wenn ich in St. Tropez war, habe ich Nachschub besorgt oder habe mir den Stoff von Freundinnen mitbringen lassen. Leider ist der Erzeuger des Dufts, ein Bäuerchen namens Jacques, mittlerweile im duftenden französischen Provence-Himmel, und ich besitze nur noch eine 250-ml-Flasche seines Zauberelixiers. Das wird

zwar zum Glück nicht ranzig, aber sobald das Fläschchen leer ist, bedeutet das wohl das Ende meiner Beziehung ...

🔸 **Der Pawlowsche Liebesreflex!** Bereits im Stadium der akuten Verliebtheit empfiehlt es sich, beim Liebemachen einen »Musik-Anker« auszuwerfen. Das heißt, wir suchen uns irgendeinen schönen »juicy« Soundtrack und werfen den an, bevor es zur Sache geht. Für mich ist zum Beispiel Sade 1a-Schnacksel-Mucke. Der Trick: Diese Musik wird im Gehirn von uns und unserem Liebsten mit der erotischen Stimmung verknüpft. Und immer wenn wir in Zukunft Sade hören, wird der Pawlowsche Reflex ausgelöst, und wir kriegen Lust auf Poppen – und zwar mit unserem Partner! (Der Trick funktioniert übrigens auch mit Düften, die wir immer nur beim Sex verwenden.)

Liebeszauber im Schlaf

Sie möchten, dass die Liebe Ihres Herzileins für Sie wieder ganz neu entflammt? Dann werden Sie folgenden Tipp* des Persönlichkeits-Coachs Andreas Winter vermutlich genauso faszinierend finden wie ich: Warten Sie nach dem Zubettgehen, bis Ihr Herzblatt wegdöst. Den richtigen Moment erkennt man daran, dass er oder sie beginnt, laut zu atmen. Als Faustregel: Das passiert etwa 25 Minuten, nachdem man sich hingelegt hat. Jetzt kommt unser Auftritt! Wir sagen mit normal lauter Stimme (nicht flüstern, das weckt paradoxerweise schneller auf!): »Ich bewundere dich! Ich freue mich auf dich! Jeden Tag!« Blöd wäre natürlich, wenn der Partner jetzt aufwacht – in dem Fall soll man schnell so tun, als habe man nur im Schlaf gesprochen. Ratzt er dagegen weiter, wiederholen wir unsere »Liebesformel« noch ein paar Mal. Andreas Winter erklärt, dass die Übergangsphase zwischen Wachen und Schlaf dem eines Hypnosezustands gleicht, das Unterbewusstsein ist aufnahmefähig. Mit den genannten Worten hätscheln wir sein oder ihr Selbstwertgefühl effektiv – und er oder sie wird das unterbewusst mit uns verknüpfen und uns dafür lieben! Winter rät, diesen Trick ein- bis zweimal innerhalb von zwei bis drei Wochen auszuführen und parallel dazu dem Partner auch tagsüber immer mal zu sagen, wie attraktiv und intelligent man ihn findet. Und dass er so bleiben soll, wie er ist. Das Ergebnis: Wir haben einen Stein im Brett, Schatzi entwickelt neues Interesse an uns – und soll sogar besser aussehen. Wie frisch verliebt eben. Viel Erfolg beim Ausprobieren! (*Aus »Liebe, Sex und Partnerschaft« von Andreas Winter.)

Die besten (Glücks-)Rezepte für ganz besondere und ganz besch...eidene Gelegenheiten

Bis jetzt ging es vor allem darum, unser lauschiges Lokal einzurichten, schmackhafte Zutaten für die Cocktails auf unserer Karte zu besorgen, das beste Personal einzustellen und uns um Gäste und die perfekte Lounge-Atmosphäre zu kümmern. Wir sind nun schon ein bisschen besser mit dem Dasein als Barchef(in) vertraut. Kommen wir nun zu den Spezialfällen. Wenn wir ganz schnell einen Glücksshot brauchen, zum Beispiel. Oder wenn überraschend eine Riesenlieferung Zitronen eingetroffen ist, die wir so nicht bestellt hatten und für die uns noch der Tequila fehlt...

Moment mal! Das hier hatte ich aber nicht bestellt!!! Erste-Hilfe-Strategien, wenn das Leben sich nicht an unsere Pläne hält ...

Hilfe! Halt! Stopp! Gerade ist eine neue Lieferung mit Cocktail-zutaten eingetroffen – aber da ist was total schiefgelaufen!! Da haben wir jetzt plötzlich nicht nur Zitronen und Limonen, sondern noch viel mehr unnützes Zeug: Beeren, die so sauer sind, dass sich alles zusammenzieht, bittere Flüssigkeiten und völlig unbekannte Zutaten, die wir lieber gar nicht erst probieren. Da können wir niemals die Drinks draus fabrizieren, die auf unserer Karte ste-hen!!! Und es ist zu spät, etwas zu reklamieren, der Liefer-LKW ist längst über alle Berge ...

Erst einmal heißt die Devise bei sämtlichen unerwarteten Ereig-nissen, die wir so nicht auf dem Schirm hatten und die sich nicht unmittelbar ändern lassen:

Ruhe bewahren!

Sich aufzuregen bringt nämlich gar nix, wir fühlen uns dann höchstens noch mieser. Auch eine ganz, ganz schlechte Idee: ohne alle Fakten zu kennen, das Schlimmste erwarten!

Aber ganz egal was passiert ist, unser Mantra muss jetzt sein: Wir werden die Situation meistern! Nicht »vielleicht«, »möglicherweise« oder »eventuell«. *Wir werden sie meistern.* Punkt. Denn: *Aufgeben gilt nicht!* Vertrauen Sie auf Muddi Kraus und ihre langjährige Lebenserfahrung! Ich ziehe in schwierigen Situationen jedenfalls fast immer enorme Motivation daraus, mich daran zu erinnern, wie ich schon früher komplizierte, schlimme oder unangenehme Dinge in den Griff bekommen habe. Viele davon haben sich später als halb so schlimm oder sogar als lustig herausgestellt. Und die anderen habe ich auch irgendwie überlebt (ein paar habe ich ja in den vorhergehenden Kapiteln schon erwähnt).

Das ist übrigens einer der großen Vorteile des Älterwerdens: Man wird gelassener, weil man aus Erfahrung weiß, dass das Licht am Ende des Tunnels doch immer irgendwann auftaucht – und bevor dieses Licht das berühmte gleißende Licht aus dem Jenseits ist, lässt sich so gut wie immer etwas aus den Zutaten machen, die uns das Leben so präsentiert. Jawohl, sogar wenn wir gerade in einem Zitronenmeer schwimmen wie Dagobert Duck in seinen Talern im Geldspeicher. Dann sehen wir vielleicht vor lauter Zitronen um uns rum erst mal richtig schwarz. Dann dauert es aber nur etwas länger, bis wir uns durch die Früchtchen gearbeitet haben, um sie in schmackhafte Drinks, Limonade und vielleicht auch in ein bisschen Marmelade zu verwandeln. Auch wenn uns im ersten Schockmoment das Rezept dafür manchmal nicht einfällt. Für solche Situationen habe ich ein paar »Zückerchen«-Rezepte gegen unerwartet Saures hier noch mal auf einen Blick für Sie zusammengetragen.

Zückerchen Nummer 1:
Es gibt immer einen Plan B!

Ob Sie's nach meinem ganzen weisen Geschwafel bis hierher glauben oder nicht: Auch ich, Sonya Sunshine, habe manchmal kurz Mühe, daran zu glauben, dass sich schon alles regeln wird. Dann, wenn alles, aber auch wirklich alles anders läuft als geplant. Und manchmal scheinen mir selbst meine eigenen guten Tipps nicht mehr zu helfen. Bis, ja, bis dann... Aber lesen Sie selbst! Das Folgende ist ein Pamphlet der Krise. Auf gut Deutsch: mein sehr persönlicher Jammerlappen.

 Es geht auch immer anders.
THOMAS MANN

DOWN UNDER

Ich war am Durchdrehen! Da saß ich vor meinem Laptop, wollte eins meiner kleinen Anekdötchen schreiben und ... es kam nix! Die Geschichte, die ich erzählen wollte, hatte ich persönlich erlebt und sie schon x-mal erzählt, im Kopf veredelt – nur war sie jetzt irgendwie nicht mit meinen Fingern kompatibel.

Konnte ein Plauderpüppchen wie ich die Sprache verlieren?

Vielleicht lag's an den Hormonen? Schließlich war ich im neunten Monat schwanger und damit kurz vorm Platzen. Aber bevor ich das Baby auf die Welt bringen konnte, musste schnell noch mein Buch-Baby mit etwa läppischen 350 Seiten beim Verlag abgegeben werden. Verdammt, alles war doch so perfekt geplant gewesen: Die letzten sechs Wochen vor dem Baby-Touchdown, wenn das Arbeiten in meiner üblichen Mirco-Mini-Stöckelschuh-Arbeitsbekleidung sich sowieso recht schwierig gestaltet hätte, sollten ganz dem Schreiben gehören.

Und bis jetzt war doch eigentlich auch alles super gelaufen, ich konnte doch nicht sozusagen auf den letzten Metern schlappmachen! War das etwa die berühmte Schreibblockade? Hallo? Ich doch nicht! Schon in der Schule hatten meine Kurskameraden Aggressionen bekommen, wenn ich in den Deutschklausuren Seite um Seite bekritzelte, um dann mit Hühnerauge am Finger dem stöhnenden Lehrer 20 Seiten in die Hand zu drücken.

Seitdem war die Flut nie versiegt, Worte sind für mich wie H_2O-Moleküle für den Amazonas – davon hatte ich immer genug. Trockenzeiten gab's nicht. Trotzdem saß ich nun schon seit einer Woche an lächerlichen vier Seiten, die auch noch ... ja, schlecht waren. Fand ich zumindest.

Immerhin: Draußen brannte die Sonne. Ich verpasste also nix, da ich mir eh nur die durch die Östrogene extrem lichtempfindliche Pelle verbrutzelt hätte.

Also, hey, nicht anstellen, Sonya! Alles war gut! Das Kinderzimmer stand, der Klinikkoffer war gepackt, und ich war auch schon im Schlachthaus, Entschuldigung, in der Entbindungsklinik angemeldet. Vielleicht war ich ja gelähmt vor Angst? Sicher, ich hatte schrecklichen Schiss vor dem, was da unweigerlich blutig auf mich zukam! Ich war ja Anfängerin, war noch nie im Krankenhaus gewesen, hatte noch Blinddarm, Mandeln und Polypen, und vor allem wollte ich nicht leiden.

Jaaaa klar, so eine Geburt ist etwas ganz Natürliches, und eine Handvoll Ladys hatten die Sache auch schon vor mir überstanden. Warum tröstete mich das nicht? Warum war ich nicht einfach nur dankbar, dass – bis jetzt – alles so gut gelaufen war?

Jede werdende Mama mit den üblichen Wehwehchen musste mich hassen – zu Recht: keine Kotzeritis, keine Rückenschmerzen, keine Heulkrämpfe und nur zehn Kilo mehr, und die waren auch noch ganz wunderbar auf drei Beulen an Bauch und Busen verteilt. Ungerecht? Schlichtweg unverschämt unfair!

Und dann wagte ich es noch, herumzuquengeln? Aber ganz ehrlich, in diesem Moment hätte ich das Vakuum in meiner Birne sofort gegen ein bisschen Wasser in den Beinen eingetauscht...

Schwangerschaftsdemenz im Endstadium, das musste es sein! Vielleicht lag es aber auch an dieser riesigen Rundung in meiner Körpermitte, auf der ich meinen Laptop so schlecht abstellen konnte?

Normalerweise lümmle ich beim Schreiben nämlich gemütlich im Bettchen und parke den Computer auf meiner Plauze. Das war momentan ziemlich ausgeschlossen. Nackig sah ich zum Schießen aus: Alles beim Alten, bis auf die Pornohupen und die ausgewachsene Meeresschildkröte, die mir jemand unter die Bauchdecke transplantiert hatte. Im Science-Ficton-Schocker »Die Brut der Außerirdischen« hätte ich jedenfalls glatt die Hauptrolle spielen können, ganz ohne Special Effects! Das Alien in meinem Bauch hatte nicht nur meine kreativen grauen Zellen manipuliert, es protestierte auch sofort mit massiven Morsezeichen, sobald ich den Laptop auf seinem Kokon platzierte.

Der rettende Gedanke: Vielleicht war das ja der Augenblick, in leichtere Technik zu investieren, mich zu motivieren und mir so ein chices iPad zuzulegen? Hiiiiilfe, meine Geistesverfassung konnte nicht normal sein, Computerkram machte mich sonst nie an! Das war der endgültige Beweis: Das hier war ein absoluter Ausnahmezustand!

Tatsächlich wuchtete ich mich also im Jahrhundertsommer

2010 nachmittags bei 32 Grad Celsius in die City und erstand so ein neumodisches Ding!

Und stellte schnell fest – man verzeihe die Werbung –, ich hatte jetzt ein großartiges neues Spielzeug. Es wog rein gar nichts, ich konnte es überallhin mitschleppen, man konnte surfen, spielen und trotz Bauch toll auf dem Touchpad tippen. Vorausgesetzt natürlich, man hatte eine Idee. Das Problem: Ich hatte immer noch keine. Nicht mal eine miniwinzige. Was jetzt? Vielleicht ein bisschen Doping? Genau: *Zucker! Sünde! Kühlschrank!*

Irgendwo im Gefrierfach musste noch eine Ein-Liter-Packung Schoko-Eiskrem vergraben sein. Ich robbte raus aus dem Bett, watschelte in die Küche, mit dem Ziel, mir die komplette Packung schmatzend einzuverleiben.

Barfuß pilgerte ich zur heiligen Pforte, dem Kühlschrank, öffnete gierig die Tür, und da war sie: die Sylter Salatsoße in der Glasflasche, ganz oben, und knallte mir aus eineinhalb Metern Höhe auf den nackten kleinen Zeh, um dort mit einem lauten Dotz zu zerscheppern. Resultat: Alarmstufe Rot!

Zur Erinnerung: Der weibliche Körper ist in der Schwangerschaft extrem gut durchblutet. Will sagen: Mein kleiner Zeh hatte einen ordentlichen Schnitt abbekommen, tat allerdings so, als hätte man ihn gerade amputiert. Lustige grellrote Poollandschaften entstanden, wo immer ich auch hintrat. Hätte man noch ein wenig Weißbrot zum Ditschen dazugereicht, hätte sich die gesamte Twilight-Familie anständig satt futtern können.

Gut, meine Füße würden so schnell keinen Fußfetischisten mehr in Wallung bringen, und High Heels waren wohl erst mal tabu, aber das war alles völlig nebensächlich, denn endlich hatte ich ein Alibi, eine wasserdichte Ausrede, warum ich mich die nächsten Stunden nicht mit Schreiben herumquälen musste. Hey, das musste bestimmt genäht werden! Glücklich wartete ich also 40 Minuten in der Notaufnahme eines Frankfurter Krankenhauses, bis mir eine Assistenzärztin den Zeh mit zwei Stichen flickte und mir verkündete, dass er wohl auch gebrochen sei. Aber da könne man eh nix machen. Nur tapen.

Fröhlich frisch geflickt humpelte ich heim, denn ich wusste, eine wunderbare Aufgabe würde mich abermals vom Schreiben abhalten! Wenn das kein positives Denken ist! Wovon ich spreche? Nun, Ladys und Gentlemen, schon mal einen guten Liter fest angetrocknetes Blut aus strukturierten Natursteinfliesen gekratzt?

Das dauert! Stunden! Freundliche Hilfsangebote von meinem sonst so putzmuffeligen Freund wurden natürlich entrüstet zurückgewiesen. Auf dem Boden kugelrund kniend genoss ich die stupide Schrubberei, kratzte beseelt die Fugen mit einer Messerspitze aus und genoss die ultimative Leere in meinem Schädel.

Weit nach Mitternacht sank ich auf mein Nachtlager nieder. Hey, also jetzt war es definitiv viiieeel zu spät, um noch zu schreiben, und ich war selbstverständlich auch zu erschöpft!

Wundervoll, ein schlechtes Gewissen, dass ich keine Zeile zu Papier gebracht hatte, brauchte ich auch nicht zu haben. Schließlich war das ein lebensbedrohlicher Notfall gewesen! Mein kleiner Zeh und ich hätten verbluten können! Die Lektorin des Verlages, die seit Wochen geduldig auf eine Leseprobe wartete, konnte sich glücklich schätzen, dass man mich nicht zur Beobachtung in der Klinik behalten hatte.

Seufzend wie Atlas, der die Weltkugel auf seinen Schultern trägt, schloss ich die Äugelchen und schlief ein …

… um Stunden später schweißgebadet aufzuwachen. Was für

ein Albtraum: Ich hatte meine Deadline für die Abgabe des Buches einfach vergessen! Der Verlag kündigte den Vertrag, die sonst so sanftmütigen Bücherleute mutierten zu Zombiefratzen aus Michael Jacksons »Thriller«. Sie streckten ihre fleckigen Lepra-Arme nach mir aus und schrien mich an: »Du hast uns hängen lassen...!«

Draußen dämmerte es bereits, die Vögelchen fingen an zu zwitschern, und neben mir schnarchte friedlich der Kerl, der mir das alles eingebrockt hatte. Der sowieso an allem schuld war! Warum – verdammt noch mal – bekamen eigentlich nicht auch mal Männer Babys? Strafe muss sein, und so wurde das große Baby neben mir gnadenlos wachgerüttelt.

»Ahhhh, was'n los?«

»Ich hatte 'nen Albtraum!«

»Och...« Er hatte immer noch die Augen geschlossen. »Was war denn?«

Mit bebender Mädchenstimme quengelte ich: »Im Moment kann ich keinen klaren Satz schreiben! Ich hab sogar geträumt, dass ich meinen Abgabetermin versemm...« Keine Reaktion; okay, da fehlte noch etwas Drama: »... und dass ich nie wieder Bücher schreiben kann!«

Ein verklebtes Auge öffnete sich und blinzelte mich an. »Ach, das wird schon wieder!« Man(n) tätschelte mir ungelenk die Wange, knuffte das eigene Kopfkissen in Form und drehte sich grunzend auf die andere Seite.

Wow! Nach diesen unendlich einfühlsamen Worten fühlte ich mich natürlich gleich besser...

Was hatte ich eigentlich von einem Kerl erwartet, der einen Taschenrechner in der Birne hat, in Millisekunden die Wurzel aus 2 356 467 errechnen kann und sich jede Mail, bei der emotionale

Intelligenz gefragt ist, von mir Wort für Wort diktieren lässt? Kreativen Schreib-Input? Ein sensibles therapeutisches Gespräch um 5:13 Uhr früh?

Da lag ich also, düster grübelnd, voller Unruhe und Selbstzweifel, blind für die Schönheit des sich langsam erhellenden Morgenhimmels.

Kurz nach sechs hörte ich erlösende Schritte in der Wohnung über mir. Denn wer hilft, wenn eine fast 37-jährige Bald-Mama deprimiert im emotionalen Brunnenschacht sitzt? Klar, die Mamaaa!

Schnell hievte ich mich aus dem Bett und watschelte im Donald-Duck-Wiegeschritt die Treppe zur Wohnung meiner Mutter hinauf.

»Mama?«

»Gott, Sonya! Hast du mich erschreckt!« Mutti Marlene war fast so weiß wie ihr Bademantel. »Was ist los? Warum schläfst du nicht?«

»Ich kann nicht. Ich mach mir so Sorgen, dass ich das mit dem Buch nicht pünktlich schaffe.«

Meine Mutter schaute mich entgeistert an. »Kind, vergiss das blöde Buch.« Sie zeigte auf die überdimensionierte Wassermelone in meiner Körpermitte... »Ich glaub, du hast jetzt ganz andere Probleme.«

Mhm... Tja, Mama hatte da natürlich irgendwie ziemlich recht. Da war eben jetzt dieses kleine Wesen in mir, das hemmungslos all meine Kapazitäten, Körper und Kopf, in Besitz nahm.

Als ich freudig meinen Friedrich-Wilhelm unter den Vertrag für das nächste Buch setzte, war dieser anspruchsvolle »Untermieter« ja noch nicht eingezogen.

Trotzdem halfen mir die mütterlichen Weisheiten gerade wenig. Schwangerschaft als Entschuldigung für Unzuverlässigkeit? Mir wurde schlecht. All das Vertrauen, die Reputation, die ich mir so diszipliniert erarbeitet hatte, sollte ich jetzt zunichtemachen? Wie glücklich war ich, als man mir zutraute, ein Buch zu schreiben, wo doch viele der Meinung waren, »die Kraus« sei noch nicht mal des Lesens mächtig. Wie unendlich stolz war ich gewesen, als mein erstes Buch gleich ein Nummer-1-Bestseller wurde?

Auch mit Baby wollte ich doch schließlich weiterarbeiten, denn ich liebe meinen Job. Wie oft habe ich das Bild vor mir gesehen, wie ich mit Ende sechzig, runzelig wie eine Baumrinde, in wallenden Hippiegewändern und mit dem Notebook auf den delligen Oberschenkeln vor meinem Häuschen im warmen Süden sitze und Krimis schreibe. Das sollte, verdammt noch mal, kein vager Traum bleiben, das war meine Vision vom Alter! Mein Lebensziel!

Gut, vielleicht änderte so ein Würmchen einfach alles. Es brachte irgendwie gar nichts, Menschen um Rat zu fragen, die sicher nur das Beste für mich wollten, die aber keine Ahnung von meinem Problem hatten. Wer konnte nachvollziehen, wie sehr ich tatsächlich unter Pflichtgefühl und Schreibblockade litt?

Da fiel mir nur eine ein: Stella, meine Co-Autorin, die schon seit Jahren Erfahrung mit dieser seltsamen Kunst des Schreibens hatte. Konsequent brachte die gute Stella Ordnung in mein kreatives Schreibchaos, gliederte meine Gedankensprünge und recherchierte gewissenhafter als der Mossad.

Äußerst ungern wollte ich sie in Panik versetzen, aber ich wusste mir wirklich nicht mehr zu helfen. Also schrieb ich:

Stella,

hab Dich nicht vergessen!
Sitze wie ein Ochs vorm Berg an meinem Laptop.
Bin immer noch am »Gucci-Täschchen« und trotzdem wird's nicht gut!!!
Hab mir extra ein iPad gekauft, damit ich ganz schnell und überall was tippen kann.

Hast Du einen Tipp für mich?
Was kann ich tun?
Hatte ich noch nie.
Vielleicht sind's die scheiß Hormone.
Bin gerade panisch.

Hab mir fest vorgenommen »GT« heute fertig zu machen. Bringt Druck was?
Finde alles, was ich schreibe, so gewollt, so unlocker und frage mich, wie ich es bisher immer geschafft habe, lustige Texte und Geschichtchen zu schreiben.

Sorry, dass ich Dich jetzt kirre mache, aber sonst kann das bei mir hier keiner nachvollziehen.

Mayday! SOS! Help!

Die Dicke

Und – halleluja – Stella wusste Rat:

Liebe Sonya,

irgendwie hab ich das Gefühl, Du brauchst Dein Buch.
Schmöker doch mal ein bisschen in dem, was Du bis jetzt alles geschrieben hast!
Aber ich kenn das. Druck hilft da gar nix, zumindest nicht, wenn der zu Schnappatmung und Panikattacken führt.

Erstens: Das »Schlimmste«, was passieren kann, ist, dass die ganze Sache ein bisschen länger dauert. Sollte das Buch später erscheinen, hat der Verlag auch immer die Möglichkeit, das darauf zu schieben, dass Du nun mal Mutter geworden bist. Da wird niemand irgendwem einen Strick draus drehen.

Zweitens: Dieses Buch soll zwar auch locker-flockig sein, ABER die Message ist trotzdem eine »seriösere« – eben keine Aufreißertipps oder Beautytricks. Du musst nicht in jeder Story sooo lustig sein wie in »Baustelle Mann« oder »Baustelle Body«. Leisere Töne zwischendurch sind völlig in Ordnung.

Drittens: Druck's aus. Gib es jemand anderem zu lesen. Wahrscheinlich siehst Du den Wald vor lauter Bäumen nicht.

Viertens: Nicht festbeißen. Pause machen, spazieren gehen und dabei NICHT dran denken.

Fünftens: Wenn das »Gucci-Täschchen« nicht fluppt, dann schreib erst mal was anderes. Schreib zum Beispiel über genau diese Situation. Dass Du unbedingt lustig sein willst, aber es funzt nicht. Wie Du in Panik gerätst etc. und Dir dann sagst, dass es okay ist, wie es ist. Das können wir dann im Abschnitt »Plan B« einbauen, so was passiert den Lesern/Leserinnen nämlich garantiert auch schon mal. Das macht Dich außerdem total sympathisch.

Hilft das?

Liebe Grüße

Stella

Ja, liebe Stella, es half! Eine Woche später war ich zwar immer noch ziemlich schreibfaul, aber nicht mehr panisch, voller Selbstzweifel und vom schlechten Gewissen gebeutelt. Immerhin, meinen »Jammerlappen« tippte ich tatsächlich wie früher zügig runter.

So ein Seelen-Striptease war sogar unendlich befreiend: Schwarz auf weiß auf Papier gebannt wird so vieles überschaubarer, und ich konnte stellenweise schon wieder über mich und meinen Vakuum-Schädel lachen. Jawohl, ich war wieder gelassen, alles würde sich irgendwie regeln lassen. Meine Kugel war mittlerweile allerdings zum Koloss von Rhodos angewachsen. Im aufrechten Stand waren meine Füße nicht mehr sichtbar, und ich konnte nur erahnen, welche Frisur ich gerade »down under« trug. Von wilden Model-Storys waren meine Gedanken immer noch so weit entfernt wie mein noch leerer Windeleimer vom australischen Ayers Rock, und meine Birne war ungefähr so aufgeräumt wie ein Gemüsegärtchen nach dem Besuch einer Wildschweinbande.

Ich hatte gelernt, dass der Hormonmix einer Schwangeren auf den Drogenindex gehörte. Er war zwar alkoholfrei und total bio, aber trotzdem der hochprozentigste Cocktail, den ich je gekostet habe.

Und ich war außerdem – mal wieder – daran erinnert worden:
Wenn Plan A nicht funktioniert, dann gibt es fast immer einen Plan B.
Und um den zu entwickeln, helfen, ganz wie in diesem wunderbaren Beispiel, folgende Schritte:

◆ **Erst mal die ganze Chaos-Situation aufschreiben!** Schwarz
auf weiß hat man einfach einen besseren Überblick. Außerdem beruhigt Schreiben ungemein. Nun ja, zumindest, wenn
man weiß, was man schreiben soll oder will.

◆ **Jemanden fragen, der sich mit dem aktuellen Problem auskennt.** (Tipp für die Leserinnen: Das ist in den seltensten
Fällen der Mann an unserer Seite!) Wenn irgendwas mit den
Abflussrohren im Bad nicht stimmt, rufen wir schließlich
auch den Klempner. Auch wenn ich meine Story »Jammerlappen« genannt habe: Hilfe zu holen ist nicht das Gleiche
wie rumzujammern. Hilfe holen ist total konstruktiv und
ausdrücklich erlaubt! Man muss nicht mit allem allein fertig
werden, und wir tun sogar noch ein gutes Werk. Die meisten Leute fühlen sich geschmeichelt, wenn man sie um Rat
bittet. Dass wir im Gegenzug ebenfalls für eine Hilfs- oder
Beratungsaktion zur Verfügung stünden, versteht sich von
selbst.
Bei Liebeskummer oder sonstigen Seelen-Notfällen empfiehlt
sich zum Beispiel die Freundinnen-Hotline. Bei Karrierefragen ist ein Anruf beim »Mentor« selten verkehrt. In Baby-
Angelegenheiten kennt sich meistens die Oma aus. Und so
weiter. Wenn wir mit jemandem reden, erfüllt das obendrein
die Funktion der Ersten-Hilfe-Seelsorge. Außerdem haben
wir das angenehme Gefühl, dass wir etwas tun, um uns aus
der vertrackten Situation zu »retten«. So verpufft unsere
Panik. Drittens können wir mit den Ratschlägen bereits die

ersten Punkte des neuen Plans skizzieren. Anschließend können wir uns ganz in Ruhe unseren...

🔸 **Alternativplan ausdenken.** Es gibt immer die Möglichkeit, etwas zu ändern. Ich weiß zum Beispiel, dass ich, wenn niemand mehr meine Moderationen, Bücher oder Bikinis will, einfach was komplett anderes machen werde! Was? Nun ja, ich könnte zum Beispiel auf Ibiza als Assistentin im Immo-bilien-Büro anfangen – ich kann inzwischen vier Sprachen, und auf dem Markt kenne ich mich dank meines Traums vom Haus auf Ibiza aus dem Effeff aus.
Bevor ich resigniert die Hände in den Schoß lege, würde ich aber auch kellnern oder Zeitungen austragen. Ob Sie's glauben oder nicht, für »ehrliche Arbeit« wäre ich mir nie zu schade! Vielleicht würde ich aber auch endlich studieren – Innenarchitektur oder Bauingenieurwesen vielleicht. *Es gibt immer eine Möglichkeit! Man muss nur genau hingucken!* Manchmal reicht es aber schon, wenn man die Reihenfolge der Aufgabe umstellt und das, was einem gerade leichter erscheint, zuerst erledigt. In oben genanntem Fall sah das so aus: Erst meine kleine Panik-Anekdote aufschreiben, dann mal eben ein Baby bekommen – und später noch all die anderen lustigen Anekdötchen verfassen... Ja, Sie haben richtig gelesen: Ich habe die Anekdote oben Samstagabend auf dem iPad fertig geschrieben und sie auf den PC geladen. Am Sonntag wollte ich noch mal drüberlesen. Daraus wurde allerdings erst mal nix. Denn am Sonntagmorgen um 5:30 Uhr bin ich mit Wehen aufgewacht...
Im Nachhinein finde ich die ganze Situation gar nicht mehr so dramatisch – stattdessen eher zum Lachen! Das führt mich zu...

Zückerchen Nummer 2: Sauer macht lustig!
Oder: Wenn wir noch lachen können, sind wir noch nicht tot!

Humor ist *das* Zückerchen überhaupt! Briten sind ja der Ansicht, dass keine Situation so schrecklich ist, dass sich darüber nicht noch ein trockener oder absurder Witz machen ließe – allerdings nur, wenn er auf den Witzbold selbst zielt.

Briten ziehen mit Hingabe sich selbst, ihr schrulliges Völkchen und dessen Eigenarten durch den Kakao. Aber immer ganz liebevoll! Schadenfreude, bei der man mit dem Finger auf andere zeigt und sich bösartig über sie lustig macht, ist auf der Insel zu Recht nicht so hoch angesehen. Toleranz ist das Zauberwort. Kein Wunder, dass die Insel und besonders die Hauptstadt London – vielleicht neben den Niederlanden – zu den wenigen Orten auf der Welt zählt, wo das bunte Miteinander einigermaßen reibungslos funktioniert. Schließlich werden nach dem Leitsatz »Sind wir nicht alle ein bisschen bekloppt?« andere Kulturen in die britische Lebensart integriert.

Ich finde das vor allem eins: sympathisch, souverän – und sexy.

Da kann man sich was von abgucken. Denn Selbstironie, die das eigene Missgeschick durch den Kakao zieht, ist so eine Art Think-Pink-Airbag, der beim Aufprall platzt, rosarote Farbe freisetzt und die Hauptmessage transportiert: Wenn wir noch lachen können, sind wir noch nicht tot!

Meiner Erfahrung nach funktioniert Humor als Think-Pink-Booster besonders gut bei mittleren Malheurs und kleineren Katastrophen. Zum Beispiel knapp verpassten Flügen, einer drei Meter langen Klopapierfahne unter dem Schuh (einige Leser/innen werden sich vielleicht erinnern), dem platten Reifen, dem Fehlkauf, unfreiwillig verlängerten Arbeitsanreisezeiten, weil in Island ein unaussprechlicher Vulkan ausgebrochen ist...

Ein wunderbares Beispiel dafür, wie Humor selbst prekäre Situationen in großartige Erlebnisse verzaubert, ist die folgende Geschichte aus grauer Vorzeit. Damals hatte ich eine klitzekleine, aber umso heißere Affäre – nein, nicht mit einem Engländer oder Schotten, sondern mit einem Franzosen. In puncto Humor aber war er »british at heart«…

FRENCH KISS – FEUCHTHEISSE LIEBESSPIELE IN BRODELNDER TIEFE

Mein sündiger Eros mit 21 hieß Charles, war waschechter Pariser, aber lebte in Miami, wo er mit seinem französischen Charme die Damenwelt um den Verstand brachte und wo wir uns durch eine Freundin kennengelernt hatten. Der Junge war ein Phänomen: Er war weder schön noch reich, noch gab es sonst irgendetwas, was ihn auf den ersten Blick besonders gemacht hätte. Abgesehen von seinem unwiderstehlichen Charisma, das mich darüber hinwegsehen ließ, dass er so gar nicht in mein Beuteschema – groß, dunkel, sportlich – passte. Wenn ich ehrlich bin, sah Charles eher aus wie eine Kreuzung aus Louis de Funès und Danny DeVito. Ob ich keine Angst habe, dass er das jetzt liest? Kann er ruhig! Warum? Weiterlesen!

Wir hatten uns also nach unserem letzten nicht jugendfreien Treffen schon eine Weile nicht gesehen. Mich hatte länger kein Job nach Florida geführt, und ich war fleißig damit beschäftigt, Geld für mein erstes Haus zusammenzukratzen. Mein Terminplan war zum Bersten gefüllt; mal eben für einen notorischen Playboy – und das war mein Charly ohne jeden Zweifel – nach Miami zu düsen war zeitlich einfach nicht drin, man musste schließlich Prioritäten setzen!

Charles hätte Zeit gehabt, war aber chronisch pleite (das hing unter Umständen zusammen). Schließlich richtete er sich ganz nach dem Lebensmotto des legendären nordirischen Fußballers George Best: »Ich habe viel Geld für Alkohol, Frauen und Autos ausgegeben, den Rest habe ich einfach verprasst.«

Das Geld war bei ihm immer schneller weg, als er auf einen Flug sparen konnte, also musste Charles warten, bis seine Eltern in Paris ihn mal wieder sehen wollten und ihren verlorenen Sohn einfliegen ließen.

Jetzt, kurz vor Weihnachten, war es endlich, endlich wieder so weit! Charles kam nach Good Old Europe – und wir planten ein heißes Treffen auf halber Strecke zwischen Frankfurt und der französischen Hauptstadt. Und was liegt da? Sie kommen vielleicht nicht unmittelbar drauf, darum helfe ich Ihnen auf die Sprünge: Metz! Metz ist ein sehr hübsches mittelalterliches Städtchen, aber bisher nicht direkt als »Métropole d'Amour« bekannt. Wenn es nach mir und Charles ging, sollte sich das aber sehr bald ändern!!!

Er kam direkt aus Paris. Als wir uns am Bahnhof trafen, begrüßte er mich in dem üblichen Kauderwelsch mit seinem charmanten Akzent: »Sonya, meine wünderbar bessauberndes Fräulein!!! Baby, toi, tu make me vraiment hotte!«

Da war ich schon so fuchsig, dass ich es verfluchte, überhaupt den Tisch im Restaurant bestellt zu haben. Ich meine, wer brauchte schon Essen, wenn man sich auch von Luft und Liebe ernähren konnte?

Trotzdem, reserviert war reserviert, und erfahrungsgemäß steigert so ein bisschen hinausgezögerte Vorfreude ja das Verlangen und macht »es« dann noch mal so schön. Außerdem hatte ich einen Mordshunger, ich hatte den ganzen Tag noch nichts gegessen, weil ich wegen eines Bikini-Shootings einen schön flachen Bauch haben musste.

Charles hatte sich richtig in Schale geschmissen – der dunkle schlichte Anzug machte ihn zwar nicht schöner, aber noch um einige Grad heißer. Während wir Austern, Escargots und Fromage schmausten und unter der zum Glück langen Tischdecke schon mal ausgiebig und klischeegerecht »füßelten«, wurden ziemlich viele alkoholische Erfrischungen aufgetragen und mit Entschlossenheit vernichtet – weniger von mir als von Charles. Denn was ist ein Franzose ohne Rotwein und Champagner? *Rien!!!*

Für den späteren Abend hatte ich eine Junior-Suite im besten Hotel am Platz gebucht. Man gönnt sich ja sonst nichts, und zur Feier des Tages war auf jeden Fall etwas Besonderes fällig. So ein popliges Doppelzimmer wäre der Situation, dass ich hier ein scharfes Tête-à-Tête mit dem Liebesgott höchstpersönlich hatte, einfach nicht gerecht geworden. Es war klar, was ich für den Abend plante – ich hatte vor, meine Französischkenntnisse auf zweierlei Weise unter Beweis zu stellen. Unter anderem.

Bestens gelaunt, leicht schwankend und eng umschlungen knutschend, machten wir uns nach dem Mahl auf in Richtung Hotel. Als wir die Suite betraten, erwartete uns eine Überraschung: Wahnsinn! Es gab einen Whirlpool!!! Das war Dekadenz pur, einfach wundervoll! Um jetzt wirklich jedes Klischee zu bedienen, bestellte ich beim Zimmerservice eine weitere Flasche Schampus, die zwei Minuten später auch im silbernen Kühler geliefert wurde. Wir entkorkten die Pulle, warfen unsere Kleider ab und uns in die blubbernden Fluten. Kurz darauf tauchte ich ab, um endlich meine Pläne in die Tat umzusetzen.

Ich machte mich mit Eifer an sein Baguette. Und es geschah … nichts!!! Absolut gar nichts!!! Trotz meiner intensivsten Bemühungen behielt der sonst so stramm stehende Eiffelturm meines Superlovers die Konsistenz eines Marshmallows und die Größe einer durchschnittlichen Gewürzgurke. Tja, wohl eine »kleine« Nebenwirkung unseres Gelages.

Irgendwann musste ich wieder an die Oberfläche zurück, um Luft zu holen, und machte mich auf das Schlimmste gefasst. Ich bin mir sicher, 99,9 Prozent aller auf diesem Erdball befindlichen Menschenmännchen wären in diesem Augenblick der Schmach schlagartig stocknüchtern geworden. Aber nein! Ich blickte über dem Wasserspiegel nicht etwa in das versteinerte Antlitz eines zutiefst beschämten Mannes. Sondern in das quietschvergnügte Gesicht eines weiterhin höchst ausgelassenen Franzosen. Charles hob sein Champagnerglas und prostete mir zu. »Sonya, il faut danser. Öder wie man en Allemand sagt: Let's dance!!«

Und so hüpfte er aus dem Pool, zog mich an der Hand hinter sich her und tanzte mit mir splitterfasernackt durch die Suite – bis er urplötzlich stehen blieb. Er schob mich sanft auf Armlänge von sich weg und sagte dann: »Sonya, chérie!!! Liebe machön fünkssioniert zwar non pour le moment, mais look what I can do with my man …«

Mit diesen Worten machte er mit seinem locker baumelnden Weichteilchen beschwingt den ›Propeller‹! Dreimal Kreisen rechts herum, dreimal Kreisen links herum …

Und ich? Ich brach zusammen. Vollkommen willenlos sank ich auf den plüschigen Teppich der Suite und zuckte am ganzen Körper. Tränen liefen mir über die Wangen. Nein, wirklich, ich habe noch nie so gelacht in meinem Leben! Und so hatte ich statt Orgasmus eben einen Lach-Höhepunkt und am nächsten Tag einen schlimmeren Bauchmuskelkater als nach hundert Sit-ups!

Charles bewies: Es gibt Durchhänger im Leben, über die man

ganz easy mit einem lachenden Auge hinwegsehen kann. In diesem Moment wusste ich einfach, was ich an diesem Typen so großartig fand. Ein ganz wesentlicher Bestandteil seiner gnadenlos erotischen Ausstrahlung war, dass dieser Mann über etwas verfügte, was heißer ist als die Hölle: Selbstironie!

Unsere Affäre hatte nix mit Liebe zu tun, er war definitiv ein Hallodri, und ich machte mir auch keine Illusionen, dass ich die Einzige war, die er mit seinem Zauberstab beglückte – wenn er denn dazu in der Lage war, hieß das. Eigentlich war er sogar ein echtes Arschloch – wenn man den bösen, bösen Fehler beging und sich in ihn verliebte. Und das passierte, wie mir zu Ohren kam, reihenweise. Heul!!! Aber so ein Humor war einfach nur eins: unwiderstehlicher als jeder Brad-Pitt-Waschbrettbauch. Und genau darum werde ich diesen Mann nie bereuen und diese Nacht im schönen Metz niemals vergessen.

LA FIN

99 *Am attraktivsten sind Männer,*
wenn sie sich lächerlich machen.
JESSICA BIEL

99 *Mit 'nem Teelöffel Zucker nimmst du jede Medizin –*
angenehm und sehr bequem.
AUS »MARY POPPINS«

Zückerchen Nummer 3: Niederlagen? Fehler?
Quatsch: Lektionen, damit es beim nächsten Mal besser klappt!

Mein »Magier« Julius ist ein Meister darin, Niederlagen oder Rückschläge in Siege zu verwandeln, er ist ein richtiger »Transformator«.

Nachdem sein erstes Business den Bach runtergegangen ist und er alles (und wenn ich sage »alles«, dann meine ich auch »alles«) Geld verloren hatte, hat er nicht resigniert. Stattdessen hat er die Situation analysiert, um herauszufinden, was er in Zukunft besser machen kann. Ein Punkt war: In Gelddingen immer alle Fäden selbst in der Hand behalten. Er ist zwar jemand, der großes Vertrauen schenkt, aber inzwischen hat er einen Riecher dafür, wenn jemand es nicht ernst mit ihm meint. Hätte er die Erfahrung damals nicht gemacht, hätte er diesen Riecher nicht.

Und was schließen wir daraus? Genau: Jede Erfahrung, und sei sie auch noch so mies, jeder Fehler, jede Niederlage macht uns um einiges schlauer. Das ist Gold wert – das kann man sogar wörtlich nehmen. Julius ist heute, mit Mitte dreißig, der erfolgreichste Unternehmer, den ich kenne. Erfolgreiche Menschen wie er unterscheiden sich von anderen in ein paar Punkten.

Erfolgreiche Leute …

◆ …bleiben nach der Niederlage nicht am Boden liegen. Sie lassen sich nicht entmutigen. Stattdessen rappeln sie sich auf, machen weiter und denken »Jetzt erst recht!«.

◆ …analysieren ganz genau, was schiefgelaufen ist. Sie stecken nicht den Kopf in den Sand, sondern trauen sich, hinzugucken und die Fehler beim Namen zu nennen. Sie können sich darum, wenn nötig, auch entschuldigen. Falls sie eine Absage auf eine Bewerbung bekommen haben, versuchen sie rauszukriegen, warum. Dafür stellen sie sogar Nachforschungen an. Vielleicht erkennen sie dann, dass sie einfach nicht die richtige Person für den Job waren. Oder sie waren eben *noch* nicht die richtige Person – weil noch Qualifikationen fehlen. Und das kann man nachholen.

> *Wenn ich im Leben noch einmal leben könnte,*
> *würde ich die gleichen Fehler machen. Aber*
> *ein bisschen früher, damit ich mehr davon habe.*
> MARLENE DIETRICH

◆ … merken sich, was nicht funktioniert hat, und nehmen sich fest vor, den Fehler in Zukunft zu vermeiden oder es anders und besser zu machen (siehe auch Zückerchen Nummer 1).

◆ … sie zerfließen nicht in Selbstmitleid. Statt:»Bei mir klappt nie etwas« denken sie »Dieses Mal blöd gelaufen«. Sie machen die aktuelle Niederlage nicht zur Regel, sondern sehen sie als punktuell an.

◆ … suchen nach dem Positiven in der Niederlage und beginnen wieder, auf ihr Ziel hinzuarbeiten. Vielleicht ist es ein neues Ziel, das besser zu ihnen passt, weil sich das alte als nicht umsetzbar herausgestellt hat. Oder es ist das alte, nur die Herangehensweise wurde modifiziert. Wie auch immer: Sie machen weiter.

> *Wenn andere glauben, man ist am Ende,*
> *so muss man erst richtig anfangen.*
> KONRAD ADENAUER

Es gibt im Leben nun mal Stolpersteine; Wege verlaufen nicht geradlinig, und manchmal führt erst ein Umweg zum Ziel – und sehr, sehr oft sieht man auf dem Umweg viel mehr von der schönen Landschaft, lernt wichtige Menschen kennen und gewinnt vor allem ein unschätzbar wertvolles Gut: Erfahrung!

Zückerchen Nummer 4: Magische Metamorphosen – negative Gefühle in positive umpolen!

Etwas anders liegt der Fall, wenn die unerwünschten Zutaten nicht »geliefert« werden, sondern wir in unserem eigenen Vorratsschrank plötzlich etwas Schimmliges und Stinkendes finden! Will sagen: Miese kleine Gefühle, die uns mit dem Cocktailspießchen immer gemein in die Seite pieken und sagen: »Hallo? Beachte mich! Ich bin irre wichtig!«

Nein, ich rede hier nicht von »großen Gefühlen«, sondern *von Alltagsplagegeistern wie Wut, Ärger, Sorge, Angst, Eifersucht und Neid.*

Und das passiert ausgerechnet *uns*, die wir uns doch immer um eine positive Sichtweise der Welt bemühen! Doppelte Schmach! Aber keine Panik: Alle diese Quälgeister sind völlig normal und absolut menschlich. Darum ist es manchmal im ersten Moment einfach furchtbar schwierig, dem internen Miesmacher, diesem Grummeln in der Magengegend, Einhalt zu gebieten.

Besonders schwierig finde ich das bei dem fiesen großen gelben Gefühl: *Neid*. Das fühlt sich ein bisschen an wie Hunger. Wenn ausgerechnet die zickigsten Meckernachbarn 'nen Sechser im Lotto haben. Das ist doch einfach ungerecht! Ähnlich ging es mir jedenfalls, als ich mit knapp 21 verfolgte, wie ein Mädel aus meiner Umgebung, das den Begriff des »miesen Karmas« erfunden haben könnte, unaufhaltsam die Leiter des Erfolgs erklomm. Dass ausgerechnet diese garstige und unfreundliche Pissnelke (tschuldigung!) für ihr unsoziales Gehabe auch noch belohnt werden sollte, ging Fräulein Kraus einfach gegen den ausgeprägten Gerechtigkeitssinn.

DIE TEUFELIN – DOPING AUS DER HEXENKÜCHE

Cooles Mädel! Das war mein erster Eindruck. Sie war die neue Feste an der Seite des besten Freundes meines Langzeitlovers Lazlo, dem Ungarn. Mein Gulaschsüppchen und ich waren jetzt schon seit über drei Jahren zusammen (was mit Anfang zwanzig so was wie ein Ehegelöbnis darstellt) und verstanden uns genial. Das bedeutete: Während ich so viel redete, als hätte ich meinem Wellensittich seine Jod-SL-Körnchen geklaut, schauten die Leute erstaunt auf, wenn er nur »Hallo!« sagte.

Ich arbeitete wie eine Bekloppte, gab seit dem 16. Lebensjahr brav eine Steuererklärung ab und sparte jeden Pfennig. Er dagegen jobbte als Light-Jockey im angesagtesten Club Frankfurts, betrieb nebenher noch irgendwelche nebulösen Händelchen und gab jede Mark sofort wieder aus.

Mein optisches Beuteschema erfüllte er einhundertprozentig, er dagegen stand eigentlich auf schwarzhaarige Mädels! Wir waren also völlig gegensätzlich, trotzdem verstanden wir uns bombe. Auch mein Verhältnis zu seinem besten Kumpel Nemo war bestens.

Nemo hatte eigentlich einen unaussprechlichen serbokroatischen Namen, fuhr einen fetten Mercedes 600 SL und hatte einen Vater ganz oben in der Jugo-Mafia, das war stadtbekannt. Dementsprechend lässig bewegte sich Nemo durch die Frankfurter Szene. Ich mochte ihn trotzdem oder vielleicht gerade deswegen, denn hinter der coolen Fassade witterte ich eine zarte, eigenwillige Seele.

Und nun hatte Nemo, wie gesagt, eine neue Freundin. Wie schön, dass er jetzt mal ein Mädel hat, das nicht nur scharf auf den Beifahrersitz im Benz ist, freute sich der naive Gutmensch Sonya.

Nennen wir die besagte Dame doch einfach mal... Babse! Babse war der robuste Typ Frau. Nicht dünn, nicht stämmig, einfach stramm mit einem Touch Bollywood als »Migrationshintergrund« und einem guten Schuss Frankfurter Schlampenschnauze.

Eine lustige Mischung, wie ich fand, denn sie erzählte nonstop wilde Geschichten, sodass ich als Alleinunterhalterin der zwei schweigsamen Jungs mal ein Päuschen einlegen konnte. Dass sie dabei gelegentlich nach Fantasia abdriftete, war offensichtlich, störte mich aber nicht im Geringsten.

So erzählte mir das 1,63 Meter große Persönchen mit dem Nasenpiercing, dass sie in Amerika gemodelt hätte, dass es ihr aber zu doof geworden war. Eigentlich hätte ich da schon aufhorchen müssen, aber Teletubby Sonya machte sich keinerlei Gedanken, dass ein Mädel mit dem Unterbiss einer Bulldogge und der Nase eines Preisboxers ihr was vom Modeln erzählte. Hey, laber mich voll, mein Herz ist so groß, ich hab dich trotzdem lieb!

Immerhin, die Tatsache, dass Babse nicht nur ihren Nemo, sondern vor allem meinen Lazlo sehr attraktiv fand, war so offensichtlich, dass selbst ich es checkte. Aber hey, er war ja auch einfach ein Supertyp. Ich sah es als Kompliment, ich war es gewohnt, dass Mädels meinen Kerl anschmachteten.

Er strafte jedoch alle anderen Damen mit Nichtbeachtung, dumme Flirts und blöde Spielchen kannte Lazlo nicht. So gab's auch nie einen Grund, sich aufzuregen. Nun ja. Bis Babse kam...

Am Anfang war das Fräulein so damit beschäftigt, um meine Gunst zu buhlen, dass ich schon befürchtete, sie wolle mit mir ins Bett. Aus heutiger Sicht ist mir klar: Sie wäre wohl auch mit dem gesamten Kugelstoßerinnenteam des 1. SV Frankfurt ins Bett gestiegen, um den oder das zu bekommen, was sie wollte.

Ich wurde jedenfalls ständig umarmt, geherzt, angerufen und mit kleinen Aufmerksamkeiten bedacht. Mein Bauchgefühl funkte zwar ein leises »Achtung! Durchgeknallt!« an mein naives Stammhirn, aber das wurde von mir als absolut niederträchtig abgetan und sofort unterdrückt. Ich fand Babse einfach nur schräg und irre nett.

Wie irre sie wirklich war, sollte ich noch erfahren. Dass kein Frankfurter ein gutes Haar an ihr ließ, kam mir nicht verdächtig vor. Neider, alles Neider! Babse war nämlich gerade dabei, eine erfolgversprechende Gesangskarriere zu starten, genau genommen handelte es sich dabei um deutschen Sprechgesang. Singen, so gab sie – wie sympathisch – offen zu, konnte sie gar nicht. Also hielt ich loyal dagegen, wenn jemand über Nemos Neue lästerte. (Hey, sollte der sympathische Typ mit den Nadeln im Gesicht aus Hellraiser jemals Freunde brauchen, ich stehe zur Verfügung!)

So langsam ging Babse, von mir unbemerkt, in Phase zwei ihres Ungarn-Feldzugs über. Was genau sie trieb, ich Dussel hab's nicht mitbekommen. Ob sie über meinen Mann bei jedermann schwärmte, ihn offensiv und öffentlich anflirtete, oder ihn direkt an der Nudel packte – keine Ahnung. Erst als verschiedene Freunde mich eindringlich warnten: »Du weißt schon, dass Babse ganz wild auf deinen Schatz ist?«, ging mein leises Alarmglöckchen so langsam in eine ausgewachsene Feuerwehrsirene über.

Was war zu tun? Eifersucht ist ein mieses Brenneisen. Wer es sich aufs Herz legen lässt, der verletzt sich selbst. Außerdem wusste ich aus eigener Erfahrung, dass man mit ungezügelter Eifersucht vor allem eines erreicht: Nichts! Im schlimmsten Fall nervt man den Partner so, dass er genau das tut, was man auf jeden Fall verhindern möchte.

Gleichzeitig ist Eifersucht ein peinlicher Indikator für einen Mangel an Selbstbewusstsein und Vertrauen in die eigene Liebe. Ich beschloss also, nicht eifersüchtig zu sein, obwohl ich ihr gern mit einem rechten Haken den vorstehenden Unterkiefer zertrümmert, ihr dann »Ich bin eine Schlampe« auf den Bauch tätowiert und ihr zum Schluss das Gesicht mit Blausäure gewaschen hätte. Stattdessen befragte ich ganz nonchalant meinen Freund: »Babe, ich glaube die Babse steht auf dich. Ist dir das aufgefallen?«

Ein gequälter Blick wurde mir zugeworfen. »Ja, leider.«

Ende der Informationsflut. Was sollte ich damit jetzt bitte schön anfangen?

Über diese Tatsache war er anscheinend nicht besonders erfreut, was mich natürlich extrem freute.

Doch machen wir uns nix vor, ich hatte schon damals genug schwule Freunde, um mir über die Natur des Mannes keinerlei Illusionen zu machen. Bei Kerlen gilt: Gelegenheit macht Triebe, selbst wenn die Verehrerin einer englischen Bulldogge mit dem Charme eines tollwütigen Fuchses glich.

Lazlo litt wohl eher darunter, dass die Dame mit seinem allerbesten Mafia-Kumpel liiert war. Der wiederum hatte ihre Leidenschaft für Lazlo dankend zur Kenntnis genommen hatte und sich angefressen für zehn Tage nach Kroatien verabschiedet. Die Besessene hatte er leider in Frankfurt gelassen.

So begann dann Phase drei. Präziser: um kurz vor drei Uhr nachts mit einem Anruf auf Lazlos Handy. Nur dunkel bekam ich mit, wie er völlig verschlafen ans Telefon ging, um dann ziemlich hektisch aus dem Bett zu hopsen. Das war nichts Ungewöhnliches, denn Lazlos Hilfsbereitschaft war legendär. Egal ob seine Mutter in Offenbach Probleme mit dem Programmieren des Videorekorders hatte, während er gerade in Frankfurt im Kino saß, ob irgendjemand umzog und Leute zum Schleppen und Renovieren brauchte, ich irgendwo in der Pampa den letzten Zug nach Hause verpasst hatte oder ob einer seiner Jungs Mist gebaut hatte und im Knast saß: Ein Anruf genügte, und Lazlo kam angeflogen wie Superman, um dich zu retten. Also knuffte ich nur kurz mein Kopfkissen, drehte mich um und schlief weiter.

Erst als ich am nächsten Morgen aufwachte und ihn dabei erwischte, wie er grübelnd an die Decke starrte, erinnerte ich mich wieder an die nächtliche Ruhestörung.

»Was war denn los?«

Keine Reaktion.

Jetzt war ich schlagartig hellwach. »Babe, was ist los?«

»Nichts.«

Nichts? Normalerweise liebte ich Lazlos einsilbige Wortgewalt, doch jetzt hätte ich am liebsten Buchstabensuppe aus ihm gemacht. Mir blieb nichts anderes übrig, als das verbale Chirurgenbesteck auszupacken und die Sätze einzeln aus ihm herauszuoperieren. Wie ein bösartiges Geschwür tauchte auch sofort ein Name auf: »Babse!«

Ich stellte fest, man muss nicht schwanger sein, um unter spontanen Kotzanfällen zu leiden. Ernsthaft, mir wurde sterbensschlecht, als er mir von seinem nächtlichen Abenteuer berichtete.

Die Mistpritsche hatte ihn heulend angerufen. Sie sei von einem Gig nach Hause gefahren, obwohl sie mit ihrer Band noch einiges gepichelt hatte. Ihr Auto sei dann plötzlich auf der A 66 kurz vor den Toren Frankfurts stehen geblieben. Es war natürlich ausgeschlossen, dass Madame den ADAC ruft! Die gelben Engel hätten ja sofort die Polizei gerufen, und sie wäre wegen Trunkenheit am Steuer verhaftet worden! Ihre Karriere wäre am Ende! Tja, und da Nemo ja im Urlaub war... war mein dusseliger Freund zur Rettung geeilt! Ich sah es förmlich vor mir, wie das Rödelheimer Burgfräulein sich ihrem heldenhaften Retter dankbar an die Brust warf...

Ich sah auf die Uhr. Kurz vor sieben. Es ergab sich also ein fraglicher Tatzeitraum von etwa vier Stunden, in denen so einiges passiert sein konnte. Prüfend musterte ich meinen Freund. Erleichtert stellte ich fest, er hatte immerhin nicht geduscht, sonst wären seine dichten, kinnlangen Haare noch feucht gewesen. Außerdem... nun... wie drückt man das jetzt vornehm aus? Lazlo war zwar ein scharfes Feuertöpfchen, aber selbst er hatte nach vier Stunden nicht wieder so viel Überdruck auf dem Reifen, dass er sich auf die nächstbeste rollige Schlampe am Straßenrand stürzen musste!

Vielleicht war es aber auch nicht gerade reizvoll für einen Mann, wenn ein Weib an der A 66 auf Kartoffelkäfer macht, sich einfach auf den Rücken fallen lässt, die Beinchen von sich streckt, die Ärmchen reckt und schreit: »Ich will...!«

Nur um Missverständnissen vorzubeugen: Ich vertraute Lazlo – bis zu einem gewissen Grad. Aber ich ließ mich auch nicht verscheißern, erst recht nicht von so einer! Was mich so wütend machte, war die Dreistigkeit, Arroganz und Hinterfotzigkeit der Rap-Ratte. Wie konnte man so gemein und böse sein? Okay, man sagt zwar immer, in der Liebe und im Krieg ist alles erlaubt, aber von Liebe war hier keine Spur. Sie wollte *haben*! Und zwar am liebsten das, was ich hatte.

In den nächsten Wochen erzählten mir ein halbes Dutzend Mädels voller Mitgefühl, dass die Bulldogge herumposaunte, sie hätte was mit meinem Freund. Auch wenn ich mir sagte: »Bleib cool! Alles Berechnung! Die lügt doch, wie immer!« Es ließ mich nicht kalt. In meiner Fantasie tat ich Dinge mit ihr, die sich normalerweise nur Thrillerautoren für ihre grausamsten Serienkiller ausdachten. Und: Ich beschloss, Lazlo zu vertrauen oder zu verzeihen – Letzteres natürlich nur rein prophylaktisch! Meine Liebe zu Lazlo hielt danach sogar noch eineinhalb Jahre. Mein Hass auf die Teufelin noch eine Ewigkeit.

Was das alles mit Neid zu tun hat?

Nun, Miss Unterbiss machte mit bissigem Deutsch-Rap tatsächlich Karriere, verdiente sich dusselig und wurde mit Preisen überhäuft. Ich konnte es nicht fassen! Ausgerechnet die! Und schwupps, da war es, das gelbe Gefühl! Ich hatte mich immer als völlig neidfrei bezeichnet, doch jetzt spürte ich es wie Säure in mir:

Die!!! Hallo, Leben? Lieber Gott? Das war einfach nicht fair!

Weder das Leben noch der liebe Gott antworteten mir, also musste ich mir selbst Gedanken machen, wie mit der Situation umzugehen sei. Wollte ich tatsächlich Dauerkonsument werden von »Rennie räumt den Magen auf«? Oder konnte ich dieses psychische Sodbrennen anders kurieren? Vielleicht sogar nutzen?

Yes, we can! Und zwar mit Reframing. Statt mich zerfressen zu lassen, verwandelte ich die Säure in Sprit mit extrem hoher Oktanzahl. Manchmal, in kräftezehrenden Situationen, trieb mich der Gedanke an die Bitch zu ungeahnten Höchstleistungen. Das gelbe Gefühl wurde zum Doping, zur Speedpille, die die letzten Energien freisetzt, statt sie zu verzehren.

Die Karriere der Teufelin verlief steil nach oben, um dann, nach Männeraffären und Skandälchen, in den Grand Canyon der Bedeutungslosigkeit zu stürzen. Zuletzt traf ich sie vor einigen Jahren bei einem TV-total-Event. Dürr, fahrig, schwach und bemitleidenswert.

Irgendwie konnte ich mich leider nicht gehässig an ihrem Zustand ergötzen. Auch der Gedanke, dass das Leben vielleicht doch »gerecht« ist, beseelte mich in diesem Augenblick nicht.

Sie war mir einfach völlig gleichgültig geworden, und damit hatte auch meine gelbe Doping-Pille ihre Wirkung vollständig verloren. So lange hatte dieser Mensch mir ungewollt über harte Phasen meiner Karriere hinweggeholfen, ich war fast ein bisschen traurig.

PS: Wie heißt es doch immer so schön scheinheilig bei »Law & Order«: Auch wenn dieser Fall auf wahren Begebenheiten beruht, ist er doch rein fiktiv. Ähnlichkeiten mit lebenden oder verstorbenen Personen sind rein zufällig... Oder so ähnlich...

Okay, noch mal zusammengefasst: Bei einem akuten Neidanfall ist es ratsam, mal kurz auf Abstand zu seinem Ego und seinen Vorurteilen zu gehen. Und dann – ganz sachlich – anzuerkennen, dass die Person, auf die wir neidisch sind, so ätzend sie auch sein mag, offenbar eine Eigenschaft hat oder etwas tut, das es ihr ermöglicht, genau das Beneidete zu erreichen oder zu haben!!! Ob das jetzt die Traumfigur ist, das Luxusloft, die Bilderbuchkarriere oder was auch immer.

Die Belohnung für unsere Willensanstrengung folgt auf dem

Fuße: ein unglaublich erhabenes und souveränes Gefühl. Außerdem: Wenn wir die besonderen Eigenschaften unseres Neidobjekts identifiziert haben, sind wir gleich einen Riesenschritt weiter. Dann haben wir uns die Frage beantwortet: »Kann ich etwas tun, damit ich das, worauf ich neidisch bin, ebenfalls erreiche?« Gut, das ist etwas schwierig, wenn wir auf die Lottogewinner neidisch sind oder auf Gisèle Bündchens Gesicht.

Aber wenn wir jetzt herausfinden, dass die Angelegenheit tatsächlich im Bereich des Möglichen für uns liegt, können wir uns fragen: Will ich das *wirklich* auch? Bin ich bereit, genauso viel Disziplin aufzubringen und 20 Kilo abzunehmen/mit ein bisschen Mühe mein Portfolio aufzumöbeln, um auch bessere Aufträge zu bekommen/so viel zu arbeiten/derart in der Öffentlichkeit zu stehen wie Person XY etc. pp.

Heißt: Wir bestimmen jetzt den Preis, den wir für das Gewünschte zu bezahlen bereit wären! Und wenn das dann wirklich immer noch unser absolutes Begehr ist, heißt es: Ärmel hochkrempeln und los!

Bei der effektiven Abwehr von Missgunstanfällen hat sich übrigens ein Film als »moralische Unterstützung« hervorragend bewährt (und bringt damit den Faktor »Humor« auch hier wieder mit ins Spiel): »Neid« mit Ben Stiller und Jack Black über die Freunde Tim und Nick. Jack Black alias Nick entwickelt ein Spray, das Hundescheiße in nichts auflöst, und wird mit dieser grandiosen Idee wahnsinnig reich. Statt sich darüber mit dem Freund zu freuen, wird Tim (Ben Stiller) leider nur eins: neidisch. Und je neidischer er wird, umso mehr manövriert er sich in unmögliche und (für uns Zuschauer) extrem lustige Situationen – und hat als Folge immer mehr Pech. Erst als er sich auf die Freundschaft besinnt und Nicks Erfolg anerkennt, wendet sich das Blatt … Und die Moral von der Geschicht? Neid schadet vor allem einer Person: dem Neider. Also: weg mit dem gelben Gefühl.

Genauso wie man Neid in Motivation umprogrammieren kann, kann man auch andere negative Gefühle umpolen und in etwas Positives verwandeln. Oder man kann sie immerhin so weit neutralisieren, dass sie uns nicht mehr in die Parade fahren. Wenn Think Pink nun nicht auf Anhieb funktioniert, weil sich die Nörgelgedanken immer wieder dazwischenschieben wie dunkle Wolken, funzt bei mir am besten folgender Fünf-Phasen-Plan:

🔶 **Phase 1: Schaden-Nutzen-Erhebung!** Ich mache mir klar, dass das Miesmachgefühl absolut keinen, niente, null, zero Nutzen hat – außer dem einen, dass *ich mich* dadurch mies fühle. Sofern man das als Nutzen bezeichnen kann. Dadurch wird die Situation *für mich* nämlich nicht einen Cent besser. Auch die Person, die möglicherweise (meiner Meinung nach) an dem Gefühl »Schuld« trägt, wird sich dadurch, dass *ich mich* gerade so richtig scheiße fühle, kein bisschen verändern. Sie wird weder vom Blitz getroffen noch ihr Verhalten ändern. Letzteres könnte, je nach Sachlage, eventuell ein ruhiges, diplomatisches Gespräch erreichen – aber das doofe Gefühl hilft dabei ganz bestimmt nicht. Das negative Gefühl belästigt also allein mich, niemand anderen!
Ich frage mich dann: Sonya, willst du das? Willst du einer anderen Person, oder einer dämlichen Situation, Macht darüber geben, wie du dich gerade fühlst? Antwort: Wohl kaum! Wär ja noch schöner! Manchmal nützt allein dieser rebellische Gedanke schon, und das Gefühl verdünnisiert sich.
Falls das nicht passiert:

🔶 **Phase 2: Übeltäter festsetzen – und verhören!** *Ich verkneife es mir, gegen das Gefühl anzukämpfen – das vergrößert nämlich in der Regel nur den Ärger (die Wut, die Angst oder mit was immer man gerade zu tun hat) um den Faktor*

100. So ähnlich wie bei einem Pickel, der schon für sich genommen ärgerlich genug ist, der aber zu einer blutigen Katastrophe anschwillt, mit der man wirklich nicht vor die Tür kann, wenn man zu viel daran herumdoktert, rumdrückt und schnipselt. Je mehr man das Teil weghaben will und je brachialer man dagegen vorgeht, umso schlimmer sieht es hinterher aus. Also: Flossen weg!

Stattdessen entspanne ich mich (so gut das in diesem Zustand geht) und akzeptiere, dass das Miesmachgefühl nun mal da ist – frei nach der schönen Liedzeile von Jürgen von der Lippe: »Guten Morgen, liebe Sorgen, seid ihr auch schon alle da? Habt ihr auch so gut geschlafen, na, dann ist ja alles klar!«

Dadurch, dass ich das doofe Gefühl »anspreche«, rückt es nämlich ein Stückchen von mir weg, es gehört nicht zu mir.

Was zusätzlich hilft: Beobachten, wie sich das Gefühl im Körper anfühlt und wo es sich befindet: ein Kloß im Hals, ein Kribbeln in der Nase oder ein Medizinball in der Magengrube? Sich darauf zu konzentrieren macht ziemlich deutlich: Das Gefühl ist nicht ich. Es ist ein Parasit, und den will ich loswerden. Oft hat sich das Ätzgefühl bereits jetzt vom Acker gemacht, weil es einfach nur Aufmerksamkeit wollte wie ein nörgelndes Kleinkind. Wenn doch nicht, zündet jetzt…

👉 Phase 3: Den Schurken dazu verdonnern, sich nützlich zu machen! Jugendliche Straftäter, die in Grünanlagen randalieren, werden vom Richter oft dazu verdonnert, genau in diesen Grünanlagen Sozialdienst zu verrichten. Ein sehr empfehlenswertes Prinzip!

Nach diesem Vorbild überlege ich, ob ich die energetische Ladung, die ich gerade spüre und die ja nun mal bereits da ist, irgendwie sinnvoll einsetzen kann. Funktioniert besonders prima bei Wut und Ärger, wenn man sich also tatsächlich so richtig »geladen« fühlt. *Abreagieren* ist das Zauberwort! Ein hervorragendes Mittel, um ansonsten nutzlose Energien »einzusetzen«, ist alles, was körperlichen Einsatz erfordert: Bad putzen, den Rasen mähen, Sex haben (geht sogar, wenn der Süße der Grund für die Verstimmung ist – die Matratzen-gymnastik ist in so einem Fall allerdings nix für Weicheier...). Wer will, kann auch etwas für die Fitness tun und um den Block rennen, Squash mit sich selbst spielen und den Ball so richtig gegen die Wand donnern...

Falls es jetzt immer noch ein Restgrummeln gibt, leite ich Phase 4 ein:

◆ **Phase 4: Weg mit Schaden!** Besonders diffuse Ängste und Sorgen halten sich ja gern mal hartnäckig – und das, obwohl wir mit Grübelei allein ja auch nix ändern.

Eine gute Technik, um den Seelenmüll zu entsorgen, ist der Ballontrick. Geht so: Stellen Sie sich einen großen Luftbal-lon vor. Da kommen alle Übeltäter rein: der Inhalt der Angst oder Sorge, das zugehörige unangenehme Gefühl im Bauch, im Hals, im Kopf oder wo auch immer es sich festgesetzt hat, alle Bilder und Gedanken, die uns zum Thema im Kopf rumspuken, der ganze Streit, mit dem alles anfing und so weiter. Eben alles, was dazugehört. Und was kommt jetzt? Bingo!!! Wir lassen den Luftballon los und in den Himmel entschweben. Gucken ihm nach, bis er ganz, ganz klein ist und nur noch ein winziger Punkt. Auch die Sorgen sind jetzt ganz weit weg. Irgendwo da oben wird das Ding vielleicht platzen – und das negative Gefühl strömt aus und löst sich einfach auf in Tausende kleine Minitröpfchen. Doch noch ist es nicht getan. Ganz wichtig ist jetzt...

◆ **Phase 5: Ablenken! Nach dem Loslassen des Luftballons:** dem Luftballon und seinem Inhalt keine Beachtung mehr schenken. Etwas komplett anderes machen. Am besten etwas, das Spaß macht. Einkaufen, lesen, schwimmen gehen, Eis essen, ins Kino gehen...

 ## Wer klopft denn da?

Eine Freundin von mir schwört zum Auflösen von Grübelei, Ängsten, unerwünschten Gefühlen und ungesunden Gelüsten (wie die auf eine Zigarette oder auf belgische Pralinen) auf die sogenannte »Klopfakupressur«, auch »Emotional Freedom Technique« – kurz: »EFT« genannt.

Dabei klopft man in einer festgelegten Reihenfolge bestimmte Akupressur-Punkte, die auf den »Meridianen« des Körpers liegen – in der Traditionellen Chinesischen Medizin ist man der Ansicht, dass durch diese unsichtbaren Adern die Lebensenergie Chi fließt. EFT geht davon aus, dass jedes negative Gefühl mit einer Störung im Energiestrom des Körpers einhergeht. Nach dem Fingergetrommel soll alles wieder »im Fluss« sein und das doofe Gefühl weg.

Ich warne Sie allerdings, liebe Leser: Es sieht ziemlich albern aus, denn zwischen den beiden Klopfreihen muss man ein paar seltsame Übungen zur Synchronisation der Gehirnhälften vollführen – summen, zählen, mit den Auge rollen... Mr Bean ist gar nix dagegen!

Ich wollte es kaum glauben, als ich hörte, dass jede Menge Physiotherapeuten und Psychologen diese Methode inzwischen im Repertoire haben. Und meine Freundin hat mithilfe dieser Methode tatsächlich mit dem Qualmen aufgehört! Placebo-Effekt? Ich weiß es nicht! Es scheint jedenfalls zu wirken, und als ich es einmal ausprobiert habe, um mir nachts um eins eben kein Nutellabrot zu schmieren, hat es auch gewirkt. Ich bin nämlich am Küchentisch eingepennt… Eins der Bücher zum Thema: »Klopfakkupressur. Schnelle Selbsthilfe mit EFT« von Gabriele und Robert Rother.

Vergleichen verboten: Weg mit den Modemagazinen!

Eine Studie der Innsbrucker Uni belegt, was ich sowieso längst weiß: Frauenzeitschriften, allen voran Modemagazine mit Model-Hungerhaken und babypopoglatten Fünfzehnjährigen, die obendrein nicht nur vom Stylisten, sondern auch noch digital »verschönert« wurden, machen Frauen unglücklich. Eine Wissenschaftlerin gab Frauen eine Viertelstunde lang Frauenmagazine zu lesen und einer Kontrollgruppe populärwissenschaftliche Bücher zu verschiedenen Themen. Die Stimmung in der Magazin-Gruppe sank deutlich! Die Frauen fühlten sich im Vergleich zu den Fashion-Beautys hässlich, unzulänglich und waren plötzlich ganz generell mies drauf, während die Buchgruppe völlig entspannt durchs Hier und Jetzt glitt.

Zückerchen Nummer 5:
Immer dran denken: Hurra, wir leben noch!

Vor ein paar Jahren war ich im Urlaub in Agadir in Marokko und habe mich eines Abends spontan zu einem kleinen Reitausflug am Strand entschlossen. Natürlich nicht allein, die Reitstunden meines Lebens waren auf insgesamt zwanzig begrenzt, und ungefähr genauso viele Jahre waren sie damals bereits her.

So ritt ich also in malerischster Szenerie im Sonnenuntergang neben einem marokkanischen Pferdeführer her und genoss den wunderschönen Sommerabend. Das Araberpferdchen daneben fand den Abend allerdings offenbar gar nicht so wunderbar und fing plötzlich an, sich mit meinem Gaul zu kabbeln.

Leider bin ich alles andere als ein versiertes Pferdemädchen und sah hilflos zu, wie sich die zickigen Biester immer heftiger in die Mähne kriegten. Auch der marokkanische Pferdehüter war sichtlich überfordert, die Situation in den Griff zu kriegen, und so passierte es. Mein Gaul wurde panisch und ging in einem Affenzahn durch. Egal was ich tat, er raste weiter – und ich war absolut überzeugt, mein letztes Stündlein habe geschlagen. Ich konnte nichts tun, als mich, so gut es ging, auf dem temperamentvollen Heißblut zu halten. Und während ich mich so auf dem schwarzen Blitz festkrallte, wurde ich auf einmal ganz ruhig und dachte: »Okay. Ich habe feinsten Sandstrand unter mir, den Sonnenuntergang und das glitzernde Meer neben mir. Am Horizont ziehen die Sterne auf. Wenn es denn sein muss: Es ist immerhin ein schöner Moment, um zu sterben.«

Gut, Sie ahnen es vielleicht, dass Sie nie von dieser Begebenheit erfahren hätten, wäre ich damals in die ewigen Jagdgründe eingegangen.

Aber das Wunder geschah: Dem Vieh ging irgendwann die Puste aus, und es trabte friedlich zurück zu seinem Kumpel (da sieht man mal, wie gut Auspowern gegen Stress wirkt!). Und ich war unglaublich froh und dankbar. Ich hab's ja an anderer Stelle schon geschrieben: Nur der Tod ist endgültig! An so gut wie jeder anderen Situation kann man was machen. Natürlich gibt es existentielle Probleme und echte Schicksalsschläge, die wirklich nicht zu beschönigen sind.

Tatsache ist aber: Wenn Sie diese Zeilen hier lesen, weilen Sie unter den Lebenden! Und dann gilt in jedem Fall: Aufgeben und sich tot stellen ist – sorry – keine Option!

99 *Die Nachricht von meinem Tod war stark übertrieben.*
MARK TWAIN

Heul doch:
Der schnelle Weg aus dem Jammertal!

Wenn es uns schlecht geht, ist jammern erlaubt. Aber ich plädiere dennoch für eine andere Strategie: Gönn dir ein paar Tränen! Gezieltes Tränenvergießen ist wie ein reinigendes Gewitter und bei mir vielfach erprobt bei verzweifelter Schlüsselsuche oder beim fünften verlorenen Handy. So ein Heulerchen ist absolutes Doping, wirkt wie Balsam auf die Seele, und man fühlt sich danach absolut entspannt und wie neu geboren.

Warum wir weinen und was dabei biologisch los ist, darüber streiten sich die Forscher. Einige Psychologen unterstützen meine Entspannungsthese, die übrigens schon Charles Darwin für richtig hielt. Andere behaupten, der beruhigende Effekt habe nichts mit irgendwelchen ausgeschütteten Hormonen zu tun. Auch dass beim Weinen toxische Stoffe ausgeschieden werden, scheint nicht zu stimmen. Wenigstens konnte man in der Tränenflüssigkeit nichts dergleichen nachweisen.

Trotzdem: Meiner Erfahrung nach ist mein kleines Verzweiflungs-Heulerchen so anstrengend wie ein kurzer Sprint. Und dadurch, dass ich meine Gefühle für ein paar Minuten kanalisiere und heule, was die Tube hergibt, habe ich ihnen die Aufmerksamkeit geschenkt, die sie verlangen. Danach ist es dann aber auch wieder gut – und ich kann mich wieder auf etwas Positives konzentrieren. Vielleicht ist das ein Placebo-Effekt – aber Hauptsache, es wirkt, oder?

Es gibt Probleme – und PROBLEME

Ich bin ja sonst absolut gegen das Entwerfen von Worst-Case-Szenarios, aber manchmal haben sie eben doch einen Nutzen. Dann nämlich, wenn man einmal ganz kurz (!) darüber nachdenkt, was das absolut Schlimmste wäre, was einem im Leben passieren kann. Und damit vergleicht man dann das aktuelle Problem! In den seltensten Fällen hat man es nämlich tatsächlich mit einem wirklichen Hammer zu tun.

Einer meiner Worst Cases wäre zum Beispiel, dass meiner Mutter etwas passiert. Natürlich ist auch meine Mama (vermutlich) leider nicht unsterblich, und irgendwann werde ich auch damit fertigwerden müssen, dass sie tatsächlich nicht mehr ist. (Sorry, Mama, Totgesagte leben länger!)

Ein anderer Worst Case wäre, dass mir etwas passiert und ich im Rollstuhl sitze. Oder durch meine Schuld würde jemand ernsthaft zu Schaden kommen. Uh, ich muss hier aufhören mit den Beispielen, mir wird ganz anders.

Ich möchte hier auch niemanden dazu animieren, Horrorszenarios zu visualisieren und sie sich in allen Einzelheiten auszumalen. Bloß nicht! Denken Sie an die sich selbst erfüllenden Prophezeiungen! Aber sich kurz (!) zu vergegenwärtigen, dass im Vergleich zu wirklich schlimmen Dingen die meisten anderen vermeintlich »ernsten« Probleme zu Pillepalle verblassen, das darf und sollte man schon.

Neben wirklich essenziellen Problemen verlieren scheinbar so »lebensbedrohliche« Dinge wie der fette Pickel im Ausschnitt, die Laufmasche, die verpasste Bahn oder der Bad Hair Day an Bedeutung.

Aber selbst größere Katastrophen wie der verlorene Job, der geplatzte Finanzfonds, der Krankenhausaufenthalt, der ins Wasser gefallene Urlaub, der Führerscheinentzug, der wegen Untreue abservierte Lover oder das gebrochene Bein erscheinen in einem anderen Licht – und dann fällt einem zumindest eine ganz vorsichtige Think-Pink-Haltung auch wieder leichter.

Denn was sind die Alternativen? Sich darin zu suhlen, was für ein schweres Schicksal man doch hat, ist definitiv keine. Was nämlich absolutes Gift ist, wenn man in einer persönlichen Krise steckt: sich einzuigeln, sich selbst zu bemitleiden und die Hände in den Schoß zu legen. Damit keine Missverständnisse aufkommen: Eine angemessene Verarbeitungsphase ist erlaubt und wichtig. Aber spätestens nach ein paar Wochen sollte man wieder anfangen, die Fühler auszustrecken! Egal was passiert ist. Nicht ohne Grund raten Psychologen ihren Klienten in persönlichen Krisen, aus ihrem Schneckenhaus herauszukommen und etwas zu unternehmen. Und zwar ganz besonders dann, wenn Sport, Tanzkurse, Ausgehen und Reisen das Letzte sind, wonach den Patienten zumute ist.

Wichtiger Freundschaftsdienst

Kleiner Tipp, falls gerade nicht Sie, sondern eine Freundin oder ein Freund oder ein Familienmitglied in einer schwierigen Situation steckt: Lassen Sie bitte nicht locker! Und auch wenn er oder sie auf Abwehr geht, erkundigen Sie sich immer wieder nach dem Befinden. Geben Sie nicht auf! Das Angebot, dass derjenige sich melden soll, wenn er jemanden zum Zuhören braucht, ist gut, aber es ist nicht genug – weil schon das Anrufen für den anderen eine unüberwindliche Hürde sein kann. Schleppen Sie den Trauerkloß auch gegen anfänglichen Widerstand mit. Wohin? Egal, alles, was ablenkt und guttut, ist top. Zum Beispiel zum Pilates-Kurs, zur nächsten Party, ins Eiscafé, ins Spa, in den Freizeitpark, ins Museum oder auch ins Theater oder Kino. Aber Achtung: Bitte Sensibilität bei der Wahl des Stückes oder Films walten lassen. Dramen und hochsensibles Gefühlskino sind nur bedingt zu empfehlen, Komödien und Suspense-Thriller lenken besser ab. Und reden Sie bei Ihrem Treffen um Himmels willen nicht nur vom bösen, bösen Schicksal, das so gnadenlos zugeschlagen hat. Aufarbeitung muss zwar sein, aber nicht rund um die Uhr. Wechseln Sie darum auch schon mal das Thema, wenn die persönliche Krise alles ist, was Ihrem Gegenüber im Kopf herumspukt. Alles, was die Aufmerksamkeit des Freundes für eine Weile weglenkt von der Katastrophe, lässt die Katastrophe unmerklich schrumpfen. Wichtig ist, dass er oder sie irgendwann merkt: Das Leben ist schön! Immer noch!

Und wenn bei unserem Worst-Case-Vergleich rauskommt, dass eben doch nicht nur etwas »Mittelschlimmes« passiert ist? Sondern etwas, was auf unserer »Schlimm-Skala« neun oder zehn von zehn möglichen Punkten bekommt? Eben genau *der* Super-GAU? Vielleicht weil jemand gestorben ist oder wir nach zwanzig Jahren verlassen werden?

Lassen Sie es mich ungeschönt sagen: Das ist scheiße. Aber machen wir uns nichts vor: Solche Dinge können passieren. Darauf kann man sich kaum vorbereiten. Und das ist auch ganz gut so! Denn wenn man sein Leben damit verbringt, sich vor dem zu fürchten, was eventuell vielleicht irgendwann möglicherweise unter den und den Umständen passieren *könnte*, dann kann man nur noch mit Sicherheitspolstern und Helm zu Hause sitzen. Und selbst dann ist es noch möglich, dass etwas passiert. Denn, wer weiß, vielleicht implodiert ja der Fernseher oder das Haus kracht zusammen?

Mit Schicksalsschlägen muss man sich auseinandersetzen, wenn sie einen treffen. Dann erst weiß man, womit man es zu tun hat.

> **Das Wort Krise setzt sich im Chinesischen aus zwei Schriftzeichen zusammen – das eine bedeutet Gefahr und das andere Gelegenheit.**
> JOHN F. KENNEDY

Okay, jetzt ist also etwas passiert. *Jetzt ist der Moment, wo wir uns einen Weg suchen können, um da durchzukommen. Und wir werden vermutlich überrascht feststellen: Es geht!* Vielleicht nicht gleich besonders gut, aber nach dem ersten Schock, der ersten Trauer und der ersten Verzweiflung wird sich langsam ein neuer Weg abzeichnen. Wenn man es zulässt.

Es gibt natürlich auch Leute, die lassen sich in das Loch fallen, das sich nach jedem Schicksalsschlag unweigerlich erst einmal auftut – und machen keine Anstalten, wieder herauszukriechen.

Und je länger man da unten sitzen bleibt, umso weniger sieht man noch den Ausweg – und das, obwohl er immer da ist. Und das ist dann wirklich das Schlimmste, was passieren kann. Das wahre Worst-Case-Szenario.

Bitte lassen Sie es nicht so weit kommen. Vielleicht hilft Ihnen ja das, was mir schon mit elf Jahren geholfen hat, nachdem mein Vater gestorben war. Was das war? Folgender kleine »Trick«:

◆ In intensiven und schwierigen emotionalen Situationen sehe ich mich selbst als Romanheldin!

Ich habe schon damals viel gelesen und mich gesehen wie eine Hauptfigur aus meinen Kinderbüchern. Dieser Figur war nun also gerade etwas Schlimmes widerfahren. Aber ich wusste: Die Leute in meinen Büchern gaben nie auf und haben sich durch alles durchgewurschtelt! Dadurch ist meine Perspektive weiter geworden. Ich habe mich wie von außen betrachtet: Da ist ein Mädchen, das gerade den geliebten Vater verloren hat und das aus seinem geliebten Zuhause ausziehen muss. Aber es hat noch seine ganz tolle Mama, es hat das ganze Leben vor sich, und in ein paar Jahren sieht die Welt schon anders aus.

In einem Roman geht die Geschichte ja weiter, und sie geht meistens hoffnungsvoll aus. Ich konnte selber bestimmen, wie es weitergeht. Das hat mir Zuversicht gegeben! Und so konnte ich mich ganz darauf konzentrieren, was da war: Das Zusammensein mit meiner Mama wurde plötzlich viel intensiver, wir waren ein eingeschworenes Team.

Später habe ich festgestellt, dass das auch bei anderen Wirrungen des Schicksals funktioniert. Bei Liebeskummer oder bei anderen Tiefschlägen gewinnen zum Beispiel Freundschaften plötzlich an Tiefe und werden vielschichtiger, auch Familienbande werden oft stärker.

Das ist eine Seite, auf die es sich zu schauen lohnt! Und das funktioniert umso besser, je älter ich werde.

Natürlich, man kann nicht von einem Moment auf den anderen alles akzeptieren und fröhlich weitermachen, als wäre nichts passiert. Selbst Think Pink hat Grenzen. Aber Verstorbene werden nicht wieder lebendig, und verlorene Liebe wird nicht neu entfacht, wenn wir uns dagegen auflehnen und uns deswegen selbst auf Dauer den Lebensmut und den Spaß am Leben rauben. Um mit so einer Situation zurechtzukommen, braucht man Zeit. Aber es entspricht meiner Erfahrung und auch der meiner Freunde und meiner Familie: *Jeder Schicksalsschlag macht uns stark!*

Es gibt drei Punkte, die in ganz schlimmen Situationen wichtig sind:

◆ Vertrauen entwickeln, dass man aus dieser Situation wieder herauskommen wird. Ich weiß, das klingt im ersten Moment absolut lächerlich, weil man sich – und das liegt nun mal in der Natur der Sache von Schicksalsschlägen – einfach nicht vorstellen kann, dass man sich jemals wieder besser oder gar gut oder, noch verwegener, glücklich fühlen kann.
Trotzdem ist es so. Und damit man nicht aufgibt, muss man das einfach immer wieder gesagt bekommen. An dieser Stelle von Tante Sonya. Von Freunden. Von Ärzten. Von der Nachbarin. Von wem auch immer. Das führt mich zum nächsten Punkt...

◆ Hilfe holen. Es ist absolut essenziell, sich beim Eintreten eines Worst-Case-Szenarios Hilfe zu holen – und sie auch anzunehmen. Wo? Das ist von Fall zu Fall verschieden. Zum Beispiel bei einem Arzt, bei der Familie, bei einem Psychologen, einem Therapeuten, bei Freunden, in Büchern zum Thema oder auch in Form von Schokolade. Besonders hilfreich ist der Austausch mit Menschen, die vom gleichen Schicksal betroffen sind. Für fast alle Problembereiche gibt es Selbsthilfegruppen, von den »Anonymen Alkoholikern« bis zu den »Zeckenopfern« – eine einfache Stichwortrecherche im Internet gibt Aufschluss.

Atheisten jetzt bitte weghören: Eine unschätzbare Hilfe kann auch der Glaube an etwas sein.

Ich bin wirklich nicht religiös, aber ich denke schon, dass es so etwas wie eine höhere Macht gibt. Keinen »gütigen lieben Gott« mit langem Bart, kein Christkind und keinen Weihnachtsmann. Aber eine Kraft, die in allem steckt, was es gibt. Und die uns genau dann hilft, wenn wir nicht aufgeben und wenn wir bereit sind, alles zu tun, um uns selbst am eigenen Schopf aus dem Sumpf zu ziehen. Meine Oma hat immer gesagt: »Hilf dir selbst, dann hilft dir Gott.« Und das stimmt.

Eine Freundin hat mir einmal eine Postkarte mit einer kleinen Geschichte geschenkt. Die ist ziemlich religiös geprägt, aber man kann das »Lord« ja einfach durch das ersetzen, woran man am ehesten glaubt. Sie beschreibt genau, was ich meine:

Footprints in the Sand

One night I dreamed I was walking along the beach with the Lord. Many scenes from my life flashed across the sky.

In each scene I noticed footprints in the sand. Sometimes there were two sets of footprints, other times there was one only.

This bothered me because I noticed that during the low periods of my life, when I was suffering from anguish, sorrow or defeat,

I could see only one set of footprints, so I said to the Lord: »You promised me Lord, that if I followed you, you would walk with me always. But I have noticed that during the most trying periods of my life there has only been one set of footprints in the sand. Why, when I needed you most, have you not been there for me?«

The Lord replied: »The years when you have seen only one set of footprints, my child, is when I carried you.«

Mary Stevenson, 1936

Und der letzte Punkt, der in den »schwersten Zeiten« wichtig ist:

◆ **Weitermachen!** Niemals aufgeben. Wir sollten uns immer vorstellen: Wir laufen gerade einen Marathon, und so weh die Füße auch tun und so weit das Ziel auch noch weg zu sein scheint, irgendwann werden wir es erreichen. Will sagen: Das Ende der schlimmen Durststrecke. Vielleicht schaffen wir's nicht in Bestzeit, und wahrscheinlich sind wir am Ziel ganz schön erschöpft, doch wir kommen an – aber nur, wenn wir auf den Beinen bleiben.

Ich habe zwei Freundinnen, die beide eine langjährige Beziehung hatten, die vor Kurzem in die Brüche gegangen ist. Die eine ist nach 14 Jahren verlassen worden, die andere nach 18. Da kann man schon nicht mehr von Liebeskummer sprechen. Das ist ein Weltuntergang.

Und trotzdem: Auch wenn das Leben sich wie eine einzige Zitrone anfühlt, kann man immer etwas aus der Situation ziehen. Die Zeit nach einem Schicksalsschlag ist eine unglaublich intensive Zeit. Jeder Geschmack, jeder Geruch wird stärker. Das Leben wird zum surrealen Gemälde und quasi bewusstseinserweiternd. Erst fühlt sich das an wie ein Horrortrip, aber nach und nach hellt sich das Bild auf.

In so einer Zeit lernt man Freunde fürs Leben kennen – oder

findet heraus, wer die wahren Freunde sind. Das sind die, die jetzt plötzlich auftauchen und helfen und zuhören und da sind. Manchmal sind es andere, als man erwartet. Und irgendwann entdeckt man seine eigene Stärke (wieder) und findet heraus, dass man Dinge in die Hand nehmen kann. Auch ganz allein. Dass Wunden heilen. Und das gibt ein Selbstbewusstsein, das uns keiner mehr nehmen kann.

Auf dem Weg dahin hilft es sehr, wenn man gut zu sich selbst ist, schöne Dinge unternimmt, besonders wenn man sich in der Natur und in der Nähe von Leuten aufhält, die einem etwas bedeuten – dann werden sich ganz von allein wieder neue Türen auftun. (Lesen Sie dazu noch mal das Kapitel »Willkommen zur Happy Hour«.) Eine gute Übung, um wieder positiv nach vorn zu schauen, ist übrigens »Der Brief aus der Zukunft« von S. 116.

> *Mehr als die Vergangenheit interessiert mich die Zukunft, denn in ihr gedenke ich zu leben.*
> ALBERT EINSTEIN

Die besten Rezepte für Gute-Laune-Cocktails

Manchmal muss es einfach schnell gehen: Dieses Kapitel bringt definitiv Glück im Handumdrehen, denn hier habe ich für Sie alle großen und kleinen Happiness-Rezepte zusammengetragen, denen ich bisher so begegnet bin – die meisten habe ich selbst ausprobiert und mit dem Kraus'schen Glücks-Siegel prämiert. Den Anfang meiner »Hitparade« macht ein ganz besonders hochprozentiger Glücks-Pusher.

> *Niemand kann ehrlichen Herzens versuchen, einem anderen zu helfen, ohne sich selbst zu helfen.*
> RALPH WALDO EMERSON

Happy hoch zwei: Jede gute Tat macht glücklich!

Als wegen des isländischen Vulkans der Flugverkehr über Europa zusammengebrochen war, musste ich von Hamburg nach Köln – logischerweise mit dem Zug. Mitten im unglaublichen Getümmel am Hamburger Hauptbahnhof sah ich einen blinden Mann, der sich ganz langsam mit seinem Stock durch die Massen vortastete. Um ihn herum quetschten sich so viele Menschen, dass ihm fast sein Blindenstock zertreten wurde.

Mein erster Impuls war, hinzugehen und dem Blinden den Weg

zu weisen, aber ich hielt inne. Ich war eingeschüchtert: Wer weiß, vielleicht wollte er ja gar nicht, dass ihm jemand behilflich war? Aber dann gab ich mir einen Ruck – schließlich konnte er es ja sagen, wenn er keine Hilfe wollte.

»Mutig« ging ich auf ihn zu, berührte ihn leicht am Arm und sagte: »Entschuldigen Sie, ich sehe, dass Sie wunderbar zurecht-kommen, aber der Bahnhof ist heute so voll, vielleicht kann ich Ihnen weiterhelfen?« Ich merkte sofort, dass mein Angebot genau richtig gewesen war, denn er antwortete ganz dankbar: »O ja, sehr gern! Das ist lieb von Ihnen!« Dann fasste er mich am Arm, und ich lotste ihn aus den Menschenmassen hinaus und über einen etwas weniger vollgestopften Bahnsteig dorthin, wo er hinmusste. Zum Abschied sagte er zu mir: »Ich gebe Ihnen einen Tipp: Wenn Sie das nächste Mal einen Blinden ansprechen, fassen Sie ihn oder sie nicht an, sondern sagen Sie unbedingt vorher Bescheid. Das ist besonders bei Frauen wichtig, denn die meisten blinden Frauen haben eine Ausbildung in Selbstverteidigung. Wenn Sie die anfassen, bevor Sie was sagen, haben Sie ziemlich schnell ein Knie zwischen den Beinen.«

Glück gehabt – und wieder was gelernt! Nach diesem kleinen Vorfall fühlte ich mich aber nicht nur schlauer, ich fühlte mich wie eine Königin. Denn wieder einmal stellte ich fest:

🔸 Selbst eine minikleine gute Tat schenkt ein unglaublich gutes Gefühl! Was lernen wir daraus? Exakt: Wir sollten keine Chance auslassen zu helfen – und unsere Furcht davor, anderen Menschen zu nahe zu treten, überwinden. Lieber ein Mal zu viel fragen, als ein Mal zu wenig.

Helfen lohnt sich meiner Erfahrung nach immer. Und dass nicht zu helfen sich ziemlich schnell rächen kann, habe ich ebenfalls am eigenen Leib erfahren.

Ein paar Tage vor der Geschichte mit dem blinden Mann in Hamburg kam ich mitten in der Nacht aus Österreich zurück. Als ich in Frankfurt aus dem Bahnhof trat, sah ich einen der üblichen Schnorrer auf dem Gehweg, der die Passanten anbettelte: »Ham Se ma 'nen Euro?«

Ich war müde und wollte nur nach Hause, irgendwie nervte mich der Gedanke, jetzt ins Visier dieses Typen zu geraten. Also habe ich, wie einige andere, die Straßenseite gewechselt. Schon ein paar Meter weiter packte mich das Gewissen. »Mensch, Sonya, hättest du ihm mal 'nen Euro gegeben – das hätte dir doch nicht weh getan.«

Noch mal umkehren wollte ich allerdings auch nicht. Aber hätte ich das mal gemacht! Denn hätte ich in diesem Moment in meiner Tasche nach einem Euro gefischt, wäre mir aufgefallen, dass meine Brieftasche noch im Zug lag. Zu diesem Zeitpunkt wäre es kein Problem gewesen, noch zurückzulaufen – Frankfurt war Endstation. So habe ich nicht nur einen Euro verloren, sondern mehrere Hundert, denn ich hatte kurz vorher dem Geldautomaten einen Besuch abgestattet. Dazu kamen alle meine Ausweise, Kreditkarten, mein Führerschein, meine Bahncard, Kundenkarten... Meine Oma pflegte immer zu sagen: »Kleine Sünden straft der liebe Gott sofort.« Stimmt!

Die Happy Shots – schnelle Trips ohne Drogen

Manchmal brauchen wir einen Instant-Happy-Shot – und zwar genau JETZT! Neben den in diesem Buch verteilten zuckersüßen »Cocktailkirschen« helfen mir da folgende Maßnahmen:

◆ **Float away: Laune-Booster-Badewanne!** Nichts bringt mich schneller zurück zu meinem positiv gestimmten Selbst als ein heißes Bad! Vielleicht hat es was mit der Sehnsucht nach dem Mutterleib zu tun, damals, als noch »alles gut« und Stress uns völlig unbekannt war.

Ja, ja, natürlich weiß ich, dass Duschen für die Haut gesünder ist – aber manchmal hat die Seele einfach Vorfahrt! Sobald ich in die warmen Fluten tauche, ist alles nur noch halb so wild. Stress, Stänkerei, Sintflut vor der Haustür? War da was? Dazu gebe ich einfach ein paar Tropfen stimmungsaufhellendes ätherisches Öl ins heiße Wasser, die machen das Bad perfekt. Grapefruit, Mandarine, Bergamotte oder Wildrose sind wahre Stimmungskanonen. Die machen schon alleine gute Laune, weil sie so herrlich duften! Ich würde vielleicht zur Not in eine kleinere Wohnung ziehen – aber niemals in eine ohne Badewanne! Sie haben keine Wanne?

Ein tolle Alternative ist ein Ausflug in die Sauna Ihres Fitnessstudios oder Schwimmbades. Wenn das zu viel Zeit in Anspruch nimmt, hilft manchmal auch schon ein warmes Fußbad oder eine Wärmflasche, mit der man sich ein paar Minuten aufs Sofa legt und träumt. Vielleicht übernimmt ja auch Ihre Katze den Job der Wärmflasche, damit wäre ich dann schon beim nächsten Tipp.

◆ **Jetzt wird's flauschig – fünf Minuten Streicheln!** Irgendwo in Ihrer Umgebung gibt's Hund, Katze, Maus, Meerschweinchen oder Ratte? Nichts wie hin!

Ein Tier zu streicheln führt dazu, dass unser Gehirn Oxytocin ausschüttet, das ist das gleiche Superhormon, das nach dem Orgasmus die wohlige Entspannung hervorruft.

Oxytocin beugt Depressionen vor, senkt den Blutdruck und die Herzfrequenz. In Experimenten hat sich gezeigt, dass beim Streicheln einer Ratte der Stresshormonspiegel sowohl beim streichelnden Menschen (Rattenphobiker natürlich ausgenommen) als auch bei der Ratte sinkt.

Zur Erinnerung für die eitleren unter den Lesern: Stress-hormone machen schneller älter als alles andere. Ab fünf Minuten streicheln ist der wohlige Entspannungseffekt für alle Beteiligten sogar länger anhaltend!

Andere Studien haben ergeben, dass der Umgang mit Hunden, Katzen oder anderen Tieren langfristig vor hohem Blutdruck und Depressionen schützt – ein Topargument da-für, einen Vierbeiner aus dem Tierheim zu retten. Vorausge-setzt natürlich, wir haben genügend Zeit und Platz, um uns darum zu kümmern. Falls nicht: Mitarbeiter in Tierheimen sind mehr als dankbar, wenn sich Freiwillige melden, die das Gassigehen übernehmen oder auf andere Weise aktiv helfen. Übrigens: Falls ein älteres Familienmitglied unter Demenz leidet – auch in diesem Fall haben sich Tiere als Balsam für die Seele erwiesen, weil sie offenbar andere Kommuni-kationskanäle nutzen, um mit den Kranken in Kontakt zu kommen.

◈ **Der Hexentanz.** Tanzen ist für mich eine Naturdroge. Außer-dem werden durch Bewegung Stresshormone abgebaut. Also, worauf warten wir? CD-Player an mit dem Lieblingssong – und los geht's. Unsere Vorfahren tanzten sich ums Lagerfeuer her-um in Ekstase – das funktioniert! Auch vermeintlich »stump-fe« elektronische Beats haben hier absolut ihre Berechtigung, denn sie haben etwas unschlagbar Meditatives, sie sind so was wie moderne Buschtrommeln, die uns in Trance versetzen.

◈ **Die musikalische Gute-Laune-Apotheke.** Jeder hat sie: Songs, die ihn oder sie quasi in Sekunden in beste Laune versetzen! Machen Sie sich eine Playlist auf Ihrem MP3-Player, die Sie im Bedarfsfall einsetzen können. Was ich dann so höre? Zum Beispiel:

Are You Gonna Go My Way – Lenny Kravitz
Be mine! und *With Every Heartbeat* – beides Robyn
Holiday – Madonna
Maneater – Nelly Furtado
Take a Chance on Me – ABBA
Hot Stuff – Donna Summer
I Feel Love – Bronski Beat
Jump – Van Halen
Keep Me Hangin' on – Kim Wilde
Lady – Modjo
Life's What U Make It – Talk Talk
Relax – Franky Goes to Hollywood
Time is Now – Moloko

Mein Lieblingskollege und Disco-Experte Thomas Hermanns hört:

I'm Gonna Let My Heart Do the Walking – The Supremes
Down to Love Town – The Originals
September – Earth, Wind & Fire
Ohne Dich – Münchner Freiheit
Looking Out For a Hero – Bonnie Tyler
Maniac – Michael Sembello
Lady Bump – Penny McLean
You Get What You Give – New Radicals
Our House – Madness

Stella, meine Co-Autorin hört:

I Don't Feel Like Dancin' – Scissor Sisters
Bei mir bist du schön – Nina Hagen & The Capital Dance
Orchestra

Disco 2000 – Pulp
Lollipop – Mika
The World is Mine – David Guetta, JD Davis & Joachim Garraud
Hot Stuff – The Bosshoss (Donna Summer-Cover)
Move On Up – Curtis Mayfield
That's Life – Frank Sinatra
Dance With Somebody – Mando Diao
Love Will Keep Us Together – Captain and Tenille
Sad Man's Tongue – Volbeat
I Gotta Feeling – Black Eyed Peas
Dancing in the Moonlight – Toploader

Zur Beruhigung und zum Stimmungs-Ausgleich hat sich außerdem klassische Musik bewährt, etwa Bach, Mozart oder Haydn. Allerdings bitte nicht beim Autofahren – klassische Musik beruhigt nämlich manchmal so sehr, dass die Reaktionszeit sinkt, und das kann im Straßenverkehr gefährlich werden.

◆ **Singing in the rain.** Noch ein musikalischer Tipp! Singen macht glücklich! Studien haben ergeben, dass beim lauten (Mit-)Singen Endorphine ausgeschüttet werden. Also nicht mehr länger zögern, sich beim Gesangsunterricht oder im Chor anzumelden.
Falls Ihr Organ unter »Lärmbelästigung« fällt und Sie eine Beschallung damit keinem zumuten möchten, singen Sie eben im schallgeschützten Raum Ihres Kfz, unter der Dusche oder in der Badewanne. Großer Spaß!

◆ **Zauberklamotten.** Wie du dich anziehst, so fühlst du dich – da ist was dran. Marlene Dietrich wusste schon um die Wir-

kung von sexy Unterwäsche, die man zwar nicht sieht, aber
»spürt«, was die Ausstrahlung sofort auf »erotisch« switcht.
Nach dem gleichen Prinzip gibt's Zauberklamotten fürs
Selbstbewusstsein. Zum Beispiel die Sachen, die wir bei
einem gelungenen Date anhatten, oder das Kleid, in dem wir
uns besonders sexy fühlen.

◆ **Der Kitschpostkarten-Flash.** Ich hatte es bereits erwähnt: In
meinem Leben gab es eine einzige depressive Phase als Teen-
ager. Damals habe ich Hermann Hesse gelesen, bin bei den
Nachrichten im Fernsehen in Tränen ausgebrochen und habe
Anspruch auf allen Schmerz der Welt erhoben.
In dieser Zeit hat mir nur eins geholfen. Etwas, das so trivial
ist, dass Sie mich jetzt gern alle auslachen und für blöd
halten dürfen. Tataaa – es handelt sich um: den Blick in den
Himmel beim Gassigehen!!! Gibt es etwas Schöneres? Wenn
alles um mich herum tragisch, dramatisch, traurig und wenn
die Welt unendlich düster war, erschien mir der blaue Himmel einfach unerhört schön. Die Wölkchen am unendlichen
Himmel im Sonnenuntergang, gekreuzt von Flugzeugen mit
ihren Kondensstreifen – das hätte Michelangelo nicht besser
an die Decke der Sixtinischen Kapelle malen können. Okay,
mal abgesehen von den Kondensstreifen. Aber diese Ästhetik
hat mich so tief berührt, dass ich erkannt habe, dass die
Natur tatsächlich eine »Gewalt« ist, allerdings eine ganz
stille, die dafür nur umso spektakulärer ist.
Diese Naturgewalt kann auch in einer wunderschönen Blume
liegen. Oder einfach in einem Tümpel. Im Mikrokosmos unter
einem Stein im Garten. Die Natur hat wirklich Glückspotenzial – und es ist tragisch, dass so viele Menschen gar nicht
mehr hingucken. Mein Glückstipp ist: Wenn Sie sich das
nächste Mal depressiv fühlen, gehen Sie in den Park. In den

Wald. An einen Fluss. Oder, wenn Sie können, ans Meer. Und schauen Sie ganz genau hin. Es wird Ihnen hinterher besser gehen. Apropos »Gehen«:

> *Ja, ich bin ein Träumer, denn nur Träumer finden ihren Weg durchs Mondlicht und erleben die Morgen-dämmerung, bevor die Welt erwacht.*
> OSCAR WILDE ·

◆ **These feet are made for walking!** Ganz abgesehen vom Blick in den blauen Himmel, wirkt ein Spaziergang wie das reinste Antidepressivum. Schon eine halbe Stunde flottes Gehen wirkt gegen Depression besser als alle Pillen vom Onkel Doc zusammen! Das hängt zum einen mit der Bewegung zu-sammen, aber auch mit der richtigen Dosis Tageslicht – das beste Mittel gegen Winterdepression. Darum ist es wichtig, draußen und möglichst bei Tageslicht spazieren zu gehen. Britische Forscher von der Uni Essex haben in einer (zugege-benermaßen recht kleinen) Studie mit 20 psychisch labilen Teilnehmern herausgefunden, dass 14 der 20 sich nach einem flotten Spaziergang im Grünen deutlich weniger de-pressiv fühlten. 18 Leute gaben an, ein besseres Selbstwert-gefühl zu haben. Ein Bummel im Einkaufszentrum wirkte deutlich schlechter. Also: Natur wirkt!

◆ **Es werde Licht!** Sie haben keine Chance, im Winter ans Tageslicht zu kommen? Das kenne ich, Fernsehstudios sind nun mal oft fensterlos, und statt ordentlich Mittagspause zu machen, schiebt man sich zwischendurch in der Garderobe ein halbes Brötchen zwischen die Kiemen.
Für die richtige Dosis Licht hilft im Winter eine Lichtthe-rapie-Lampe mit mindestens 2500 Lux, von der man sich

täglich etwa eine halbe Stunde bestrahlen lässt – man kann die Dinger sogar beim Fernsehen einfach neben dem Bildschirm platzieren oder beim Frühstück auf den Tisch stellen. Nebeneffekt: Macht so richtig wach! Darum am besten nicht abends strahlen! Diese Lampen waren früher mal extrem teuer, sind heute aber schon ab etwa 200 Euro zu bekommen. Eine lohnende Investition und – frei nach Loriot – ein echter »Familienbenutzer«.

◆ **Karibik auf Knopfdruck.** Wer nur ab und zu einen Gute-Laune-Kick braucht: Die gute alte Sonnenbank hilft ebenfalls! Wegen der Belastung mit UV-Strahlen aber bitte nicht zu oft – im Winter helfen mir schon zehn Minuten pro Woche, dass ich mich einfach wunderbar fühle. Außerdem sehe ich natürlich immer einen Tacken frischer aus als das durchschnittliche deutsche Käsegesicht in der dunklen Jahreszeit.

◆ **Achtung, Mimikcheck!** Für unsere Mimik gilt die Regel: Wie ich meine Stirn runzele, so fühle ich mich! Eine Studie der Vanderbilt-Universität in Nashville kam zu dem Ergebnis, dass der Leitsatz »Fake it till you make it« stimmt. Selbst wenn wir ein Lächeln nur simulieren, fühlen wir uns schon nach ein paar Minuten besser. Das liegt daran, dass selbst zunächst gespielte Emotionen Hirnregionen stimulieren, die die Emotion dann tatsächlich erzeugen! Das Ganze hört auf den Namen Facial Feedback.
Wenn ich von Lächeln spreche, meine ich wohlgemerkt: ein echtes Lächeln, bei dem die Augen mitmachen. Also kein eingefrorenes Grinsen, bei dem lediglich die Mundwinkel hochgezogen werden.
Es gibt übrigens Forscher, die vermuten sogar, dass Botox deswegen glücklich macht. Wer nämlich nicht mehr die Stirn

in skeptische und sorgenvolle Falten legt, schlicht, weil er es nicht mehr kann, ist auch weniger skeptisch und sorgenvoll. Aber auch ohne den Gang zum Beauty-Doc gilt: Öfter mal lächeln macht happy!

🔶 **Lachtherapie.** Zugegeben, es ist ein bisschen gewöhnungsbedürftig, aber einfach so zu lachen hat noch einen stärkeren Effekt auf unser Wohlbefinden als einfach so zu lächeln. Das belegt die Gelotologie, die – halten Sie sich fest, es gibt sie wirklich – Lachforschung. Es gibt sogar Lach-Yoga, bei dem nach einigen Atemübungen gemeinsam gelacht wird, dass die Wände wackeln. In Deutschland schießen Lach-Clubs aus dem Boden, in denen man sich zum gemeinsamen Lachen trifft.
Lachen macht nicht nur gute Laune – es heilt sogar. Der französische Arzt und Forscher Henri Rubinstein hat in seiner Praxis Lachtherapien angeboten und erzielte hervorragende Ergebnisse bei Herzkrankheiten, Verspannungen oder Depressionen. In den Siebzigern heilte sich der Journalist Norman Cousins von der schweren Knochenkrankheit Morbus Bechterew, indem er sich über Monate lustige Filme ansah! Nachahmenswert! Auch ich finde es »filmunterstützt« leichter, zu lachen.

Das brachte mich auf die Idee für den nächsten Tipp:

🔶 **Unser kleines Happiness-DVD-Kino.** Lustige Filme haben das Potenzial, uns sofort aus einem Stimmungstief herauszuziehen. Wie ich schon erwähnt habe, haben Forscher herausgefunden, dass schon die Vorfreude auf einen lustigen oder schönen Film Stresshormone senkt.
Hier ein paar Vorschläge:

Loriot – alle Sketche, außerdem die Filme *Pappa ante Portas*
und *Ödipussi*
Bridget Jones – Schokolade zum Frühstück
The Big Lebowski
Verrückt nach Mary
In & Out
Ein Fisch namens Wanda
Das Leben des Brian (und eigentlich alles Weitere von Monty
Python)
Brüno
Borat
Bube, Dame, König, Gras
Notting Hill
Operation Petticoat
Grasgeflüster

Ich wette, Ihnen fallen noch mehr ein.

◆ **Die Schmunzel-Bibliothek.** Ich hatte schon erwähnt, dass
mein Freund Julius niemals einen blutrünstigen Krimi lesen
würde – wegen der negativen Energien. Aber das funktioniert natürlich auch umgekehrt. Lustige Bücher oder
herrlich absurde Comic-Bücher reduzieren Stress und machen
gute Laune. Zum Beispiel folgende:

»Das geheime Tagebuch des Adrian Mole«, »13 ¾ Jahre«
(und alle Folgebände) von Sue Townsend
»Per Anhalter durch die Galaxis« von Douglas Adams (und
alles andere des Autors)
»Ich mache mir Sorgen, Mama« von Wladimir Kaminer
»Der mieseste Liebhaber der Welt« von Harald Braun

»Ein todsicherer Job« von Christopher Moore
»Hochgefickt« von Nathalie Bergdoll
»Und wenn sie nicht gestorben sind. Gute-Nacht-Geschichten, politisch korrekt erzählt« von James Finn Garner
»Männer sind wie Pfirsiche« von Harald Martenstein
Die »Nichtlustig«-Comic-Bücher von Joscha Sauer
Die »Shit Happens«-Comicbücher von Ralph Ruthe
»Der Fönig. Ein Moerchen« von Walter Moers (und alles andere von Herrn Moers)

◆ **Der gute Tropfen.** Nein, es geht hier nicht um Schnaps – von Alkohol zur Entspannung ist nämlich eher abzuraten (darum bitte auch das Tequila-Motto dieses Buches nicht allzu wörtlich nehmen).
Wenn ich mich dringend entspannen will und unter Hochdruck stehe, greife ich zu Lavendelspray. Natürlich meine ich keine Chemiebombe aus dem Supermarkt, sondern eines mit 100 Prozent natürlichen ätherischen Ölen (z.B. aus der Apotheke, dem Reformhaus oder dem Bio-Laden). Das erinnert mich an die Provence und wirkt auf mich besser als eine Beruhigungstablette.
Einige Kolleginnen schwören auch auf *Rescue-Tropfen* aus der Apotheke. Das ist eine bestimmte Bach-Blüten-Mischung, die bei allen emotionalen Notfällen helfen soll (sogar bei Tieren und Kindern – dann aber bitte auf die alkoholfreie Version achten!). Flugangst, der akute Depressionsanfall, Schlaflosigkeit und andere »Nöte« sollen nach dem Einnehmen wie weggeblasen sein – oder sich zumindest stark gebessert haben. Vielleicht wirkt's ja auch bei Ihnen? Versuch macht kluch!

◆ **Instant-Stress-Bremse: der Kutschersitz.** Wenn ich vor lauter Stress merke, wie meine Atmung flacher wird, suche ich mir einen Stuhl, setze mich mit leicht gespreizten Beinen auf die Kante und lasse den Kopf nach vorn baumeln. Diese Haltung nennt sich Kutschersitz, weil die Kutscher früher in dieser Haltung ein Nickerchen gemacht haben, während sie auf die nächste Fahrt warteten. Dabei wird die Atmung sofort tiefer, was dem Körper und dem Gehirn augenblicklich signalisiert: Alles okay, keine Gefahr! Die Haltung entlastet aber nicht nur die Lunge, sondern alle inneren Organe und trägt damit zur allgemeinen Entspannung bei. Für mich ist diese Übung so was wie ein inneres Schwungholen – danach bin ich wieder topfit und zu allen »Schandtaten« bereit.

◆ **Pssst… Good Vibrations für die Dame.** Jungs, jetzt mal bitte kurz weglesen. Nichts macht den Kopf von uns Ladys besser frei, entspannt wohliger und lässt Wohlfühlhormone und körpereigene Jungbrunnenstoffe besser sprudeln als – jawoll – ein Orgasmus. Und wer verschafft uns diese Körper- und Seelenkosmetik zuverlässig und schnell? Genau: ein kleiner handlicher Vibrator, der Klitoris nicht für eine griechische Insel hält. Es ist extrem schlau, so ein kleines Teilchen zu besitzen und auch mitzuführen. Wirkt auch super gegen Einschlafstörungen auf Reisen! Also, ehm … hat mir jedenfalls eine Freundin erzählt…

MEINE HANDYSAFARI: JAGD AUF GUTE LAUNE!

An einem wirklich, nennen wir das Kind beim Namen, beschissenen Februartag, bekam ich von einer Frauenzeitschrift ein Paket mit einem Mobiltelefon. Zu diesem hoch konspirativ wirkenden Inhalt wurde mir eine (unter anderen Umständen) recht nette

Aufgabe gestellt: »Liebe Sonya, knips doch mit diesem Handy ein paar Schnappschüsse von einem Tag aus deinem Leben. Leider eilt es sehr! Wäre toll, wenn du es morgen wieder zurückschicken könntest.«

Super! Ich hatte zwar frei, aber das hieß auch, dass ich nichts Aufregendes fotografieren konnte. Im ungetünchten Naturzustand konnte man mich leider auch nicht als aufregend bezeichnen, und ich hatte keine Zeit und keinen Nerv, für die blöde Aktion auch noch eine Renovierungsschicht einzulegen. Auf meinem Schreibtisch stapelten sich Quittungen und Rechnungen, ich musste noch eine Moderation für eine Gala vorbereiten, und meine Mutter hatte den Wohnzimmerboden in einen Teppich aus unerledigter Fanpost verwandelt. Nach dem Motto: »Wenn du aufs Sofa willst, musst du erst 500 Fotos signieren ...«

Was sollte ich denn bitte hier und heute Spannendes fotografieren?

Drinnen musste man selbst um zwölf Uhr mittags die Festbeleuchtung anknipsen, um was zu sehen, denn draußen ging schon seit Tagen die Welt unter. Erst hatte es kräftig geschneit, und seit ein paar Tagen regnete es nonstop bei Temperaturen von nasskalten drei Grad Celsius. Zusammen ergab das einen widerlichen Schneematsch, durch den ich mich zweimal täglich mit meinen zwei Kötern kämpfen musste.

Schlecht gelaunt mit Winter-Blues und vermummt wie ein autonomer Randalierer wagte ich mich also ins Schmuddelwetter. Das Handy der Presse nahm ich mit.

Grauer Himmel, trübes Licht. Wo sollte ich denn bitte etwas Hübsches vor die Linse kriegen? Verzweifelt suchte ich das Feld ab. Hätte man Depressionen fotografisch darstellen müssen, ich hätte mit dieser Landschaft jeden Wettbewerb gewonnen. Ein schmatzendes Geräusch unter mir lenkte mich von der Tristesse ab. Ich schaute zu Boden und entdeckte den einzigen Farbfleck weit und breit: meine knallgelben Gummistiefel, die bis zum Knöchel im Matsch feststeckten. Drum herum Pfotenabdrücke von meinen Hundis. Irgendwie sah das ganz witzig aus. »Klick!«, und ich hatte mein erstes Motiv in der Tasche. Kritisch begutachtete ich das Display. Es mag sich kitschig anhören, aber ein kleines bisschen Sonnengelb durchströmte mich. Schöner Schuss!

Für Eigenlob blieb jedoch nur wenig Zeit, denn ein Krähenschwarm hatte sich auf der Flucht vor meinen Wölfen auf die kahle Linde verzogen, die einsam auf dem Feld stand, und beschwerte sich jetzt lautstark bei mir.

Hmmm! Das Ganze hatte etwas von Hitchcocks »Die Vögel«, ein Grufti wäre bei diesem morbiden Szenario in Glückstränen ausgebrochen. Zum zweiten Mal klickte es. Nachdem ich meine krähenden Models mit Hundeleckerchen entschädigt hatte, entdeckte ich schon mein nächstes Motiv. Ein vereister Zweig, der langsam antaute.

Als ich frierend und durchnässt mit meinen verdreckten Hunden wieder bei mir vor der Haustür stand, war nicht nur mein Speicherchip voll, sondern auch mein Gute-Laune-Tank.

Was war passiert? Ziemlich simpel. Die Fotokamera hatte mir dabei geholfen, meinen Fokus auf das zu richten, was das Leben so wertvoll macht: die kleinen Dinge und Momente, die wir täglich tausendfach sehen und erleben, die wir aber leider viel zu oft übersehen. Seitdem begebe ich mich an richtig miesen Tagen (und ich rede jetzt nicht nur mal eben vom Wetter) für ein halbes Stündchen auf Fotosafari, auch gern mal drinnen. Das funktioniert als »Happy-Pille« sensationell und ist garantiert ohne Nebenwirkungen!

> *Leben ist nicht genug, sagte der Schmetterling.*
> *Sonnenschein, Freiheit und eine kleine Blume gehören*
> *auch dazu.*
> HANS CHRISTIAN ANDERSEN

Happy-Happen – Glück zum Essen

Dass Essen glücklich machen kann, wissen wir spätestens, wenn
wir nach Jahren noch mal die Lieblingsgerichte aus unserer Kindheit gekocht oder gebacken bekommen. Hey, warum nicht mal die
betreffenden Rezepte – Reibekuchen, Aufläufe, Knödel – bei Mama
(oder Papa) holen und selbst die heimeligen Düfte in der Küche
verströmen? Besser kann man ein wohliges Geborgenheitsgefühl
nicht erzeugen. Doch neben dieser nostalgischen Seelennahrung
gibt es noch Nahrungsmittel und bestimmte Stoffe, die eine nach-
weisbare Wirkung auf unsere Laune haben:

◆ **Omega 3 gegen die Depri-Düsternis.** In Japan wird viel mehr
   fetter Fisch gegessen als bei uns. Und dort sind Depressionen
   längst nicht so verbreitet wie hierzulande. Wissenschaftler
   vermuten da einen Zusammenhang. Sie machen den anti-
   depressiven Effekt von Lachs, Hering, Makrele und Thunfisch
   dafür verantwortlich. Und das funktioniert so: Mehrfach
   ungesättigte Fettsäuren aus dem Omega-3-Fett der Fische
   fungieren als Mini-»Taxis« und transportieren über das Blut
   die Aminosäure Tryptophan, die (neben anderen Aminosäuren) im Fischeiweiß vorkommt, ins Gehirn. Dort wird sie
   in das Zufriedenheitshormon Serotonin umgewandelt, das
   bei depressiven Menschen nicht in ausreichendem Maß produziert wird. Seefisch enthält außerdem die Spurenelemente
   Jod und Selen. Die sind unerlässlich für die Produktion von

Schilddrüsenhormonen, die ebenfalls zu einem ausgeglichenen Gemüt beitragen.

Besonders clever: Fetten Fisch mit langkettigen Kohlenhydraten kombinieren, wie sie in Vollkorn vorkommen – zum Beispiel als Vollkornbrot mit Makrele oder Matjeshering! Das potenziert den oben beschriebenen Effekt, denn die Kohlenhydrate aus dem Brot setzen in Teamwork mit dem Eiweiß eine Kettenreaktion in Gang. Bei der Verdauung der Kohlenhydrate wird Insulin ausgeschüttet. Dieses Hormon schickt sämtliche Aminosäuren aus dem Fisch in Richtung Muskeln – alle, bis auf die Aminosäure Tryptophan. Die wird jetzt von den besagten Omega-3-Fettsäuren-Taxis Richtung Gehirn befördert, die sonst von den anderen Aminosäuren besetzt sind. Ergebnis: Das Gehirn wird ausschließlich mit Tryptophan geflutet und kann daraus Serotonin zusammenbasteln.

Aber bitte darauf achten, dass der Fisch zumindest das Siegel des »Marine Stewardship Council« trägt, das eine einigermaßen umweltfreundliche Fischerei garantiert. Ohne Bedenken essen können Sie Seelachs, dessen Bestände stabil sind. Auch Hering und Makrele mit MSC-Siegel sind relativ unproblematisch, ebenso wie Zuchtmiesmuscheln und Öko-Lachs.

Von den Süßwasserfischen kann man den Karpfen und die Forelle bedenkenlos essen – allerdings ist hier der Omega-3-Gehalt leider eher niedrig. Gute Alternative für Leute, die Fisch nicht mögen oder die aus Umweltgründen auf Fisch verzichten: Omega-3-Kapseln mit Leinöl aus der Drogerie oder der Apotheke!

◆ **Die Schwaben wissen's schon lange: Spätzle machen glücklich!** Eiernudeln sind echte Glücksboten: Sie enthalten die Glücks-Aminosäure Tryptophan (aus den Eiern) und Kohlenhydrate (aus dem Getreide) in perfekter Kombination (Erklärung: siehe oben). Wer gerade keine Spätzle vorrätig hat, kann zum Beispiel auf Vollkornstulle mit Rührei ausweichen.

- **Die gute Bohne: Soja.** Ob Sojamilch, Tofu oder geröstete Sojabohnen zum Knabbern, ob eingeweicht und gekocht als Gemüse: Sojabohnen sind wahre Tryptophan-Bömbchen für die Serotoninfabrik im Kopf.
Bitte unbedingt auf Öko-Qualität achten; für konventionell angebautes Soja werden riesige Flächen Regenwald vernichtet und der Lebensraum von Naturvölkern und Tieren gleich mit!

- **I need some hot stuff, baby, tonight!** Ich spreche ausnahmsweise nicht von einem Mann (auch wenn Sex ein ganz hervorragendes Laune-Lifting ist!), sondern von den heißblütigen Gewächsen *Peperoni, Chili* und deren Sippe.
Der in den Schoten enthaltene Stoff Capsaicin brennt extrem auf der Zunge, aber während uns die Tränen in die Augen schießen, wird ans Gehirn der gleiche Reiz geschickt wie bei Schmerzen. Die Erste Hilfe unserer Kommandozentrale: Ausschüttung von Endorphinen. Und die machen in Sekundenschnelle glücklich! Wissenschaftler nennen das Phänomen den *Pepper High Effect*.
Also, wenn Sie mal mies drauf sind: ein Teller Penne all' arrabiata hilft sofort!

- **Schokolade ist Medizin.** Und zwar vor allem die dunkle. Nicht nur weil sie weniger Zucker enthält als Milchschokolade. Dunkle Schokolade liefert massenhaft Theobromin, das unser Gehirn zur Produktion von Glückshormonen anregt – ein Stückchen reicht schon (sonst werden wir am Ende doch

noch unglücklich, weil die schokoladige Überdosis sich um
die Hüfte sammelt)!
Auch hier gibt's mittlerweile hervorragende Bio-Sorten, die
fast immer auch fair gehandelt sind.

Und dann noch ein paar »Long Drinks«

Folgende Tipps brauchen manchmal ein bisschen länger, um ihre
Wirkung zu entfalten, aber dafür hält sie dann auch länger an.

- Ginseng-Glück. Ich hatte Ginseng schon in einem früheren
  Kapitel erwähnt, weil es die Konzentration steigert. Darüber
  hinaus kann das Stöffchen aber noch mehr! Es reguliert
  nämlich die Dopamin-Konzentration in unserem Köpfchen.
  Schon ein paar Kapseln täglich bringen uns dauerhaft
  besser drauf. Dopamin wird ausgeschüttet, wenn wir uns
  freuen oder wenn wir verliebt sind. Wer zu wenig Dopamin
  produziert, wird schnell lust- und antriebslos. Der Stoff
  sorgt zusammen mit Vitamin C dafür, dass der Körper bei
  Belastung das positive Stresshormon Noradrenalin bil-
  den kann, das bei freudiger Erregung ausgeschüttet wird.
  Ginseng-Präparate gibt es in Apotheken und Reformhäu-
  sern; die beste Qualität wird dem Panax-Ginseng nachgesagt,
  der ursprünglich aus Korea stammt, der aber heute auch aus
  China kommen kann.

- Wundergewächs Johanniskraut. Auch Johanniskraut macht
  glücklich! Allerdings muss es das richtige Präparat sein, und
  es muss regelmäßig eingenommen werden. Johanniskrauttee
  und Billigpillen aus dem Supermarkt sind viel zu schwach
  dosiert – 500 bis 800 Milligramm Trockenextrakt sind nötig,

damit Johanniskraut seine Wirkung entfalten kann. Das bedeutet: Ab in die Apotheke!

Bis Sie etwas merken, können übrigens bis zu zwei Wochen vergehen, und erst nach sechs bis acht Wochen hat sich die volle Wirkung entfaltet. Also bitte nicht vorzeitig aufgeben!

Vorsicht: Johanniskraut macht die Haut sehr UV-empfindlich und kann die Wirkung der »Pille« und anderer Medikamente beeinträchtigen und die von Anti-Depressiva verstärken.

Wenn Sie etwas regelmäßig einnehmen, fragen Sie bitte Ihren Arzt vor der Einnahme von Johanniskraut, und verhüten Sie währenddessen unbedingt noch zusätzlich mit Kondom oder Diaphragma!

PMS? Nein danke! Yams? Ja bitte! An den Tagen vor den Tagen fühlt man sich ja manchmal aufgeschwemmt und mies gelaunt: PMS hat zugeschlagen. Dagegen hilft Wild Yams.

Eine (mögliche) Erklärung, warum Wild Yams wirkt: In Yams ist Diosgenin enthalten, das eine Vorstufe für das Hormon Progesteron ist. Und genau von Letzterem haben wir Ladys zu wenig, wenn wir uns so richtig fies aufgequollen, depressiv und angriffslustig fühlen.

Die Fans schwören, dass Yams obendrein wie ein Anti-Aging-Jungbrunnen wirkt und die Ausschüttung des Wachstumshormons D.H.E.A. anregt. Ob das stimmt, ist umstritten.

Dem menschlichen Organismus fehlt ein Enzym, um Diosgenin tatsächlich auf direktem Weg in Progesteron umzuwandeln, aber möglicherweise werden die Yams-Inhaltsstoffe über einen Umweg »umgebaut«.

Fest steht, dass die Wurzel, die in Südamerika zu den Grundnahrungsmitteln gehört, entspannend und entkrampfend wirkt und depressive Stimmungen und eben auch PMS vertreiben kann. Die Knolle gibt's bei uns in gut sortierten

Gemüseläden zu kaufen. Doch der Wirkstoffgehalt ist darin leider viel zu niedrig, aber Yams-Präparate mit der pulverisierten Version kriegen Sie in jeder Apotheke.

Es müssen nicht immer Cocktails sein – ein paar Gedanken nach der Sperrstunde

Wow, das waren ein paar Seitchen!

Danke schön, meine lieben Leser, dass Sie sich mit mir auf den Weg gemacht haben, um Ihr Dasein in eine wunderbare Reise mit vielen leckeren selbst gemixten »Drinks« zu verwandeln. Hoffentlich, konnte ich Sie mit meinen »Cocktail-Rezepten« und mit meiner Recherche ein bisschen inspirieren, zu Aktionen anstupsen und Sie vielleicht sogar zum Lachen bringen – dann hat dieses »Werk« seinen Zweck mehr als erfüllt.

Zum Schluss möchte ich Ihnen noch das folgende Geschichtchen ans Herz legen, das mir eine Freundin aus Ibiza einmal geschickt hat und das mich immer wieder daran erinnert, dass es im Leben auf den richtigen Mix und auf die richtige Reihenfolge der »Zutaten« ankommt und vor allem auf eine große Portion Dankbarkeit. Und auf, nun ja, lesen Sie einfach selbst …

Die Geschichte vom Blumentopf

Ein Professor stand vor seiner Philosophie-Klasse und hatte einige Gegenstände vor sich. Als der Unterricht begann, nahm er einen großen Blumentopf und begann, diesen mit Golfbällen zu füllen. Er fragte die Studenten, ob der Topf nun voll sei. Sie bejahten es.

Dann nahm der Professor ein Behältnis mit Kieselsteinen und schüttete diese in den Topf. Er bewegte den Topf sachte, und die Kieselsteine rollten in die Leerräume zwischen den Golfbällen. Dann fragte er die Studenten wiederum, ob der Topf nun voll sei. Sie stimmten zu.

Als Nächstes nahm der Professor eine Dose mit Sand und schüttete diesen in den Topf. Natürlich füllte der Sand den kleinsten verbliebenen Zwischenraum. Er fragte wiederum, ob der Topf nun voll sei. Die Studenten antworteten einstimmig »Ja«.

Der Professor holte zwei Tassen Yogitee unter dem Tisch hervor und schüttete den ganzen Inhalt in den Topf und füllte somit den letzten Raum zwischen den Sandkörnern aus.

Die Studenten lachten.

»Nun«, sagte der Professor, als das Lachen langsam nachließ, »ich möchte, dass Sie diesen Topf als die Repräsentation Ihres Lebens ansehen. Die Golfbälle sind die wichtigen Dinge in Ihrem Leben: Ihre Familie, Ihre Kinder, Ihre Gesundheit, Ihre Freunde, die bevorzugten, ja leidenschaftlichen Aspekte Ihres Lebens, durch welche, falls in Ihrem Leben alles verloren ginge und nur noch diese verbleiben würden, Ihr Leben trotzdem noch erfüllend wäre.

Die Kieselsteine symbolisieren die anderen Dinge im Leben wie Ihre Arbeit, Ihr Haus, Ihr Auto.

Der Sand ist alles andere, die Kleinigkeiten. Falls Sie den Sand zuerst in den Topf geben«, fuhr der Professor fort, »hat es weder Platz für die Kieselsteine noch für die Golfbälle. Dasselbe gilt für Ihr Leben. Wenn Sie all Ihre Zeit und Energie in Kleinigkeiten investieren, werden Sie nie Platz haben für die wichtigen Dinge. Achten Sie auf die Dinge, welche Ihr Glück gefährden.

Spielen Sie mit den Kindern. Nehmen Sie sich Zeit für eine medizinische Untersuchung. Führen Sie Ihren Partner zum Essen aus. Es wird immer noch Zeit bleiben, um das Haus zu reinigen oder Pflichten zu erledigen. Achten Sie zuerst auf die Golfbälle, die

Dinge, die wirklich wichtig sind. Setzen Sie Ihre Prioritäten. Der Rest ist nur Sand.«

Einer der Studenten hob die Hand und wollte wissen, was denn der Yogitee repräsentieren solle. Der Professor schmunzelte. »Ich bin froh, dass Sie das fragen. Er ist dafür da, Ihnen zu zeigen, dass, egal wie schwierig Ihr Leben auch sein mag, es immer noch Platz hat für ein oder zwei Yogi-Teechen.«

(Quelle unbekannt)

In diesem Sinne wünsche ich Ihnen einen gut gefüllten Blumentopf, pardon: ein erfülltes Leben! Es lohnt sich, sich drauf einzulassen.

Mit einem herzlichen »Oooooooohhhhhmmmmmm…«

Ihre Sonya Kraus

Meine Leseliste

Hier habe ich noch mal die wichtigsten Bücher zusammengefasst, die ich gewälzt habe – ergänzt durch Empfehlungen von mir selbst, von Kollegen und Freunden.

Ziele setzen und persönlicher Erfolg:

Barbara Sher, »Ich könnte alles tun, wenn ich nur wüsste, was ich will«, dtv 2005 und ebenfalls von Frau Sher, »Wishcraft: Wie ich bekomme, was ich wirklich will«, dtv 2004

Andreas Winter, »Zielen – loslassen – erreichen«, Mankau Verlag 2009

John Krumboltz, »Luck Is No Accident. Making the Most of Happenstance in Your Life and Career«, Impact Publishers 2004

Sabine Asgodom, »Raus aus der Komfortzone, rein in den Erfolg – Das Programm für Ihre persönliche Unabhängigkeit«, Goldmann 2008

Selbstbewusstsein für alle:

Eva-Maria Zurhorst, »Liebe dich selbst und es ist egal, wen du heiratest«, Goldmann 2007

Ulrike Tourneur, »ganz.schön.wichtig«, J. Kamphausen 2010
    Deepak Chopra, »Alle Kraft steckt in dir«, Ullstein 2000

Genuss und Spaß:

Mihaly Csikszentmihalyi, »Flow – das Geheimnis des Glücks«,
    Klett-Cotta 2010
Victoria Moran, »Living a Charmed Life«, HarperOne 2009

Fit für die Zukunft:

Deepak Chopra, »Ageless Body, Timeless Mind«, Three Rivers
    Press 1994
Ellen J. Langer, »Counterclockwise. Mindful Health and the
    Power of Possibility«, Hodder & Stoughton 2009
Beth Rosenshein, »Wechseljahre, nein danke«, Vak-Verlag 2010
Dr. med. Annelie Scheuernstuhl, HP Anne Hild, »Natürliche
    Hormontherapie«, Aurum 2010

Freunde und »Feinde«:

Martin Hecht, »Wahre Freunde: Von der hohen Kunst der
    Freundschaft«, Goldmann 2008
Matthias Pöhm, »Das NonPlusUltra der Schlagfertigkeit: Die
    besten Techniken aller Zeiten«, Goldmann 2007
Hamid Peseschkian, Connie Voigt »Psychovampire: Über den
    positiven Umgang mit Energieräubern.«, Orell Füssli 2009

Liebe & Sex:

Hans-Werner Bierhoff und Elke Rohmann, »Was die Liebe stark
    macht«, Rowohlt 2005

Birgit Dechmann und Elisabeth Schlumpf, »Lieben ein Leben
    lang – Wie Beziehungen immer besser werden«, Beltz 2009
John M. Gottman, »Die 7 Geheimnisse der glücklichen Ehe«,
    Ullstein 2002
Helen Fisher, »Warum wir lieben. Die Chemie der Leidenschaft«,
    Patmos 2005
Dr. Krishananda und Amana Trobe, »Wenn Sex intim wird«,
    Innenwelt Verlag 2008
Andreas Winter, »Liebe, Sex und Partnerschaft« , Mankau Verlag
    2008
Monika von Ramin, »Bis jetzt haben wir nur geübt: Das Liebes-
    buch für Frauen ab 45«, Eichborn 2007

Glück zum Futtern:

Verena Breitenbach und Katarina Katic, »Endlich gut drauf!
    Serotonin: Wie Sie das Glückshormon auf natürliche Weise
    locken«, Knaur 2006. Das Buch wird leider nicht mehr ge-
    druckt, aber wenn Sie im Handel noch ein Exemplar finden,
    schlagen Sie zu. Tolles Buch!

Schicksalsschläge:

Doris Wolf, »Wenn der Partner geht: Wege zur Bewältigung von
    Trennung und Scheidung«, Pal 2004
Sakino Mathilde Sternberg, »Wie bewegt man einen Elefanten?
    Weg vom Trauma, hin zum Leben«, Innenwelt Verlag 2007

Und für alle Lebenslagen:

Eckhart Tolle, »JETZT! Die Kraft der Gegenwart«, J. Kamphausen
    2000

Sonya's Secrets – alles rund um das Drama mit der verflixten Schönheit!

*Mit »Baustelle Mann« findet jede Frau
ihre Luxusliegenschaft*

Sonya Kraus
BAUSTELLE MANN
Der ultimative Love-Guide
Ratgeber
224 Seiten, zweifarbig
mit zahlreichen Illustrationen
ISBN 978-3-404-66407-8

Was Sie in den Händen halten, ist die Betriebsanleitung für
den Mann: wie er tickt, was er will und wie er uns in die Venus-
falle geht! Denn das ist es doch, was wir Frauen wollen: einen
Mann – und zwar einen, der funktioniert! Kleine geniale Tipps
und Tricks für das Bauprojekt Liebe, fein säuberlich zusammengetragen in diesem Buch: wie wir ihn anbaggern, aufreißen und
festnageln!

Bastei Lübbe Taschenbuch